高质量发展建设共同富裕示范区研究丛书
中国社会科学院组织编写

共同富裕与养老保障体系建设的浙江探索

张翼　等著

中国社会科学出版社

图书在版编目（CIP）数据

共同富裕与养老保障体系建设的浙江探索/张翼等著．--北京：中国社会科学出版社，2024.10

（高质量发展建设共同富裕示范区研究丛书）

ISBN 978-7-5227-2689-2

Ⅰ.①共…　Ⅱ.①张…　Ⅲ.①养老—保障体系—建设—研究—浙江　Ⅳ.①D669.6

中国国家版本馆 CIP 数据核字（2023）第 195002 号

出 版 人	赵剑英
责任编辑	王　琪
责任校对	刘　娟
责任印制	王　超

出　　版	中国社会科学出版社
社　　址	北京鼓楼西大街甲 158 号
邮　　编	100720
网　　址	http://www.csspw.cn
发 行 部	010-84083685
门 市 部	010-84029450
经　　销	新华书店及其他书店

印　　刷	北京君升印刷有限公司
装　　订	廊坊市广阳区广增装订厂
版　　次	2024 年 10 月第 1 版
印　　次	2024 年 10 月第 1 次印刷

开　　本	710×1000　1/16
印　　张	14.75
字　　数	201 千字
定　　价	78.00 元

凡购买中国社会科学出版社图书，如有质量问题请与本社营销中心联系调换
电话：010-84083683

版权所有　侵权必究

总　　序

2021年，在迎来建党百年华诞的历史性时刻，党中央对推进共同富裕作出了分阶段推进的重要部署。其中意义非同小可的一条：浙江被明确为全国首个高质量发展建设共同富裕示范区，要在推进以人为核心的现代化、实现全体人民全面发展和社会全面进步的伟大变革中发挥先行和示范作用。于浙江而言，这既是党中央赋予的重大政治责任和光荣历史使命，也是前所未有的重大发展机遇。浙江发展注入了新的强劲动力！

理论是实践的先导，高质量发展建设共同富裕示范区离不开理论创新。基于理论先行的工作思路，2021年5月，中共浙江省委与中国社会科学院联合启动了"浙江省高质量发展建设共同富裕示范区研究"重大课题研究工作。

两年多来，课题组在深入调查、潜心研究的基础上，形成了由13部著作组成、约260万字篇幅的课题成果——"高质量发展建设共同富裕示范区研究丛书"。这套丛书不仅全景式展现了浙江深入学习习近平总书记关于共同富裕的重要论述精神，扎实落实《中共中央　国务院关于支持浙江高质量发展建设共同富裕示范区的意见》的工作实践，而且展现了浙江在全域共富、绿色共富、对外开放、金融发展、产业体系、数字经济、公共服务、养老保障等共同富裕不同方面的特点和基础，也展现了浙江围绕示范区建设边学边谋边干、经济社会高质量发展取得的一系列新突破。

由13部著作组成的这套丛书，各有各的侧重点。其中，李雪松等著的《浙江共同富裕研究：基础、监测与路径》，从共同富裕的科学内涵出发，分析了浙江高质量发展建设共同富裕示范区的基础条件，提出了共同富裕的指标体系和目标标准。魏后凯、年猛、王瑜等著的《迈向全域共富的浙江探索》，从城乡协调、区域协调和乡村振兴角度，阐述了浙江打造城乡区域协调发展引领区的经验做法。张永生、庄贵阳、郑艳等著的《浙江绿色共富：理念、路径与案例》，由"绿水青山就是金山银山"发展理念在浙江诞生的历程入手，系统阐述了浙江践行绿色发展道路、打造美丽浙江，实现生态经济和生态富民的生动实践。姚枝仲等著的《高水平对外开放推动共同富裕的浙江实践》，重点阐述了浙江在高水平开放推动自主创新、建设具有国际竞争力的现代产业体系、提升经济循环效率、实施开放的人才政策、促进城乡和区域协调发展、发展文化产业和丰富人民精神文化生活、实现生态文明和绿色发展等方面的成效。王震等著的《基本公共服务均等化与高质量发展的浙江实践》，从公共财政、公共教育、医疗卫生、养老服务、住房保障等若干角度阐述了浙江公共服务高质量发展和均等化，进而构建激励相容的公共服务治理模式的前行轨迹。张翼等著的《共同富裕与养老保障体系建设的浙江探索》，在系统分析浙江人口老龄化的现状与前景的同时，阐述了浙江养老保障体系建设的总体情况。张晓晶、李广子、张珩著的《金融发展和共同富裕：理论与实证》，剖析了金融发展和共同富裕的关系，阐述了浙江金融发展支持共同富裕的主要经验做法，梳理了金融发展支持共同富裕的政策发力点。张树华、陈承新等著的《党建引领建设共同富裕示范区的浙江探索》，重点阐述了浙江坚持和加强党的全面领导，凝聚全社会共同奋斗推进共同富裕示范区建设的突出特色。冯颜利等著的《精神生活共同富裕的浙江探索》，阐述了浙江在探索精神生活共同富裕、公共文化服务优质均衡发展等方面的突出成绩。黄群慧、邓曲恒等著的《以现代化产业体系建设推进共同富裕的浙江探索》,在分析现代化产业体系对共同富裕的促进作用基础上,阐述了浙江产业体系相对完备、实体经济发展强劲对于推进共同富裕的重要保障作用。都阳等著的《人口老龄化背景下高质量就业与共同富裕的浙江探索》,从分析人口老龄化背景下浙江就业发展的态势入手,梳理了浙江促进高质量就业面临的挑战和路径举措。夏杰长、刘奕等著的《数字经济和服务业高质量发展的浙江探索》,聚焦浙江数字经济和服务业高质量发展,系统探究了浙江数字经济和服务业高质量发展促进共同富裕的机理逻辑、现实探索和困难挑战等问题。汪德华、鲁建坤等著的《共同富裕与财税政策体系构建的浙江探索》,围绕财税体制和财税政策,阐述了浙江在资金直达基层、"钱随人走"制度改革、市县财政收入激励奖补机制、"一事一议"财政奖补体制等方面取得的重要进展。

应当说,"高质量发展建设共同富裕示范区研究丛书"的撰写,也是中国社会科学院建设中国特色新型智库、发挥智库作用的一次重要探索。中国社会科学院始终坚持学术研究与对策研究相结合,理论研究服务于党中央和国家的需要。作为为党中央和国家决策服务的思想库,只有回应时代的呼唤,认真研究解决重大理论和现实问题,才能真正把握住历史脉络,找到发展规律,真正履行使命,推动理论创新。

中国社会科学院和浙江省有着长期良好的合作传统和合作基础,这套丛书是中国社会科学院和浙江省合作研究的又一结晶。在此前的两次合作研究中,2007年"浙江经验与中国发展——科学发展观与和谐社会建设在浙江"(6卷本)和2014年"中国梦与浙江实践"系列丛书,产生了广泛而深远的社会影响。

中共浙江省委始终高度重视此项工作,省委主要领导多次作出批示,对课题研究提供了大力支持。中国社会科学院抽调了12个研究所(院)的研究骨干组成13个子课题组,多次深入浙江省实地调研。调研期间,合作双方克服新冠疫情带来的种种困难,其间的线上线下交流讨论、会议沟通不计其数。在此，我们要向付出辛勤劳动的各位课题组专家表示衷心感谢！

站在新的更高历史起点上，让我们继续奋力前行，不断谱写高质量发展建设共同富裕示范区浙江实践、共同富裕全国实践的新篇章。

"高质量发展建设共同富裕
示范区研究丛书"课题组
2024 年 1 月 3 日

前　言

党的二十大报告擘画了以中国式现代化全面推进中华民族伟大复兴的宏伟蓝图。其中，全体人民共同富裕是中国式现代化的重要特征。共同富裕是中国特色社会主义的本质要求，也是一个长期的历史过程。实现共同富裕既离不开构建高水平社会主义市场经济体制、促进区域协调发展，也离不开完善分配制度、健全社会保障体系。

健全社会保障体系是实现共同富裕和增进民生福祉、提高人民生活品质的重要制度保障。养老保障是社会保障体系中最重要的制度环节，当前的制度安排中，既有针对城镇各类企业及其职工、个体工商户和灵活就业人员的企业职工基本养老保险制度，又有针对16岁以上（不含学生）的城乡居民基本养老保险制度，还有针对国家机关和事业单位工作人员的机关事业单位工作人员养老保险制度。此外，以居家养老、机构养老和特困人员供养为制度主体的养老服务体系，在满足老年人的生活照料、家政维修、医疗保健、精神慰藉、安全防护、文化体育等方面发挥着越来越重要的作用。现阶段，随着中国人口老龄化加剧、家庭保障功能削弱、就业形态更加灵活化，养老保障的重要性尤为显见。完善的养老保障制度不仅能够化解老年期贫困、满足老年人基本生活需求、提高老年群体生活质量，还能够有效缩小分配差距、调节代际分配。

在中国式现代化推进的过程中，养老保障和共同富裕具有紧密的逻辑关联。

首先,养老保障的覆盖对象是共同富裕的重要目标群体。无论是在世界发达国家和地区,还是在中国的文化传统中,尊老敬老的观念根深蒂固。老年人由于身体机能衰退而退出劳动力市场,自身收入水平和活动能力下降,属于社会弱势群体,需要家庭和社会的特别关注。为此,现代工业国家的社会保障制度首先建立的便是应对老年退休风险的养老金制度。在中国,共同富裕是全体人民的共同富裕,需要重点关注贫困者和社会弱势群体。无论是基本养老保险制度,还是养老服务制度,其覆盖对象范围越广、受益对象越多、制度精准度越高,离共同富裕的目标就越近。

其次,健全养老保障体系是实现共同富裕的制度基础。已有研究表明,收入不平等在老年人群体中更加明显。对于中国式现代化进程而言,长期存在的城乡二元结构和地域不平衡,加剧了老年人收入不平等的城乡和地域特征。健全的养老保障体系,不仅能够有效缓解老年人收入不平等的状况,而且能够有效缩减老年人和年轻人的代际收入差距。发达国家的经验表明,健全、普惠的公共养老金制度是老年人收入分配平等的重要推动因素。在中国实现共同富裕的进程中,需要破除加大或者制约老年人收入不平等的障碍因素,构建城乡均等化的公共服务体系,促进养老保障体系更加公平可持续发展。

最后,共同富裕对养老保障体系建设提出新的要求。一般来说,社会保障制度是减少收入不平等、促进社会公平的重要机制。然而,如果制度设计不合理,则会成为扩大收入差距、加大社会不平等的推动力量,成为阻碍共同富裕的负面因素。现阶段,中国养老保障体系既面临着城乡之间、区域之间、群体之间不平衡等顶层设计层面的问题,又面临流动人口的身份资格、各项制度的整合和衔接、财政投入的责任划分等具体制度运行问题,还面临养老保险、养老服务和基础设施建设配套等一系列问题,需要在未来制度发展的过程中做出调整,不断丰富和完善中国的养老保障体系,更好地适应共同富裕的要求。

浙江作为高质量发展建设共同富裕示范区，具有先行先试的标杆意义。完善养老保障体系的重要性，也体现在建设共同富裕示范区的相关政策中。《中共中央 国务院关于支持浙江高质量发展建设共同富裕示范区的意见》（2021年5月20日）中指出，将经济实力相对雄厚、城乡与区域发展相对均衡、人口规模相对较大的浙江省选为共同富裕的先行探索示范区，并要求浙江省进一步完善养老保障制度体系，包括完善分层分类、城乡统筹的社会救助体系，加强城乡居民社会保险与社会救助制度的衔接等。2021年7月，《浙江高质量发展建设共同富裕示范区实施方案（2021—2025年）》中进一步提出，要完善适应新型就业形态的参保缴费政策，探索城乡居民基本养老保险提档补缴政策，大幅增加对低收入群体缴费补助，持续提高城乡居民基本养老金水平。此后，浙江省委主要领导也提出，聚焦省级统筹、全民覆盖、提标提质、法治化、数字化与风险防范等制度建设要点，让完善的社会保障体系成为转型升级的重要引擎，推动经济与社会实现良性循环，为探索构建共同富裕体制机制和制度体系，建成高质量发展共同富裕示范区提供重要支撑。

受浙江省委省政府委托，中国社会科学院社会发展战略研究院（现为中国式现代化研究院）组织精干力量，深入探讨共同富裕示范区建设中有关养老保障体系建设的重大理论和现实问题。本书共呈现给读者六章内容，分别介绍如下。

第一章着重分析了浙江人口老龄化的现状与前景。浙江省呈现出老年人口规模大、增长快、高龄化趋势明显的特点，社会保障和养老服务建设所面临的压力持续增加，这给深入推进中国式现代化带来一定挑战。根据人口预测结果，2020—2035年，浙江省常住人口中的老年人口规模将稳步增长，人口老龄化水平与全国平均水平相近。但得益于浙江省对青壮年劳动力的吸引力，2020—2035年浙江省的老年人口抚养比略低于全国平均水平。为缓解老龄化带来的社会赡养压力，未来浙江省需通过提高出生率、吸引省外青年劳动力来浙工作等方式抑制老年人口比重过快增长，并通过优化养老服务、医疗卫生和社会保障体系来减轻家庭和社会的养老负担。

第二章对共同富裕与养老保障进行了理论分析。根据马克思主义经济循环和再生产理论以及现代经济学中帕累托改进中的生产效率理论，只有兼顾效率与公平，才能更好地促进共同富裕，这对养老保障体现公平正义、助力社会总体财富增长以及制度本身成熟、定型提出了更具体的要求。从实现共同富裕的视角审视发现，浙江现行养老保障体系在统筹层次、覆盖范围和基金运行上的制度安排仍有待完善，养老保障权益的地区和群体间差距较大，对调节收入差距的贡献仍不足。在共同富裕背景下，应坚持走中国特色的养老保障道路，坚持经济增长与养老保障相互促进，坚持养老保障制度的公平性和统一性，进一步缩小地区和群体间的差距，强化再分配功能，使全体人民共享发展成果。

第三章为浙江养老保障体系与共同富裕。从覆盖范围、支出情况、准入条件、待遇水平、财政补助五个方面，对浙江养老保障体系的总体制度状况进行了描述，认为浙江养老保障体系的目标定位需要更加明确、统筹层次需要提升、身份与户籍限制需要打破、制度之间需要进一步整合、筹资与待遇机制有待完善、财政支出责任边界需要厘清，并提出调整目标定位、提高统筹层次、打破身份与户籍限制、加强制度衔接与部门协同、完善筹资与待遇调整机制等政策建议。

第四章为浙江企业职工养老保险与共同富裕。对浙江省城镇职工养老保险的发展现状进行分析，对未来10年的基金收支形势进行预测，指出制度仍面临着覆盖面缺口、替代率水平降低和基金财务可持续性隐患等挑战。展望中长期，养老保险体系改革应采取综合性措施，实现高质量可持续发展，在促进共同富裕中发挥社会保障制度的基础性支撑作用。

第五章为浙江城乡居民养老保险与共同富裕。从政策法规和立法体系建设、缴费与待遇发放标准、基金收支和运营、财政补贴等方面,分析了浙江城乡居民基本养老保险的制度现状,并对浙江省城乡居民养老保险基金运行和待遇发放进行了预测,进一步分析了制度存在的问题和挑战,提出进一步实现城乡居民基本养老保险制度全覆盖、加快居民和职工养老保险制度统一、在待遇水平调整中缩小群体间差距、适当地向城乡居民倾斜财政补贴等资源、推进城乡统一的养老保险制度和经办服务体系建设等政策建议。

第六章为浙江养老服务与共同富裕。从养老服务的责任主体、养老服务的覆盖对象、养老服务的形式与内容、养老服务的效果评估等方面,对浙江养老服务的现状进行了分析,并指出了现阶段浙江养老服务仍存在的不足,包括主体责任边界模糊、财政支出效率较低、服务内容全面性不足、服务区域发展不均衡、服务标准化程度较低、监管制度不健全等,据此提出应当厘清服务主体责任边界、明确财政支出优先顺序、丰富养老服务形式与内容、促进养老服务均衡发展、加强养老服务标准化建设、健全养老服务监管制度等政策建议。

目 录

第一章 浙江人口老龄化的现状与前景 …………………………… 1
  第一节 浙江人口老龄化的现状及特征 ………………………… 2
  第二节 浙江人口规模与人口年龄结构预测
        （2021—2035 年）……………………………………… 22
  第三节 浙江人口老龄化的未来挑战与应对 …………………… 57

第二章 共同富裕与养老保障的理论分析 …………………………… 68
  第一节 共同富裕的科学内涵与实现路径 ……………………… 69
  第二节 养老保障体系的制度目标与制度构成 ………………… 77
  第三节 共同富裕与养老保障的逻辑关系与理论创新 ………… 80
  第四节 共同富裕背景下养老保障的重点任务 ………………… 88
  第五节 共同富裕背景下养老保障的路径选择 ………………… 92

第三章 浙江养老保障体系与共同富裕 ……………………………… 97
  第一节 养老保障对促进共同富裕的已有研究 ………………… 97
  第二节 浙江养老保障体系的制度现状 ………………………… 101
  第三节 浙江养老保障体系的改进 ……………………………… 112
  第四节 浙江养老保障体系的发展建议 ………………………… 120

第四章　浙江企业职工养老保险与共同富裕 …………… 124
第一节　理论探讨：养老保险在促进共同富裕中的功能定位 …………… 124
第二节　浙江企业职工养老保险发展现状及面临的挑战 …… 131
第三节　未来10年浙江企业职工养老保险运行精算分析 …………… 140
第四节　完善浙江企业职工养老保险体系的战略措施 …… 143

第五章　浙江城乡居民养老保险与共同富裕 …………… 152
第一节　共同富裕与城乡居民养老保险发展的理论分析 …… 153
第二节　浙江城乡居民养老保险的发展现状 …………… 159
第三节　浙江城乡居民养老保险基金运行和待遇发放预测 …………… 167
第四节　共同富裕背景下城乡居民养老保险的问题分析 …… 175
第五节　浙江城乡居民养老保险发展的展望与建议 ………… 180

第六章　浙江养老服务与共同富裕 …………… 183
第一节　养老服务促进共同富裕的功能定位 …………… 183
第二节　浙江养老服务的发展现状 …………… 185
第三节　浙江养老服务的经验与不足 …………… 197
第四节　浙江养老服务的发展对策 …………… 207

参考文献 …………… 214

后　记 …………… 222

第一章 浙江人口老龄化的现状与前景

人口规模巨大的现代化是中国式现代化的重要特征之一，也是中国发展过程中的一大优势。巨大的人口规模为国家的经济发展提供了广阔的内部市场，也为各行各业输送了充足的劳动力。在现代化进程中，中国的人口结构也发生了巨大变化。随着人们生活水平的提高和医疗卫生条件的改善，人口预期寿命明显延长。但与此同时，由于计划生育政策长期实施、人口平均受教育年限延长等因素，中国的总和生育率自20世纪90年代初开始长期处于更替水平以下，这加剧了人口老龄化问题。

人口老龄化是一个全球性问题，但在中国这个人口基数庞大的国家，它带来的挑战更加严峻。从经济资源积累的角度看，人口老龄化、少子化程度加深意味着劳动力在总人口中的比重下降，这可能对经济发展产生负面影响。从社会资源分配的角度看，老年人口需要更多的养老服务和医疗保障资源，这不仅给社会保障资源的合理配置带来巨大压力，也有撼动社会公平的潜在危险。在此背景下，实现共同富裕就显得尤为重要。只有让更多的人民共享改革发展成果，才能优化经济与社会资源的积累与分配，缓解由老年人口激增而加大的社会赡养负担，实现社会的和谐稳定。同时，实现共同富裕的宏伟目标可以激励广大群众更加积极地参与经济建设，提高劳动力的生产力和竞争力，从而为经济发展注入新动力。

综上所述，人口规模巨大的现代化、人口老龄化和共同富裕是中国社会发展进程中三个紧密联系的议题。人口规模巨大为国家经济发展提供了巨大的市场和劳动力资源，有利于推进共同富裕，但同时也加剧了人口老龄化的负面影响。人口规模巨大、人口老龄化程度加深等现实问题让实现共同富裕面临更加严峻的挑战。扎实推进共同富裕、促进高质量发展是改善人口大国民生福祉、应对各类人口风险的关键手段。

在中国面临一系列人口问题挑战的背景下，如何继续扎实推进中国式现代化、实现经济高质量发展成为备受瞩目的议题。浙江作为经济发达的东部省份，在推进中国式现代化、共同富裕等方面都发挥着重要的先行示范作用。但与此同时，浙江也同样面临着人口老龄化加剧、劳动力供给缩减、人口抚养负担上升等问题，这些因素都可能对浙江未来的经济社会发展构成挑战。而要深入讨论如何应对上述人口问题，首先要对浙江未来的人口发展趋势有一个整体把握。

第一节　浙江人口老龄化的现状及特征

一　老年人口规模大、增长快，高龄化趋势明显

习近平总书记在党的二十大报告中指出，要"实施积极应对人口老龄化国家战略，发展养老事业和养老产业，优化孤寡老人服务，推动实现全体老年人享有基本养老服务"[①]。要积极应对人口老龄化，就要首先对人口老龄化的现状和趋势有一个整体把握。本章在第一部分介绍浙江省老年人口现状，在第二部分进行未来浙江省人口老龄化趋势的预测。

根据2020年第七次全国人口普查数据，浙江省常住人口约为6456.76万人。其中，60岁及以上人口约为1207.27万人，占全省常住人口的18.70%；65岁及以上人口约为856.63万人，占全省常

---

① 习近平：《高举中国特色社会主义伟大旗帜　为全面建设社会主义现代化国家而团结奋斗——在中国共产党第二十次全国代表大会上的报告》，人民出版社2022年版，第49页。

住人口的13.27%。由于国际上通常把60岁以上人口占总人口的比重达到10%或65岁以上人口占总人口的比重达到7%作为国家或地区进入老龄化社会的标准,浙江在1994年时65岁及以上人口占总人口的比重就达到了7.23%,步入了老龄化社会,比全国提前了5年。现如今,浙江的人口老龄化程度进一步加深。从中国31个省、自治区、直辖市的整体情况来看,2020年60岁及以上人口占总人口的比重为18.70%,65岁及以上人口占总人口的比重为13.50%。浙江60岁及以上人口占省内总人口的比重与全国平均水平相当;65岁及以上人口占总人口的比重居辽宁(17.42%)、重庆(17.08%)、四川(16.93%)、上海(16.28%)、江苏(16.20%)、吉林(15.61%)、黑龙江(15.61%)和山东(15.13%)等多个省级行政区之后,为全国第17位,比全国平均水平略低0.23个百分点。不过,从老年人口规模的增速来看,浙江常住人口的老年人口规模增速要快于全国平均水平。2010—2020年,全国60岁及以上人口数量由大约1.78亿人上升到2.64亿人,增长率为48.62%;全国65岁及以上人口数量由大约1.19亿人上升到1.91亿人,增长率为60.42%。而在同一时期,浙江60岁及以上常住人口数量由755.86万人上升到1207.27万人,增长率为59.72%;浙江65岁及以上常住人口数量由508.17万人上升到856.63万人,增长率为68.57%。在这10年间,无论是60岁及以上人口数量的增长率还是65岁及以上人口数量的增长率,浙江省水平都要高出全国平均水平。表1-1展示了1990年以来历次全国人口普查所得的浙江省总人口的数量、人数增长率以及老年常住人口的数量、比重与人数增长率。1990—2000年的60岁及以上和65岁及以上人口数量的增长率分别为31.72%和44.85%,2000—2010年的相应数据分别为33.33%和23.99%,以上数据都远低于2020年的水平,这说明浙江的人口老龄化进程在这一时期处于加速阶段。

表 1-1　　浙江省总人口的数量、人数增长率及老年
　　　　常住人口的数量、比重与人数增长率　　单位：万人；%

年份	总人口		60 岁及以上人口			65 岁及以上人口		
	人数	增长率	人数	比重	增长率	人数	比重	增长率
1990	4144.60	—	430.38	10.38	—	282.96	6.83	—
2000	4593.07	10.82	566.92	12.34	31.72	409.86	8.92	44.85
2010	5442.69	18.50	755.86	13.89	33.33	508.17	9.34	23.99
2020	6456.76	18.63	1207.27	18.70	59.72	856.63	13.27	68.40

资料来源：浙江省统计局《浙江省第七次人口普查系列分析之八：人口老龄化》，http://tjj.zj.gov.cn/art/2022/7/22/art_1229129214_4956232.html，最后访问日期：2023 年 3 月 29 日。

由于浙江社会经济发展水平较高，是青年劳动力净流入省份，因此浙江户籍人口的老龄化程度要高于常住人口的老龄化程度。2020 年浙江户籍人口数量约为 5069 万人，其中 60 岁及以上户籍人口数量为 1187.52 万人，占户籍总人口的 23.43%。追溯到 2010 年，浙江 60 岁及以上户籍人口数量为 790.81 万人，占户籍总人口的 16.66%。2010—2020 年，浙江 60 岁及以上户籍人口数量增长了 50.17%。2021 年底，浙江 60 岁及以上人口数量为 1205.69 万人，占户籍总人口的 23.66%，户籍人口老年占比居中国省级行政区第 6 位，位列上海、北京、天津、辽宁和江苏之后。①

表 1-2　　　　浙江省老年常住人口的年龄构成　　单位：万人；%

	2000 年		2010 年		2020 年	
	人数	比重	人数	比重	人数	比重
60—69 岁	313.36	55.27	399.76	52.89	675.54	55.96
70—79 岁	194.30	34.28	248.80	32.92	356.43	29.52

---

① 浙江省民政厅：《"浙里长寿"工作情况汇报》，2022 年 4 月 11 日（作者调研所得资料）。

续表

	2000年		2010年		2020年	
	人数	比重	人数	比重	人数	比重
80岁及以上	59.26	10.45	107.30	14.19	175.31	14.52
100岁及以上	0.05	–	0.12	–	0.38	–

资料来源：浙江省统计局《浙江省第七次人口普查系列分析之八：人口老龄化》，http://tjj.zj.gov.cn/art/2022/7/22/art_1229129214_4956232.html，最后访问日期：2023年3月29日。

浙江不但老龄化程度加深，高龄化（80岁及以上）趋势也十分明显。表1-2展示了2000—2020年浙江省老年常住人口的年龄构成，包括不同年龄段的人数及其占60岁及以上人口的比重。2020年，浙江60—69岁人口占60岁及以上老年人口的比重为55.96%，分别比2000年和2010年上升0.69和3.07个百分点。80岁及以上高龄人口占老年人口比重为14.52%，分别比2000年和2010年上升了4.07个和0.32个百分点。百岁老人也大幅增加，2000年和2010年全省百岁老人分别为459人和1191人，2020年达到3758人，分别增长了7.19倍和2.16倍。①

二 人口老龄化的地区和城乡差异明显

浙江的人口老龄化程度具有明显的地区差异。表1-3展示了浙江省各市60岁及以上和65岁及以上常住人口的数量与占比。在浙江的11个设区市中，省会杭州的60岁及以上和65岁及以上常住人口数量最多，分别为201.33万人和139.14万人，但得益于青年劳动力大量流入，杭州的常住人口老年比重低于浙江平均水平，60岁及以上人口占总人口的比重（16.87%）仅高于金华（16.02%）和温州（16.50%），65岁及以上人口占总人口的比重（11.66%）仅高

---

① 注：表1-2中的人数以万人为单位，故进行了四舍五入处理，百岁老人的实际人数如文中所示。

于金华（11.59%）；衢州和舟山由于外地流入的人口较少，其常住人口的老年比重最高，有大约1/4的常住人口年龄在60岁及以上，并有超过17%的常住人口年龄在65岁及以上。

表1-3　　2020年浙江省各市60岁及以上和65岁及以上常住人口的数量与比重　　单位：万人；%

	60岁及以上人口		65岁及以上人口	
	人数	比重	人数	比重
浙江省	1207.27	18.70	856.63	13.27
杭州市	201.33	16.87	139.14	11.66
宁波市	170.26	18.10	118.42	12.59
温州市	157.97	16.50	112.11	11.71
嘉兴市	104.25	19.30	75.86	14.05
湖州市	71.87	21.34	52.25	15.52
绍兴市	119.09	22.59	85.42	16.21
金华市	112.92	16.02	81.71	11.59
衢州市	57.92	25.44	42.01	18.46
舟山市	28.81	24.88	19.78	17.09
台州市	129.59	19.57	91.39	13.80
丽水市	53.25	21.24	38.53	15.37

资料来源：浙江省各市统计局，各市第七次人口普查主要数据公报，2021年。

表1-4展示了2020年底浙江省各市户籍人口中60岁及以上老年人规模和比重。在浙江的11个设区市中，杭州市的60岁及以上户籍人口数量最多，达188.26万人；宁波市和温州市紧随其后，都大约有160万人；其余60岁及以上老年人口规模在100万人以上的市还包括台州市（132.43万人）、绍兴市（120.61万人）和金华市（110.49万人），嘉兴市也即将突破100万人（99.03万人）。从60岁及以上老年人口占总人口的比重来看，舟山市的户籍人口老年比重最高，达30.26%，舟山市下辖的岱山县是浙江省户籍人口老年比

重最高的区县（36.17%）；嘉兴市（26.96%）、绍兴市（26.94%）、湖州市（26.54%）和宁波市（26.22%）的老年户籍人口占总户籍人口的比重超过1/4；温州市的户籍人口老年比重最低（19.21%）。

表1-4 2020年浙江省各市60岁及以上户籍人口的数量与比重

单位：万人；%

	60岁及以上人口	
	人数	比重
浙江省	1187.52	23.43
杭州市	188.26	23.13
宁波市	160.88	26.22
温州市	160.16	19.21
嘉兴市	99.03	26.96
湖州市	71.13	26.54
绍兴市	120.61	26.94
金华市	110.49	22.37
衢州市	60.31	23.48
舟山市	29.11	30.26
台州市	132.43	21.82
丽水市	55.10	20.35

资料来源：浙江省统计局、国家统计局浙江调查总队《2021浙江统计年鉴》，中国统计出版社2021年版。

浙江常住人口的老年比重高于其户籍人口的老年比重是由户籍人口和常住外来人口的年龄结构差异造成的。随着浙江经济社会和城乡统筹发展的稳步推进，浙江对外来人员的吸引力越来越大。2020年，浙江的外省户籍常住人口高达1618.64万人，占全省常住人口的25.07%。省外流入人口不仅数量大，而且年龄结构相对较年轻，以农民工为主的省外人口仍处于"年轻时进城、中年后返乡"的流动特点，延缓了浙江省人口老龄化的速度。2020年，浙江省户籍人口中60岁及以上人口的比重为23.43%，比常住人口高4.73个百分点；而流入浙江的外省户籍常住人口中，60岁及以上人口的比重只占2.65%，接近九成的外省人口处在15—59岁的劳动年龄（见表1-5）。

表1-5　　浙江省户籍人口和流动人口的年龄构成　单位：万人；%

年龄	户籍人口		外省户籍来浙常住人口	
	人数	比重	人数	比重
0—14岁	729.10	14.38	157.60	9.74
15—59岁	3152.40	62.19	1418.20	87.62
60岁及以上	1187.50	23.43	42.84	2.65

资料来源：浙江省统计局《浙江省第七次人口普查系列分析之八：人口老龄化》，http://tjj.zj.gov.cn/art/2022/7/22/art_1229129214_4956232.html，最后访问日期：2023年3月29日。

人口老龄化程度与社会经济发展水平息息相关，经济发达地区的居民往往拥有更高水平的生活质量和医疗资源，故其0岁人口平均预期寿命相对更长，加之其生育意愿又相对较低，因此经济发达地区的人口老龄化程度通常更高。浙江省各市户籍人口老年比重的差异在一定程度上能够被地区经济发展水平所解释。图1-1展示了2020年浙江省各市户籍人口老年比重（60岁及以上）与各市人均地区生产总值之间的关系。2020年，在浙江的11个设区市中，杭州的人均GDP最高（13.66万元），其后依次是宁波（13.26万元）、舟山（13.01万元）、绍兴（11.37万元）、嘉兴（10.25万元）、湖州（9.56万元）、台州（7.99万元）、衢州（7.22万元）、温州（7.18万元）、金华（6.73万元），丽水的人均GDP最低（6.18万元）。图1-1的横轴表示各市人均地区生产总值的自然对数值，纵轴表示户籍人口中60岁及以上人口占各市户籍总人口的比重。图中虚线是基于各散点的线性拟合线，代表各市的散点位于拟合线两侧，且多数散点靠近拟合线。人均地区生产总值的自然对数值和户籍人口老年比重之间的皮尔逊相关系数为0.74，且在$p<0.01$的水平显著异于0，说明二者具有较强的正向线性相关关系。因此可以笼统地说，浙江社会经济发展水平越高的市，其户籍人口的老龄化程度相对越高。另外，可以注意到，杭州、舟山和温州所对应的散点偏离拟合线较远。其中，杭州和温州对应散点位于拟合线以下，因为杭州和温州都有较高比例的青少年人口。杭州作为省会城市和全国重要的"新一线"城市之一，对全省乃至全国青年劳动力有较强的吸引力和吸纳能力，青年人户籍净迁入规模较大，2020年杭州18—34岁户籍人口比重为全省最高（21.61%）；温州的家族传承观念较重，居民生育意愿较强，2020年温州17岁及以下户籍人口比重为全省最高（19.64%）。舟山对应散点位于拟合线以上，这与舟山地处海岛、户籍迁出的青年人口数量多有关，2010—2020年，舟山市17岁及以下、18—34岁和35—59岁户籍人口数量均有所下降。

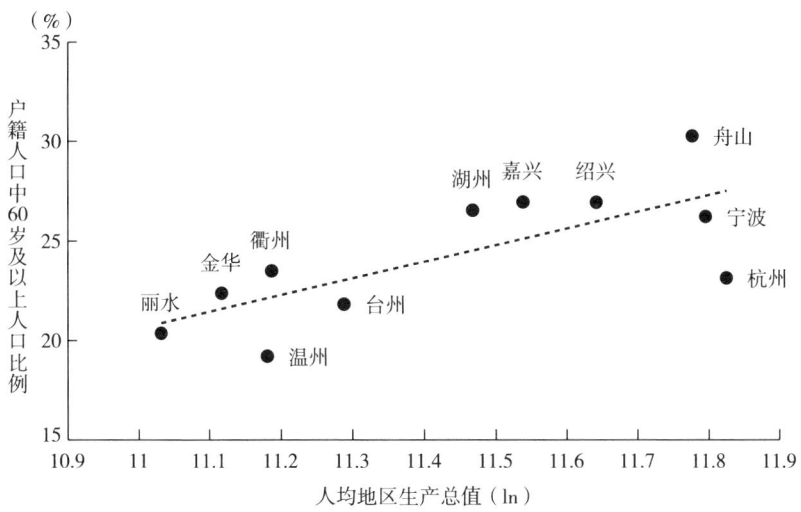

图 1-1　浙江省各市户籍人口老年比重与人均地区生产总值之间的关系趋势

资料来源：浙江省统计局、国家统计局浙江调查总队《2021浙江统计年鉴》，中国统计出版社2021年版。

2010—2020年，浙江的城镇化水平迅速提高，全省城镇化率由61.62%上升到72.17%，所辖11个设区市的城镇化率都呈上升趋势（见表1-6）。从各市的城镇化水平看，杭州、宁波、温州、舟山、嘉兴、绍兴的城镇化水平均超过70%，其中杭州是全省唯一超过80%的市；金华、湖州、台州、丽水、衢州的城镇化水平均在70%以下，相对较低，其中最低的衢州为57.57%，城镇化水平还有很大的上升空间。城镇化水平发展最快的是嘉兴，2020年比2010年提高18.01个百分点，增加较快的还有衢州、丽水、湖州、绍兴、杭州5个市，提高幅度均在10个百分点以上。与此同时，浙江省常住人口的老龄化程度也呈现出明显的城乡差异，即城镇居民远高于农村居民的老年比重，这主要是由于农村青年大量流入城镇就业或学习。并且，农村的人口老龄化程度高于城镇的幅度进一步扩大。2020年，农村60岁及以上人口的比重比城镇高13.26个百分点，幅度比2010年扩大8.94个百分点，农村65岁及以上人口的比重比城镇高10.58个百分点，幅度比2010年扩大3.98个百分点（见表1-7）。

表1-6　　2010年、2020年浙江省各市城镇化率比较　　单位：%

	2020年	2010年	2020年比2010年提高
浙江省	72.17	61.62	10.55
杭州市	83.29	73.25	10.04
宁波市	78.00	68.31	9.69
温州市	72.16	66.02	6.14
嘉兴市	71.34	53.33	18.01
湖州市	65.64	52.89	12.75
绍兴市	71.02	58.58	12.44
金华市	68.19	58.97	9.22
衢州市	57.57	44.13	13.44
舟山市	71.89	63.59	8.30

续表

	2020年	2010年	2020年比2010年提高
台州市	61.98	55.54	6.44
丽水市	61.82	48.40	13.42

资料来源：浙江省统计局《浙江省第七次人口普查系列分析之一：总量与分布》，http://tjj.zj.gov.cn/art/2022/7/22/art_1229129214_4955981.html，最后访问日期：2023年3月29日。

表1-7　　2020年浙江省老年常住人口的城乡构成　　单位：万人；%

年龄	城镇		农村	
	人数	比重	人数	比重
60岁及以上	699.24	15.01	508.03	28.27
65岁及以上	481.09	10.32	375.55	20.90

资料来源：浙江省统计局《浙江省第七次人口普查系列分析之八：人口老龄化》，http://tjj.zj.gov.cn/art/2022/7/22/art_1229129214_4956232.html，最后访问日期：2023年3月29日。

三　老龄化与少子化并存，社会抚养负担加重

老龄化往往与少子化相伴而生，浙江也不例外。根据1990年以来历次浙江省人口普查主要数据统计公报，1990年浙江常住人口中的0—14岁少儿数量为965.15万人，2000年下降到845.12万人，2010年又下降到718.92万人，2020年回升至868.18万人；少儿人口占总人口的比重与少儿数量呈现相同的变动趋势：1990年为23.29%，2000年为18.06%，2010年为13.21%，2020年小幅回升至13.45%。虽然少儿比重下降在短期内减轻了社会的少儿抚养负担，降低了资源消耗，但从长远来看，这势必会在未来导致劳动年龄人口缩减，给经济和社会发展带来冲击。浙江较低的少儿比重源于当地较低的生育水平。受社会经济发展水平较高和实施计划生育"独生子女"政策等因素的影响，浙江的生育率长期维持在一个相对

较低的水平。2010年浙江常住女性的总和生育率（Total Fertility Rate，TFR）为1.017，其含义是，假定浙江女性按照2010年的年龄别生育率度过育龄期（15—49岁），那么每位女性在49岁时平均生育了1.017个孩子，这一数字低于当年的全国总和生育率1.181。随着中国从2014年起实施"单独二孩"政策以及从2016年起实施"全面二孩"政策，全国总和生育率在2020年回升到1.301。

浙江的劳动年龄人口数量目前仍呈增长趋势，但劳动年龄人口占总人口的比重已呈下降趋势。根据1990年以来历次浙江省人口普查主要数据统计公报，浙江省15—64岁劳动年龄人口在1990年为2896.74万人，占总人口的69.89%；2000年为3418.27万人，占总人口的73.09%；2010年为4215.60万人，占总人口的77.45%；2020年为4731.95万人，占总人口的73.29%，比2010年降低了4.16个百分点。如果对比浙江省各市在2010年和2020年的劳动年龄人口数量，则可以发现，部分设区市的劳动年龄人口已出现萎缩。表1-8展示了以16—59岁界定劳动年龄时浙江省各市劳动年龄人口数量在2010年和2020年的情况对比。从表1-8可以看出，2010—2020年，浙江劳动年龄人口的地区集聚效应明显，杭州、金华、宁波、嘉兴等市增长率较高，其中，杭州和金华的劳动年龄人口增长了近三成；而舟山、温州、衢州、绍兴等市的劳动年龄人口已出现负增长。

表1-8　　　　　2010年、2020年浙江省各市16—59岁
　　　　　　　　劳动年龄人口数量的比较　　　单位：万人；%

	2010年	2020年	增长率
浙江省	3907.82	4326.53	10.71
杭州市	646.22	828.97	28.28
宁波市	563.45	648.14	15.03
温州市	669.60	643.43	-3.91
嘉兴市	323.95	367.00	13.29

续表

	2010 年	2020 年	增长率
湖州市	205.35	222.22	8.22
绍兴市	346.75	340.51	-1.80
金华市	381.33	485.16	27.23
衢州市	137.17	133.70	-2.53
舟山市	82.23	74.91	-8.90
台州市	413.87	428.06	3.43
丽水市	137.92	154.45	11.99

资料来源：浙江省统计局《浙江省第七次人口普查系列分析之九：劳动就业》，http://tjj.zj.gov.cn/art/2022/7/22/art_1229129214_4956242.html，最后访问日期：2023年3月29日。

劳动年龄人口占比的萎缩会在一定程度上加重社会的抚养负担。如果以15—64岁界定劳动年龄，以65岁及以上界定老年阶段，以0—14岁界定少儿阶段，那么可以计算出较为保守的（相对偏低的）人口抚养比。如果以16—59岁界定劳动年龄，以60岁及以上界定老年阶段，以0—15岁界定少儿阶段，那么可以计算出相对偏高的人口抚养比。少儿抚养比是少儿人数与劳动年龄人数之比；老年抚养比是老年人数与劳动年龄人数之比；总抚养比是少儿抚养比与老年抚养比之和。表1-9展示了1990年以来不同标准下浙江省的人口抚养比。如果以15—64岁界定劳动年龄，那么1990年的少儿抚养比超过了三成，而老年抚养比不足一成；2020年的老年抚养比与少儿抚养比几乎相当，均已超过18%。如果以16—59岁界定劳动年龄，那么1990年的少儿抚养比接近四成，而老年抚养比刚刚超过16%；2020年的老年抚养比高于1/4，超过了少儿抚养比。从少儿抚养比的变化趋势来看，1990—2010年呈下降趋势，2020年相较于2010年略有回升。从老年抚养比的变化趋势来看，1990—2010年的增幅仅为3个百分点，而2010—2020年的增幅为8个百分点。从总抚养比的变化趋势来看，1990—2010年呈下降趋势，2020年相较于2010年有较大幅度的回升，但仍低于1990年的水平。2010年以来,老年抚养比的大幅上升是浙江省人口抚养负担加重的主要原因,加之15—64岁劳动年龄人口占总人口的比重呈现下降趋势,浙江省的人口红利将明显衰退。

表1-9　　　　浙江省常住人口的人口抚养比变化　　　　单位:%

	总抚养比		老年抚养比		少儿抚养比	
	15—64岁劳动年龄	16—59岁劳动年龄	15—64岁劳动年龄	16—59岁劳动年龄	15—64岁劳动年龄	16—59岁劳动年龄
1990年	43.10	54.55	9.77	16.05	33.32	38.50
2000年	36.95	46.13	12.22	18.04	24.73	28.10
2010年	29.11	39.27	12.05	19.34	17.05	19.93
2020年	36.45	49.24	18.10	27.90	18.35	21.33

资料来源:浙江省统计局《浙江省第七次人口普查系列分析之八:人口老龄化》,http://tjj.zj.gov.cn/art/2022/7/22/art_1229129214_4956232.html,最后访问日期:2023年3月29日。

四　0岁人口平均预期寿命延长,老年人健康水平提高

健康是人力资本的重要组成部分之一。疾病转型理论(epidemiologic transition theory)指出,出生时预期寿命(life expectancy at birth,又被称为"0岁人口平均预期寿命")刻画了人口存活的时间长度,是衡量一个国家或地区人口健康水平的重要指标。在20世纪末和21世纪的最初10年,部分发达国家或地区的0岁人口平均预期寿命就突破了80岁,[1] 标志着它们步入了疾病转型的第四阶段,即一个人

---

[1] 例如,日本的平均预期寿命(男、女合计)在1996年突破80岁,达80.35岁;中国澳门在1997年达80.16岁;中国香港在1998年达80.14岁;瑞士在2001年达80.25岁;澳大利亚在2001年达80.02岁;瑞典在2003年达80.20岁;法国在2004年达80.34岁;加拿大在2004年达80.03岁;新加坡在2005年达80.35岁;挪威在2005年达80.17岁;荷兰在2007年达80.25岁;韩国在2008年达80.04岁;英国在2009年达80.17岁;德国在2010年达80.09岁;美国的平均预期寿命至今未突破80岁,最高点为2019年的79.14岁,2020年下降到77.41岁,2022年为78.20岁(资料来源:United Nations Population Division, "World Population Prospects: The 2022 Revision", https://population.un.org/wpp/, the last access time, 2023-03-30)。

口死亡风险低,医疗科技水平发达,社会医疗保障体系健全,民众生活方式健康、生活品质优良的时期。① 表1-10汇总了1990年以来中国及浙江省的0岁人口平均预期寿命。中国在1949年的0岁人口平均预期寿命仅为35岁;1990年已提高到68.55岁,其中,女性的0岁人口平均预期寿命超过了70岁;2020年相较于1990年的水平延长了9.38岁,其中,女性的0岁人口平均预期寿命超过了80岁。浙江省作为中国社会经济发展水平较高的省份,其0岁人口平均预期寿命一直高于全国平均水平。1990—2020年,浙江省常住人口的0岁人口平均预期寿命延长了8.41岁。2010年,浙江省女性的0岁人口平均预期寿命超过了80岁;2020年,浙江省男、女合计的0岁人口平均预期寿命超过了80岁。

表1-10　　　全国和浙江省的0岁人口平均预期寿命的变化　　　单位:岁

	全国			浙江		
	合计	男性	女性	合计	男性	女性
1990年	68.55	66.84	70.47	71.78	69.66	74.24
2000年	71.40	69.63	73.33	74.70	72.50	77.21
2010年	74.83	72.38	77.37	77.73	75.58	80.21
2020年	77.93	75.37	80.88	80.19	78.09	82.58

资料来源:国家统计局人口和就业统计司编《中国人口和就业统计年鉴2021》,中国统计出版社2021年版。

为了明确浙江省的0岁人口平均预期寿命在全国所处的位置,图1-2展示了2020年中国大陆31个省级行政区的分性别0岁人口平均预期寿命。从男性的0岁人口平均预期寿命来看,浙江(78.09岁)仅次于北京(80.43岁)、上海(80.39岁)和天津(79.32岁),居全国第4位。从女性的0岁人口平均预期寿命来看,浙江(82.58

---

① Omran, Abdel R., "The Epidemiologic Transition Theory Revisited Thirty Years Later", *World Health Statistics Quarterly*, No. 53, 1998.

岁)仅次于上海(84.87岁)、北京(84.62岁)、天津(83.40岁)和海南(82.84岁),居全国第5位。日本是目前世界上人口最长寿的国家,2020年日本男性的0岁人口平均预期寿命为81.60岁,日本女性为87.70岁,分别比浙江省的男性和女性高出约3.50岁和5.10岁。①

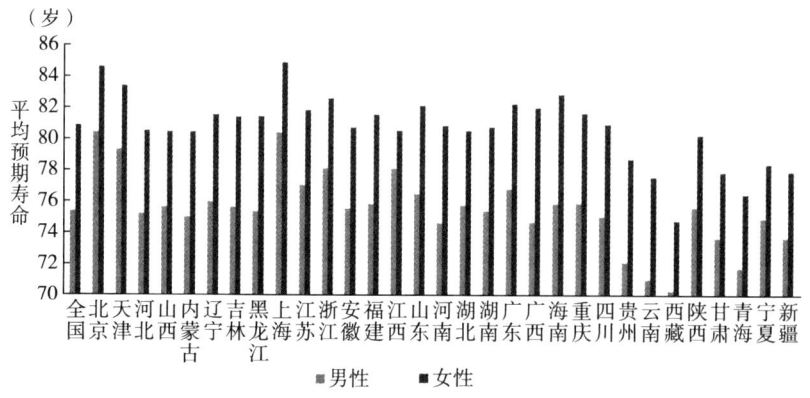

图1-2 2020年全国和各省的分性别0岁人口平均预期寿命

资料来源:国家统计局人口和就业统计司编《中国人口和就业统计年鉴2021》,中国统计出版社2021年版。

需要注意的是,0岁人口平均预期寿命虽然反映了人口的存活长度,但老年人带病生存的情况也十分普遍,因此该指标无法体现人们的晚年存活质量,无法全面衡量人口健康水平。② 为了更充分地反映老年人的健康水平,我们探究了浙江省老年人的自评健康状况。2010年第六次全国人口普查和2020年第七次全国人口普查在采集长表数据时询问了60岁及以上常住人口的自评身体健康状况。受访者

---

① Ministry of Internal Affairs and Communications of Japan, "Statistical Handbook of Japan 2022", https://www.stat.go.jp/english/data/handbook/index.html, the last access time, 2023-03-30.

② 乔晓春、胡英:《中国老年人健康寿命及其省际差异》,《人口与发展》2017年第5期。

的回答包括"健康""基本健康""不健康,但生活能自理"和"生活不能自理"4类情况。我们将"健康""基本健康""不健康,但生活能自理"和"生活不能自理"依次计4分、3分、2分和1分,并计算2010年和2020年全国及各省的分性别自评健康平均得分情况(见图1-3、图1-4)。

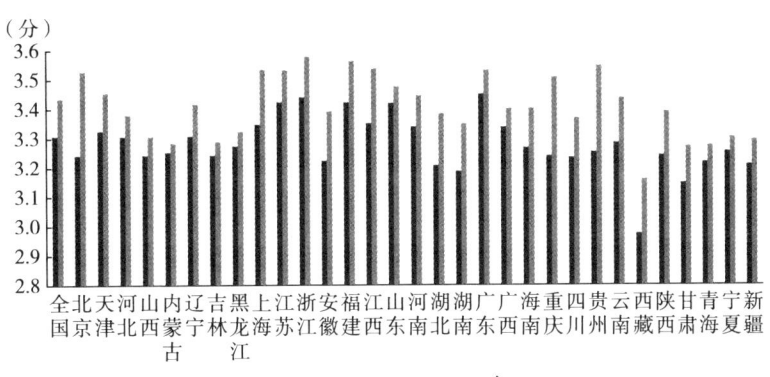

图1-3 2010年、2020年全国和各省份60岁及以上男性的自评健康平均得分

资料来源:国务院第七次全国人口普查领导小组办公室编《中国人口普查年鉴2020》,中国统计出版社2022年版。

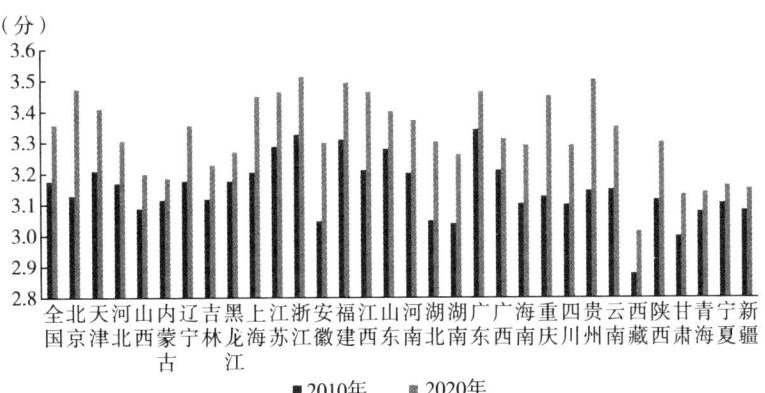

图1-4 2010年、2020年全国和各省份60岁及以上女性的自评健康平均得分

资料来源:国务院第七次全国人口普查领导小组办公室编《中国人口普查年鉴2020》,中国统计出版社2022年版。

2010年，浙江老年男性的自评健康平均得分为3.44分，高于同期全国平均水平（3.31分），在各省中仅列广东（3.45分）之后，居全国第2位；浙江老年女性的自评健康平均得分为3.33分，高于同期全国平均水平（3.18分），在各省中仅列广东（3.34分）之后，居全国第2位。2020年，全国各省的老年人自评健康平均得分相较于10年前均有所提升。2020年，浙江老年男性的自评健康平均得分为3.58分，高于同期全国平均水平（3.44分），并在各省中位列第1位；浙江老年女性的自评健康平均得分为3.51分，高于同期全国平均水平（3.36分），也在各省中位列第1位。以上事实说明，浙江老年常住人口的身体健康状况整体较好，这在一定程度上减轻了老年人口向劳动年龄人口施加的抚养负担。

为了进一步关注健康状况最差的老年人，笔者计算了全国及各省健康状况最差一类（即生活不能自理）的老年人占全体老年人的比重。2010年，浙江老年人的失能人数为1.80万人，2020年上升到2.40万人。不过，浙江老年人的失能比例在2010—2020年呈下降趋势。图1-5和图1-6分性别展示了2010年、2020年全国和各省失能老年人的比例。2010年，浙江老年男性的失能比例为2.06%，低

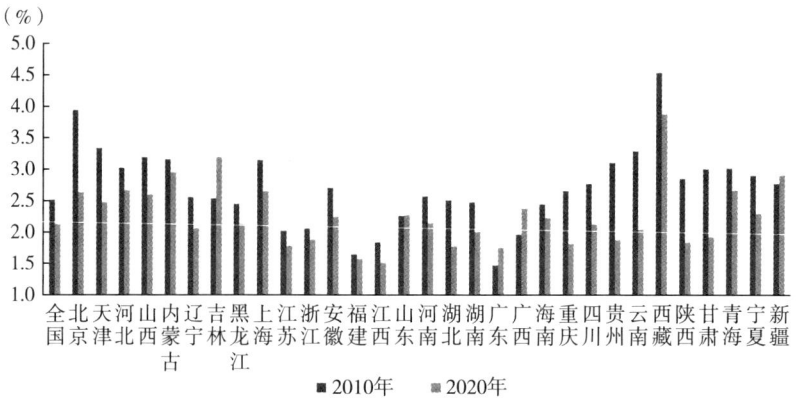

图1-5　2010年、2020年全国和各省份60岁及以上男性的失能比例

资料来源：国务院第七次全国人口普查领导小组办公室编《中国人口普查年鉴2020》，中国统计出版社2022年版。

于全国平均水平（2.52%）；2020年，浙江老年男性的失能比例下降至1.88%，低于全国平均水平（2.12%），在各省中处于第9（从低到高排名）的位置。2010年，浙江老年女性的失能比例为2.68%，低于全国平均水平（3.35%）；2020年，浙江老年女性的失能比例下降至2.20%，低于全国平均水平（2.55%），在各省中处于第10（从低到高排名）的位置。

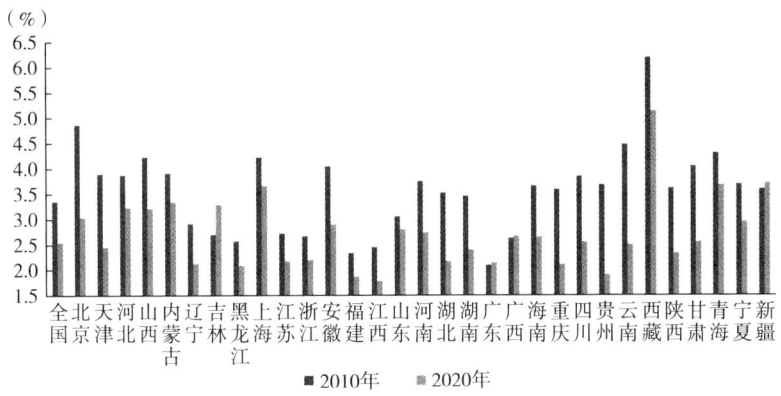

图1-6　2010年、2020年全国和各省份60岁及以上女性的失能比例

资料来源：国务院第七次全国人口普查领导小组办公室编《中国人口普查年鉴2020》，中国统计出版社2022年版。

浙江老年人的自评健康和失能比例在城乡之间的差距不容忽视（见表1-11）。2020年，无论城乡和性别，浙江60岁及以上老年人的自评健康平均得分优于全国平均水平，而老年人失能比例低于全国平均水平。浙江城镇老年男性的自评健康平均得分为3.66分，比农村老年男性高0.20分；浙江城镇老年男性的失能比例为1.70%，比农村老年男性低0.43个百分点。对全国城镇老年男性而言，其比农村老年男性自评健康平均得分高0.16分，失能比例比农村老年男性低0.22个百分点。因此，浙江老年男性自评健康平均得分和失能比例的城乡差距都大于全国老年男性。浙江城镇老年女性为3.60

分,比农村老年女性的自评健康平均得分高 0.21 分;浙江城镇老年女性为 2.03%,比农村老年女性的失能比例低 0.40 个百分点。对全国老年女性而言,其比农村老年女性自评健康平均得分高 0.20 分,失能比例比农村老年女性低 0.57 个百分点。可见,浙江老年女性与全国老年女性自评健康平均得分的城乡差距相当,但浙江老年女性小于全国老年女性失能比例的城乡差距。

表 1-11　　2020 年全国和浙江省分城乡和性别的老年人自评健康平均得分和失能比例　　单位:分;%

		自评健康平均得分		失能比例	
		城镇	农村	城镇	农村
男性	全国	3.51	3.35	2.02	2.24
	浙江	3.66	3.46	1.70	2.13
女性	全国	3.45	3.25	2.29	2.86
	浙江	3.60	3.39	2.03	2.43

资料来源:国务院第七次全国人口普查领导小组办公室编《中国人口普查年鉴 2020》,中国统计出版社 2022 年版。

浙江的 0 岁人口平均预期寿命延长、老年人健康状况提升和当地卫生事业的发展息息相关(见表 1-12)。2010—2020 年,浙江医疗卫生机构迅速增加,卫生专业人才队伍不断壮大。2010 年,浙江拥有医院 687 个,2020 年增长了 1.08 倍。2010 年,浙江拥有医院床位约 15 万张,2020 年增长了 1.10 倍。平均每千常住人口拥有卫生技术人员的个数从 2010 年的 5.18 个增长到 2020 年的 8.47 个。其中,平均每千常住人口拥有医生的个数从 2010 年的 2.10 个增长到 2020 年的 3.37 个。同时,浙江积极推动"老年健康促进行动",为本省实现健康老龄化保驾护航。老年健康促进行动的主要内容包括:"加强老年常见病、慢性病和老年痴呆症的筛查干预、健康指导,以及老年人心理健康预防和关怀服务。完善老年健康服务体系,优化老年医疗卫生资源配置,加快推进老年医院、康复医院、护理院和安宁疗护等医疗机构建设。推进医疗卫生与养老服务融合发展,加强社区居家养老服务机构、场所和相关服务队伍建设。建立健全老年健康服务体系和长期护理保障制度。支持高校和职业院校开设与老年健康相关的专业或课程,加快培养老年医学人才。"[1]

表1-12　　　　2010年、2020年浙江省卫生事业情况

卫生事业发展程度指标	2010年	2020年
医院个数（个）	687	1429
医院床位数（张）	150986	316997
平均每千人口拥有卫生技术人员个数（按常住人口计算）	5.18	8.47
平均每千人口拥有医生个数（按常住人口计算）	2.10	3.37
平均每千人口拥有卫生技术人员个数（按户籍人口计算）	5.94	10.81
平均每千人口拥有医生个数（按户籍人口计算）	2.41	4.29

资料来源：浙江省统计局、国家统计局浙江调查总队《2011浙江统计年鉴》,中国统计出版社2011年版；浙江省统计局、国家统计局浙江调查总队《2021浙江统计年鉴》,中国统计出版社2021年版。

此外,浙江老年人社会经济地位的提高,尤其是受教育程度的提高,是浙江老年人健康水平向好发展的又一重要原因。从医学社会学的视角看,较高的社会经济地位通常联系着良好的医疗资源可得性、健康的生活方式和优质的社会支持网络,社会经济地位是健康水平的基础性决定因素。[2] 表1-13展示了2010年、2020年浙江省老年文盲人口的人数和比重。2010年,浙江60岁及以上常住人口中有208.17万人是文盲,占60岁及以上人口的27.54%；2020年,该

---

[1] 《浙江省人民政府关于推进健康浙江行动的实施意见》,浙江省人民政府官网（https://www.zj.gov.cn/art/2022/2/16/art_1229019364_2392893.html）,最后访问日期：2023年3月29日。

[2] Link, Bruce and Jo Phelan, "Social Conditions as Fundamental Causes of Health Inequalities", in *Handbook of Medical Sociology* (6*th*), edited by Chloe E. Bird, Nashville: Vanderbilt University Press 2010, pp. 3–17.

数字下降了32.58%，60岁及以上常住人口中有140.35万人是文盲，占60岁及以上人口的11.63%。2010—2020年，浙江65岁及以上常住人口的文盲人数从174.33万人下降到119.45万人，规模下降了31.48%；65岁及以上文盲人数占全体65岁及以上人口的比重从34.31%下降到13.94%，下降了20.37个百分点。伴随着医疗卫生技术和体制的改进以及未来老年人在受教育程度方面的世代优势逐步显现，浙江居民的晚年健康水平预计会进一步提升。

表1-13　2010年、2020年浙江省老年文盲人口的比较

单位：万人；%；百分点

年龄	2010年		2020年		2020年较2010年	
	人数	比重	人数	比重	人数增长率	比重增长百分点
60岁及以上	208.17	27.54	140.35	11.63	-32.58	-15.91
65岁及以上	174.33	34.31	119.45	13.94	-31.48	-20.37

资料来源：浙江省统计局《浙江省第七次人口普查系列分析之五：受教育状况》，http://tjj.zj.gov.cn/art/2022/7/22/art_1229129214_4956161.html，最后访问日期：2023年3月29日；国务院人口普查办公室、国家统计局人口和就业统计司《中国人口普查资料—2010》，中国统计出版社2012年版；国务院第七次全国人口普查领导小组办公室编《中国人口普查年鉴2020》，中国统计出版社2022年版。

第二节　浙江人口规模与人口年龄结构预测（2021—2035年）

一　人口预测方法简介与模型设置

（一）队列要素人口预测方法

前文已对浙江省的人口老龄化现状做了较为清晰的交代，而要对未来的人口老龄化趋势建立前瞻性认识，就需要依靠人口预测。接

下来，我们以 2020 年第七次人口普查数据为基础，采用队列要素人口预测（cohort-component population projection）方法分别对浙江省和全国 2021—2035 年的人口规模与人口年龄结构进行预测。队列要素人口预测方法是预测人口总量和年龄结构的最经典方法，其目的是通过对年龄别人口状况的研究、模拟和分析，了解人口系统的发展过程，其基本原理是将人口群体依出生队列（或者说起始人口的年龄结构）划分为几个部分，根据人口变动规律和预测周期反复递推不同年龄别的死亡、存活和出生情况。[①] 在对全国人口进行预测时，国内学者一般将中国人口假定为封闭系统，将国际人口迁移的情况忽略不计。但是，由于中国省际人口迁移的规模庞大，忽略省际人口迁移会使人口预测的准确性大打折扣。为了更科学地预测未来浙江省的人口规模和人口年龄结构，我们不仅将人口的自然变动情况（即出生、死亡）纳入预测模型，也将人口的机械变动情况（即迁入、迁出）纳入预测模型。因此，本章对未来浙江省人口进行预测的模型可用以下公式表示：

$$P(t+1) = P(t) + B(t) - D(t) + I(t) - E(t)$$

其中，$P(t+1)$ 代表第 $t+1$ 年的人口数量；$P(t)$ 代表第 t 年的人口数量，即起始人口数量；$B(t)$ 和 $D(t)$ 分别代表在第 t 年和第 $t+1$ 年之间的出生人数和死亡人数；$I(t)$ 和 $E(t)$ 分别代表在第 t 年和第 $t+1$ 年之间的迁入人数和迁出人数。

队列要素人口预测方法的人口预测过程包括如下步骤：（1）根据死亡水平计算有多少人可以在 1 年以后存活；（2）加入年龄别净迁入人数（即迁入人数与迁出人数之差）；（3）根据育龄妇女生育水平计算本年度有多少新生儿，并根据出生性别比区分男女；（4）根据 0 岁人口的死亡水平和人口净迁移水平调整 0 岁人口的数量；（5）重复以上步骤。我们在进行人口预测时使用了 PADIS-INT 软件的

[①] 王广州：《人口预测方法与应用》，社会科学文献出版社 2018 年版，第 152—153 页。

1.7.0版本。该软件是在联合国人口司的指导下和联合国人口基金的支持下,由中国人口发展与研究中心和神州数码信息系统有限公司共同开发的通用人口预测软件。

(二)人口预测模型的参数设置

1. 起始人口数据

本章以2020年统计部门通过人口普查获得的浙江省常住人口、全国人口的分性别和年龄(1岁一组)人数作为基础数据,即起始人口数据,该数据未涵盖现役军人。表1-14展示了2020年浙江省常住人口、全国人口的分性别和年龄组(5岁一组)人数。

表1-14 2020年浙江省常住人口和全国人口的分性别年龄构成　　单位:人

年龄	浙江		全国	
	男性	女性	男性	女性
0—4岁	1550391	1401098	40969331	36914557
5—9岁	1612841	1412166	48017458	42226598
10—14岁	1446894	1258391	45606790	39649204
15—19岁	1519440	1289710	39053343	33630797
20—24岁	2023475	1665551	39675995	35265680
25—29岁	2628336	2214095	48162270	43685062
30—34岁	3271221	2867368	63871808	60273382
35—39岁	2689753	2418649	50932037	48080895
40—44岁	2548248	2338080	47632694	45322636
45—49岁	2930421	2738717	58191686	56033201
50—54岁	3006857	2802726	61105470	60058826
55—59岁	2503105	2357371	50816026	50584760
60—64岁	1794345	1711990	36871125	36511813
65—69岁	1615125	1633890	36337923	37667637
70—74岁	1125829	1157928	24162733	25427303
75—79岁	627673	652850	14752433	16486416
80—84岁	435724	484451	9157003	11225875

续表

年龄	浙江		全国	
	男性	女性	男性	女性
85—89岁	258878	337368	4426091	6400439
90—94岁	77190	118081	1367594	2285155
95—99岁	13212	24673	271455	548357
100岁及以上	1050	2427	35129	83737

资料来源：国务院第七次全国人口普查领导小组办公室编《中国人口普查年鉴2020》，中国统计出版社2022年版。

2. 0岁人口平均预期寿命与死亡模式

0岁人口平均预期寿命是指，假设当前各年龄人口的死亡率在未来不发生变化，那么一个新生儿预计可以存活到平均多少岁。它与社会经济发展水平、医疗卫生水平以及战争、灾害、瘟疫等因素都息息相关。根据《中国人口和就业统计年鉴2021》公布的数据，2020年浙江常住人口中男性的0岁人口平均预期寿命为78.09岁，女性为82.58岁；2020年全国男性的0岁人口平均预期寿命为75.37岁，女性为80.88岁。为了预测2021—2035年浙江省和全国的0岁人口平均预期寿命变化趋势，我们参考了联合国人口司（United Nations Population Division）对中国香港、中国澳门和日本三地历史上0岁人口平均预期寿命的测算数据，① 并据此估计浙江省和全国0岁人口平均预期寿命的增长幅度。从浙江来看，2020年全省男性的0岁人口平均预期寿命（78.09岁）与2001年中国香港（78.27岁）、中国澳门（78.26岁）和日本（78.01岁）的水平接近，以上三地在经过15年以后，男性0岁人口平均预期寿命分别延长到81.69岁、81.14岁和80.94岁，平均延长3.07岁；2020年浙江女性的0岁人口平均预期寿命（82.58岁）与1996年中国香港

---

① United Nations Population Division, "World Population Prospects: The 2022 Revision", https://population.un.org/wpp/, the last access time, 2023-03-30.

(82.50 岁)、1996 年中国澳门（82.64 岁）和 1993 年日本（82.45 岁）的水平接近，以上三地在经过 15 年以后，女性 0 岁人口平均预期寿命分别延长到 81.69 岁、81.14 岁和 80.94 岁，平均延长了 3.61 岁。从全国来看，2020 年全国男性的 0 岁人口平均预期寿命（75.37 岁）与 1992 年香港（75.27 岁）、1991 年澳门（75.50 岁）和 1986 年日本（75.27 岁）的水平接近，以上三地在经过 15 年以后，男性 0 岁人口平均预期寿命分别延长到 79.39 岁、79.27 岁和 78.01 岁，平均延长 3.54 岁；2020 年全国女性的 0 岁人口平均预期寿命（80.88 岁）与 1992 年中国香港（80.93 岁）、1993 年中国澳门（80.93 岁）和 1986 年日本（80.98 岁）的水平接近，以上三地在经过 15 年以后，女性 0 岁人口平均预期寿命分别延长到 85.23 岁、85.83 岁和 84.85 岁，平均延长 4.35 岁。我们以中国香港、中国澳门和日本三地 0 岁人口平均预期寿命 15 年间延长岁数的均值作为浙江和中国全国 2020—2035 年间 0 岁人口平均预期寿命的增幅，即假定浙江男性和女性分别延长了 3.07 岁和 3.61 岁，全国男性和女性分别延长了 3.54 岁和 4.35 岁。此外，根据联合国人口司对各国 0 岁人口平均预期寿命的测算，0 岁人口平均预期寿命的值越大则后续的增长速率就越缓慢，故我们参考联合国人口司对 0 岁人口平均预期寿命在各年龄段增速的预测，认为 2021—2035 年 0 岁人口平均预期寿命的年度增幅呈逐步递减的特征。① 表 1-15 展示了假定的 2021—2035 年浙江和全国分性别的 0 岁人口平均预期寿命。2020 年日本男性的 0 岁人口平均预期寿命为 81.6 岁，日本女性为 87.7 岁。② 2035 年浙江的将与 2020 年日本的 0 岁人口平均预期寿命水平接近。

---

① United Nations Population Division, "World Population Prospects: The 2022 Revision", https://population.un.org/wpp/, the last access time, 2023-03-30.
② Ministry of Internal Affairs and Communications of Japan, "Statistical Handbook of Japan 2022", https://www.stat.go.jp/english/data/handbook/index.html, the last access time, 2023-03-30.

表 1-15　假定的 2021—2035 年浙江和全国分性别的 0 岁人口平均预期寿命　　单位：岁

年份	浙江		全国	
	男性	女性	男性	女性
2021	78.30	82.83	75.62	81.18
2022	78.51	83.08	75.87	81.48
2023	78.72	83.33	76.12	81.78
2024	78.93	83.58	76.36	82.08
2025	79.14	83.83	76.6	82.37
2026	79.35	84.08	76.84	82.66
2027	79.56	84.32	77.08	82.95
2028	79.76	84.56	77.32	83.24
2029	79.96	84.80	77.55	83.53
2030	80.16	85.04	77.78	83.82
2031	80.36	85.27	78.01	84.11
2032	80.56	85.50	78.24	84.39
2033	80.76	85.73	78.47	84.67
2034	80.96	85.96	78.69	84.95
2035	81.16	86.19	78.91	85.23

本章以寇尔—德曼（Coale-Demeny）西区模型生命表，结合表 1-15 中的 0 岁人口平均预期寿命来推算出人口的年龄别死亡率。学者们通常在设置人口死亡模式时使用模型生命表，而非基于起始年份数据自主编制的生命表，这是因为要自主编制出合适的生命表会遇到两个难题：首先，自主编制生命表必须依托于良好的死亡统计，但死亡漏报在数据资料中往往普遍存在，通常较低年龄组这种情况更加严重，需要引入其他来源的资料或者间接估计的方法，进行科学的数据质量评估和细致的数据结果修正；编制起始年份之后的后续生命表必须系统地研究死亡年龄分布模式的变化规律，特别是在较高年龄组中，死亡率的动态演进趋势具有相当的不确定性，但这部分人口的数据资料规模较小、质量也不高，需要长时间、大范围

的高龄死亡统计信息。① 为了避免上述难题，本章在推算年龄别死亡率时使用了模型生命表。图1-7展示了在寇尔—德曼西区模型生命表下，当男性的0岁人口平均预期寿命为78.30岁、女性的0岁人口平均预期寿命为82.83岁（即2021年浙江省0岁人口平均预期寿命）时分别对应的年龄别死亡概率。死亡概率在0岁时相对较高，随后下降，并在12岁时达到最低点，之后逐年小幅上升，步入老年阶段后开始大幅上升，联合国人口司假定人类的最长寿命为130岁，因此130岁时的死亡概率为1。

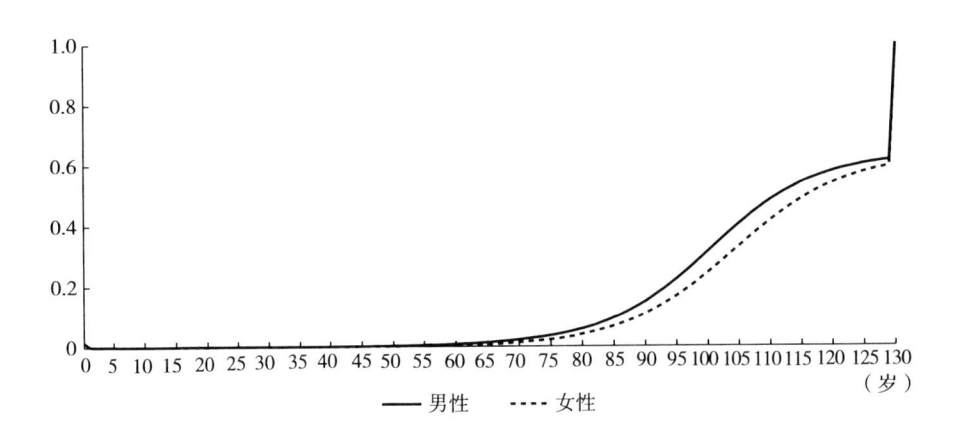

图1-7　2021年假定的出生预期寿命下分性别的年龄别死亡概率

3. 总和生育率、生育模式与出生性别比

根据联合国人口司对于中国总和生育率的预测，中国2021年的总和生育率比2020年有所下降，之后逐年上升，并将在2031年恢复到2020年的水平，之后继续增长。② 另外，根据浙江省统计局发布的《2021年浙江省人口主要数据公报》，2021年浙江常住人口的

---

① 翟振武、李龙、陈佳鞠、陈卫：《人口预测在PADIS-INT软件中的应用——MORTPAK、Spectrum和PADIS-INT比较分析》，《人口研究》2017年第6期。

② United Nations Population Division, "World Population Prospects: The 2022 Revision", https://population.un.org/wpp/, the last access time, 2023-03-30.

出生率为6.90‰，经折算约等于总和生育率0.98；根据国家统计局数据，2021年全国的出生率为7.52‰，经折算约等于总和生育率1.16。因此，我们假定浙江2021年的总和生育率为0.98，之后以每年0.01的速度回升，直到2035年的浙江省总和生育率达到1.12；假定全国2021年的总和生育率为1.16，在2021—2025年每年上升0.02，之后每年上升0.01，直到2035年的全国总和生育率达到1.34。

育龄妇女的年龄别生育率关系着生育时间的早晚，或者说生育的时间分布。生育模式是从年龄别生育率出发，定义为可进行比较的标准化生育分布。如果不区分生育的孩次构成，可将生育模式定义为各年龄别生育率与总和生育率之比。① 由于年龄别生育率之和恰好等于总和生育率，因此各年龄的生育模式之和等于1。② 我们假定2021年的生育模式与2020年一致，由于女性在未来的平均生育年龄（不区分孩次，包括第一胎和非第一胎）可能推迟，因此假定2021年以后生育模式的年龄别占比向30岁及以上倾斜。我们假定2021年浙江女性的平均生育年龄（不区分孩次，包括第一胎和非第一胎）为29.04岁（假定和2020年情况一致），2035年推迟到29.77岁；假定2021年全国女性的平均生育年龄为28.99岁（假定和2020年情况一致），2035年推迟到29.69岁。对2021年以后、2035年以前的生育模式采用线性插值的方法赋值。

出生性别比决定了新生儿的性别分布。不受人为干预的出生性别比是100个女婴对应103个至107个男婴。2020年浙江常住人口的出生性别比为110.1个男婴对应100个女婴。假定浙江省的出生性别比在未来日益趋于正常，100个女婴所对应的男婴数量每年减少0.3个，且浙江省出生性别比（男女比）最终稳定在106∶100的水

---

① 王广州：《人口预测方法与应用》，社会科学文献出版社2018年版，第125页。
② 5岁一组的年龄别生育率乘以5的总和等于总和生育率，5岁一组的生育模式等于5岁一组的年龄别生育率的5倍与总和生育率之比。

平。2020年全国的出生性别比为111.2个男婴对应100个女婴。也假定全国100个女婴所对应的男婴数量每年减少0.3个，且全国出生性别比（男女比）最终稳定在106∶100的水平。

4. 净迁移人口数量与年龄别迁移模式

根据浙江省统计局发布的历年《浙江统计年鉴》和《2021年浙江省主要人口数据公报》中的有关数据，以常住人口的总体增长人数减去自然增长人数得到机械增长人数，或者说净迁移人口数量。在2010—2021年之间，浙江历年净迁移人口数量依次为：2010年145.6万人、2011年101.3万人、2012年89.8万人、2013年74.0万人、2014年78.5万人、2015年67.3万人、2016年55.3万人、2017年62.3万人、2018年72.0万人、2019年73.1万人、2020年74.6万人、2021年65.5万人。可见，浙江属于人口净流入地区，近年来浙江的净迁入人数基本在60万人至70万人之间。我们在假设未来净迁移人口数量前，还需要清楚净迁移人口的性别与年龄分布情况。

我们利用2015年全国1%人口抽样调查微观数据，计算浙江省各年龄组（5岁一组）的人口净迁入情况，分性别的年龄别净迁移人口占净迁移总人口的比例（即年龄别迁移模式）如图1-8所示。15—44岁的青、中年人口由于就业、求学等需求大量流入浙江；65岁及以上老年人的净迁移人口数量几乎为0；0—4岁儿童净迁入人数多于5—14岁学龄儿童，这可能是由于外地户籍随迁子女的异地入学难度较大。男性净迁入人口数量占净迁移总人口数量的比例约为56%。假定2021年浙江的年龄别迁移模式和净迁移人口的性别比与2015年1%人口抽样调查的情况一致，另外，由于未来中国的人口老龄化程度加深，因此净迁入人口的年龄也会有所提高，我们将年龄别迁移模式向更大年龄的区间做适当倾斜。

我们以2021年65.5万人的净迁移人口数量为基准，并基于2015年1%人口抽样调查数据，假定2021年净迁移人口的男女比率

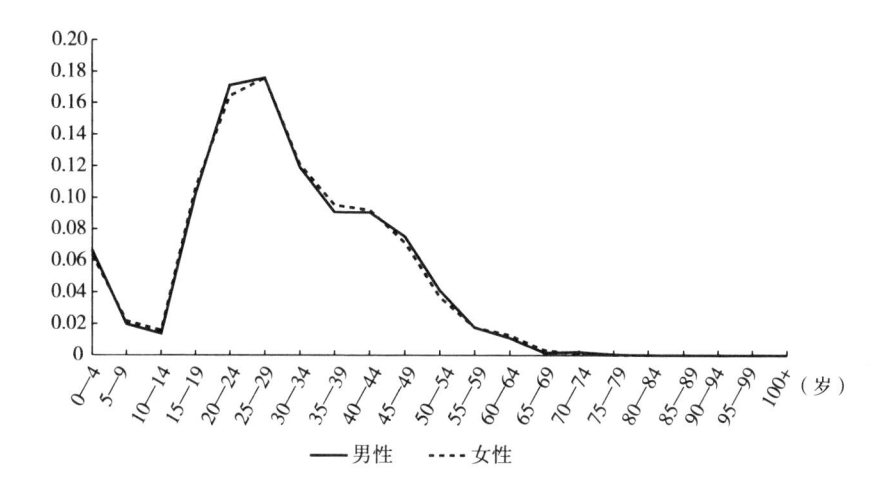

图1-8　2015年浙江省分性别的年龄别迁移模式

资料来源：2015年全国1%人口抽样调查微观数据。

和2015年相同，即男性占56%，女性占44%，以2022—2035年全国0—59岁预测人口数量与2021年全国0—59岁预测人口规模的比率和"拉力系数"调整2022年及以后历年的净迁移人口数量。发达省份对其他省份人口的吸引力或者说"拉力"体现在发达省份相对于其他省份在就业机会、薪资收入、社会福利、医疗卫生、文教科技等多方面的资源优势上。在当前中国积极推动共同富裕和高质量发展的背景下，未来各省之间居民收入差距缩小、基本公共服务均等化的趋势会越发明显，因此诸如浙江等发达省份对于外省人口的"拉力"可能会减小。2022年及以后的净迁移人口数量的计算方法可用以下公式表示：

$$NM(t) = NM(t2021) \cdot \theta(t) \cdot \varphi(t)$$

$NM(t)$表示2022年及以后的第t年净迁移人口数量；$NM(t2021)$表示2021年男性或女性的净迁移人口数量；$\theta(t)$表示第t年全国0—59岁预测人口数量与2021年全国0—59岁预测人口规模的比率；$\varphi(t)$表示"拉力系数"。如前文所述，我们推测未来中国社会经济发展水平的地区差距会不断缩小，这可能使浙江对省外人员的"拉力"逐渐缩小，故拉力系数呈下降趋势。我们假定2021年的拉力系数为1，从2022年开始逐年递减，并区分为低、中、高三种方案：迁移低方案的拉力系数每年递减0.07；迁移中方案的拉力系数每年递减0.04；迁移高方案的拉力系数每年递减0.02。据此，可以得出2021年之后不同方案下假定的浙江净迁移人口数量（见表1-16）。另外，我们忽略了跨境人口迁移对全国人口规模的影响，即假定历年的中国净迁移人口数量为0。

表1-16　　假定的2021—2035年浙江省分性别的净迁移人口数量　　单位：人

年份	迁移低方案		迁移中方案		迁移高方案	
	男性	女性	男性	女性	男性	女性
2021	366800	288200	366800	288200	366800	288200
2022	334371	262522	348909	273936	356178	279643
2023	309474	242746	331065	259682	345459	270972
2024	281264	220395	313306	245503	334668	262242
2025	253420	198359	295656	231419	323814	253459
2026	225909	176618	278042	217376	312797	244548
2027	198862	155277	260578	203466	301722	235593
2028	172337	134384	243300	189719	290608	226609
2029	146546	114124	226479	176373	279769	217872
2030	121472	94479	210113	163423	269208	209385
2031	97119	75453	194239	150906	258985	201208
2032	73434	56992	178797	138764	249038	193278
2033	50394	39072	163779	126985	239370	185593
2034	27988	21681	149270	115633	230124	178268
2035	6147	4758	135225	104673	221278	171283

注：2021年净迁移人口总数为实际数字，根据2015年人口抽样调查所得的净迁移人口性别比估算男性和女性净迁移人口数量。

二 浙江人口预测结果

（一）2020—2035 年浙江人口总量的变化趋势

为了在全国人口变迁的背景下更好地理解浙江省的人口变迁，也为了比较全国和浙江省人口状况的异同，本章在预测浙江人口发展趋势的同时，也对全国人口的未来发展趋势进行了预测。[①] 如前文所述，在对全国人口预测模型进行参数设置时，我们参考了《中国人口普查年鉴 2020》《中国人口和就业统计年鉴 2021》以及联合国人口司发布的 2022 年版《世界人口展望》等资料，并假设中国的净迁移人口数量为 0。在下文的分析中，2020 年的人口数据是实际数值，其他年份的人口数据是预测数值。根据人口预测结果，中国人口总量大约在 2021—2023 年达到顶峰，之后逐年下降（见图 1-9）。在预测浙江常住人口的变化趋势时，我们依据不同的人口净迁移水平将人口预测区分为"迁移低方案""迁移中方案"和"迁移高方案"三种情况，各方案下的历年净迁移人口数量如表 1-16 所示。图 1-10 展示了在不同人口迁移方案下，2020—2035 年浙江常住人口总量的变化趋势。在迁移低方案下，浙江常住人口总量会在 2020—2031 年持续增长，并在 2031 年达到 6859.17 万人的顶点，之后逐年下降，直到 2035 年下降为 6812.07 万人。在迁移中方案和高方案下，2020—2035 年浙江常住人口总量会持续增长，在迁移中方案下于 2035 年达到 7005.90 万人，在迁移高方案下于 2035 年达到 7134.52 万人。这说明吸引省外人口对于维持乃至增加浙江的人口总量具有至关重要的作用。根据《中国人口普查年鉴 2020》，流入浙江的外省户籍人口主要来自安徽（19.39%）、贵州（17.47%）、河南（15.23%）、江西（9.76%）和四川（8.39%）等省份。在浙江常住人口中，上述 5 个省份的户籍人口数量占外省户籍人口总量的近七成。

---

① 全国人口预测和浙江省人口预测都未将现役军人纳入起始人口数据。

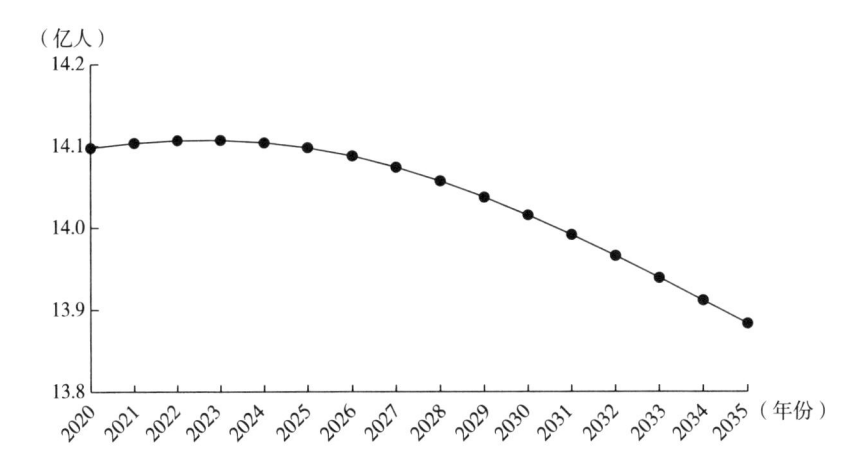

图 1-9 2020—2035 年全国人口总量的变化趋势

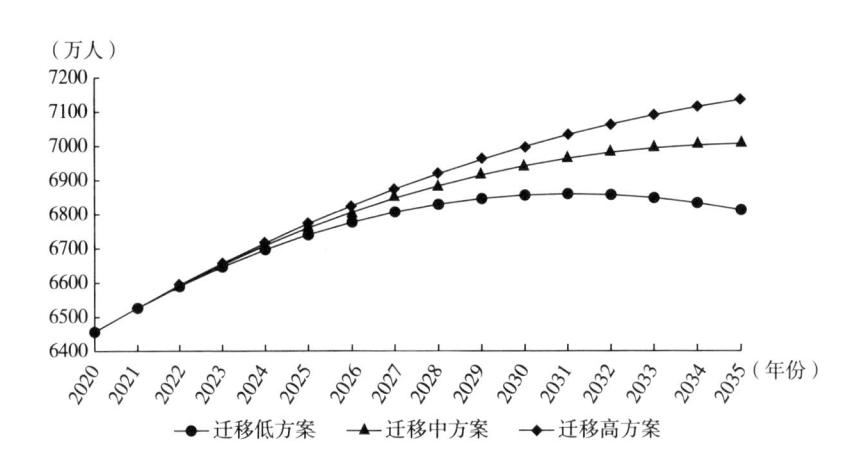

图 1-10 2020—2035 年浙江省常住人口总量的变化趋势

（二）2020—2035 年浙江常住人口年龄结构的变化趋势

"人口金字塔"能够简洁而清晰地表示人口年龄构成和年龄别人口规模。图 1-11 的（a）至（d）依次展示了 2020 年、2025 年、2030 年和 2035 年的浙江"人口金字塔"，它将表 1-16 迁移中方案的历年人口净迁移数量纳入人口总量和人口年龄结构的预测中。2020 年，相较于其他年龄组的人数，45—54 岁以及 30—34 岁的人

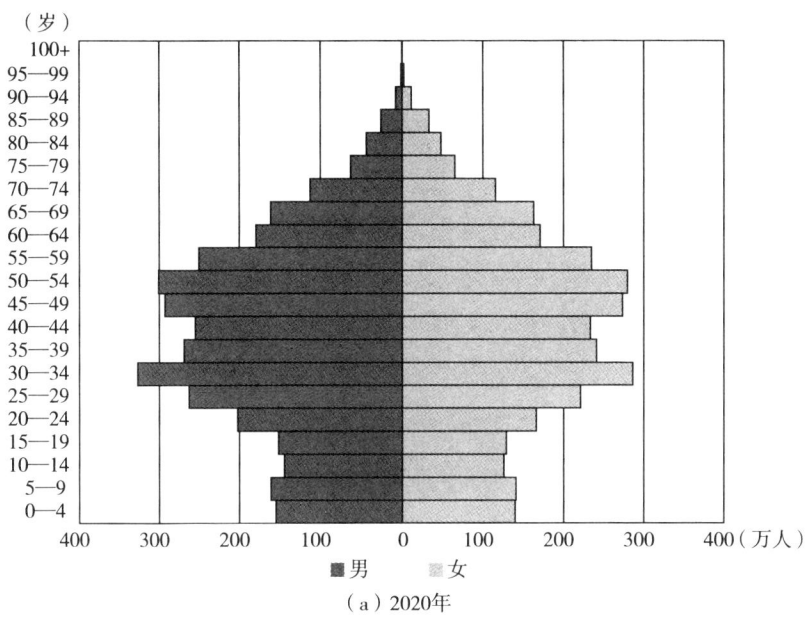

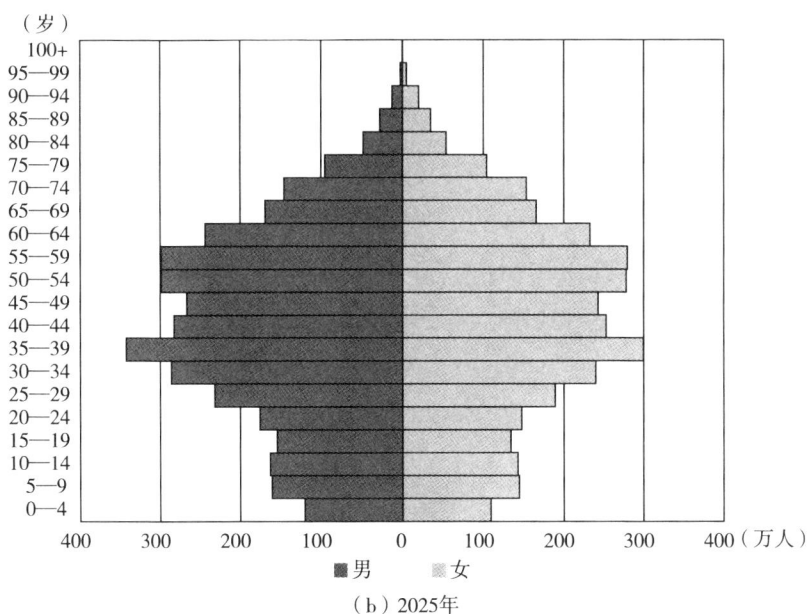

图 1-11　2020 年、2025 年、2030 年和 2035 年浙江省人口金字塔

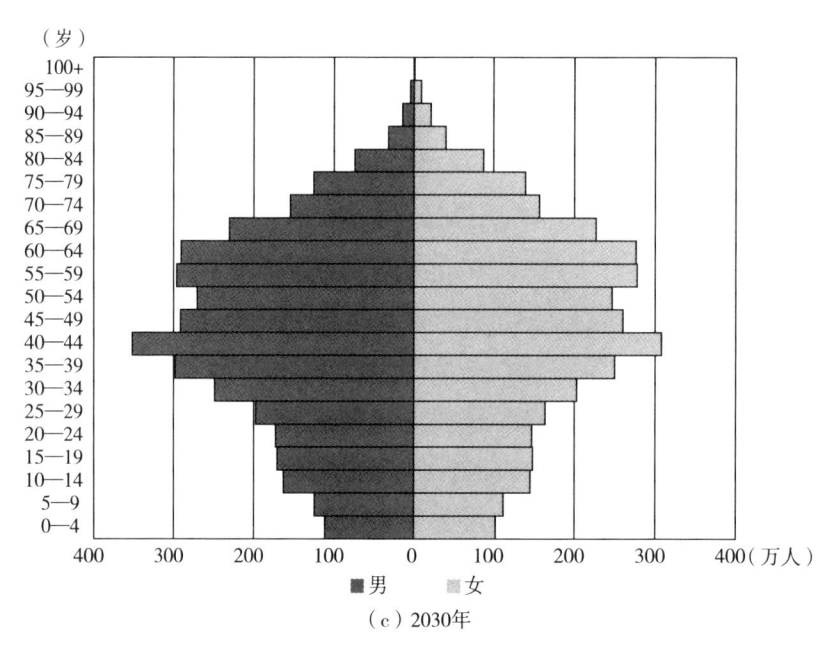

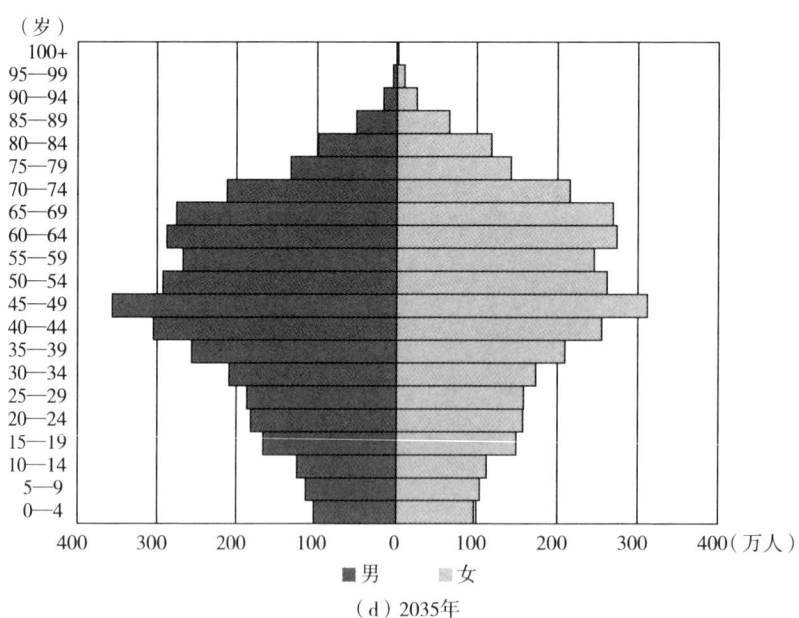

36 共同富裕与养老保障体系建设的浙江探索

(c) 2030年

(d) 2035年

图1-11 2020年、2025年、2030年和2035年浙江省人口金字塔（续）

数较多，即出生于1966—1975年和1986—1990年的人数偏多，这些出生队列恰好处于1949年以来的生育高峰期。1962年至20世纪70年代初恰好处于新中国成立以来的第二个生育高峰。[①] 这是由于1959—1961年"三年困难时期"过后，经济发展状况逐渐好转，人口发展的不正常状态也迅速得到改变，人口死亡率开始大幅度下降，强烈的补偿性生育使人口出生率迅速回升，人口增长进入了新中国成立以来前所未有的高峰期。1973年提出的"晚、稀、少"政策约束了人们的生育行为，[②] 1980年的《中共中央关于控制我国人口增长问题致全体共产党员、共青团员的公开信》是推行独生子女政策的开端，这些计划生育政策都在一定程度上限制了人口增长。在20世纪80年代初至1990年之间，由于20世纪60年代人口生育高峰中出生的人口陆续进入生育年龄，加之20世纪80年代初《婚姻法》的修改造成许多不到晚婚年龄的人口提前进入婚育行列，使得人口出生率出现回升，迎来了新中国成立后的第三个生育高峰。出生于第二个生育高峰的人到了2035年时恰好都迈入了60岁的老年"门槛"，令浙江省的老年人口规模陡然上升。从2020年到2035年，浙江省"人口金字塔"底部收缩、上部变宽的形态特征愈发明显，这意味着未来浙江的少子化和老龄化过程都有进一步加剧的趋势。

接下来，我们关注了不同年龄阶段的全国和浙江省人口数量的变化趋势。从全国人口来看，0—14岁少儿人数呈逐年下降趋势，从2020年的2.53亿人下降到2035年的1.48亿人，下降比例为41.68%（见图1-12）。从浙江常住人口数量来看，无论在哪种人口迁移方案下，0—14岁常住人口数量都会下降：在迁移低、中、高方案下，分别由2020年的868.18万人下降到2035年的631.05万人、656.11万人和672.74万人，下降比例分别为27.31%、24.43%和22.51%（见图1-13）。

---

① 1949年以来的第一个人口生育高峰在1949—1957年。
② "晚"是指男25周岁、女23周岁结婚；"稀"指拉长生育间隔，两胎间隔4年左右；"少"是指最多生两个孩子。

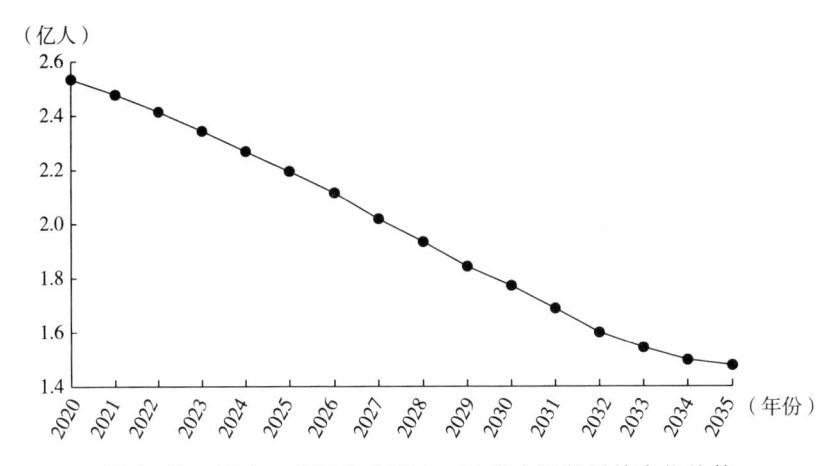

图 1-12　2020—2035 年全国 0—14 岁人口数量的变化趋势

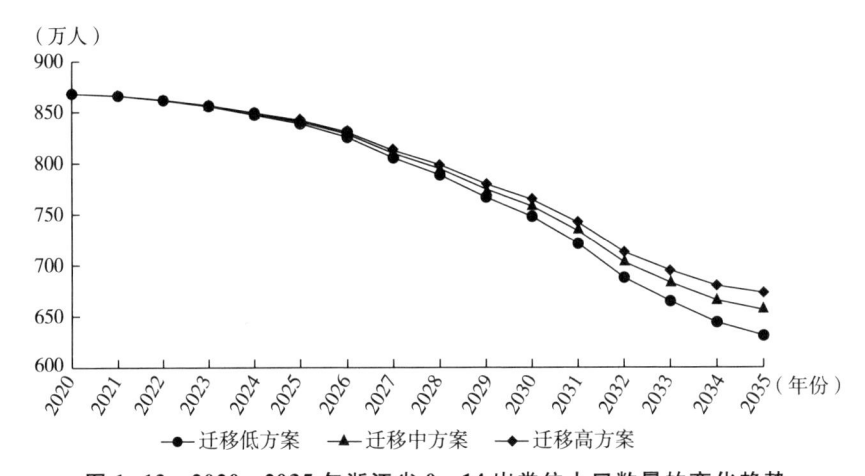

图 1-13　2020—2035 年浙江省 0—14 岁常住人口数量的变化趋势

若把 15—59 岁界定为劳动年龄，全国和浙江省劳动年龄人口数量的变化趋势分别如图 1-14 和图 1-15 所示。全国 15—59 岁劳动年龄人口数量从 2020 年的 8.92 亿人小幅上升到 2021 年的 8.96 亿人，之后逐年下降至 2035 年的 7.99 亿人，2035 年全国 15—59 岁人口数量较 2020 年下降了 10.44%（见图 1-14）。2021 年 15—59 岁人口数量多于 2020 年主要是因为 2021 年时出生于 1961 年的人口退出 15—59 岁年龄段而步入 60 岁，1961 年是"三年困难时期"的最后一年，当年出生人口数量极少；同时，2021 年达 15 岁的人口大多出生于 2006 年，而 2006 年的出生人口数量为 1581 万人。浙江 15—59 岁劳动年龄人口数量在 2020—2022 年有小幅上扬，这是受出生于"三年困难时期"的人口进入 60 岁和劳动年龄人口净迁入两方面影响的结果。自 2023 年之后，浙江 15—59 岁人口数量持续下降，在迁移低、中、高方案下，2035 年浙江 15—59 岁人口数量分别为 3984.58 万人、4146.78 万人和 4254.54 万人，分别比 2020 年的 4381.31 万人下降 9.06%、5.35% 和 2.89%（见图 1-15）。

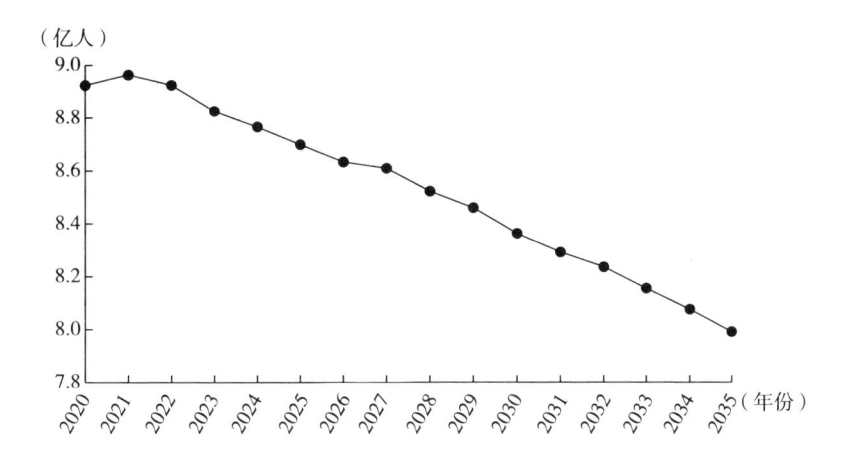

图 1-14　2020—2035 年全国 15—59 岁人口数量的变化趋势

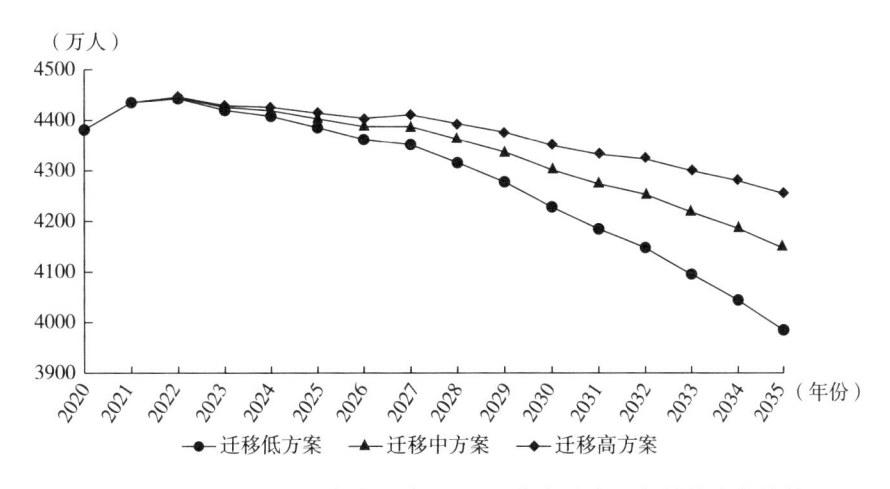

图 1-15　2020—2035 年浙江省 15—59 岁常住人口数量的变化趋势

由于联合国和一些发达经济体通常将65岁作为老年人的年龄下限,因此它们通常将15—64岁作为劳动年龄。若把15—64岁界定为劳动年龄,全国和浙江省劳动年龄人口数量的变化趋势分别如图1-16和图1-17所示。全国15—64岁劳动年龄人口数量从2020年的9.66亿人逐年下降至2022年的9.61亿人,2023年与2022年基本相当,2024—2026年的15—64岁人口数量逐年上升,2026年达到9.73亿人,随后逐年下降。预计到2035年时,全国15—64岁人口为9.07亿人,比2020年下降了6.11%(见图1-16)。2024—2026年的15—64岁人口数量呈上升趋势,主要是因为出生于1959—1961年"三年困难时期"的人口在这三年逐步退出15—64岁年龄段而步入65岁及以上年龄段。这一预测趋势与联合国人口司的预测趋势相同。[①] 2020—2035年,浙江15—64岁劳动年龄人口数量呈现出先上升后下降的趋势,在2026年或2027年达到自2020年以来的顶峰。在迁移低方案和迁移中方案下,2035年浙江15—64岁人口分别为4542.68万人和4708.67万人,分别比2020年的4731.95万人下降4.00%和0.49%。在迁移高方案下,2035年浙江15—64岁人口达4818.94万人,比2020年增加1.84%(见图1-17)。

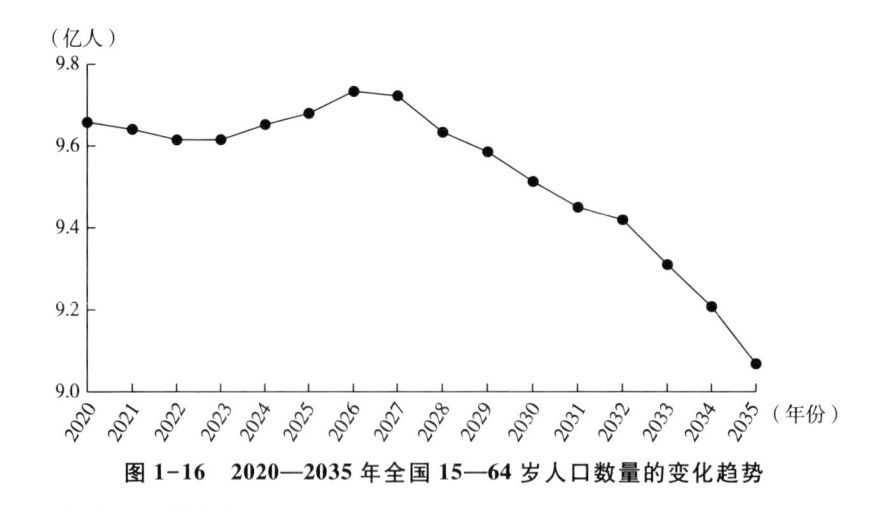

图1-16 2020—2035年全国15—64岁人口数量的变化趋势

---

① United Nations Population Division, "World Population Prospects: The 2022 Revision", https://population.un.org/wpp/, the last access time, 2023-03-30.

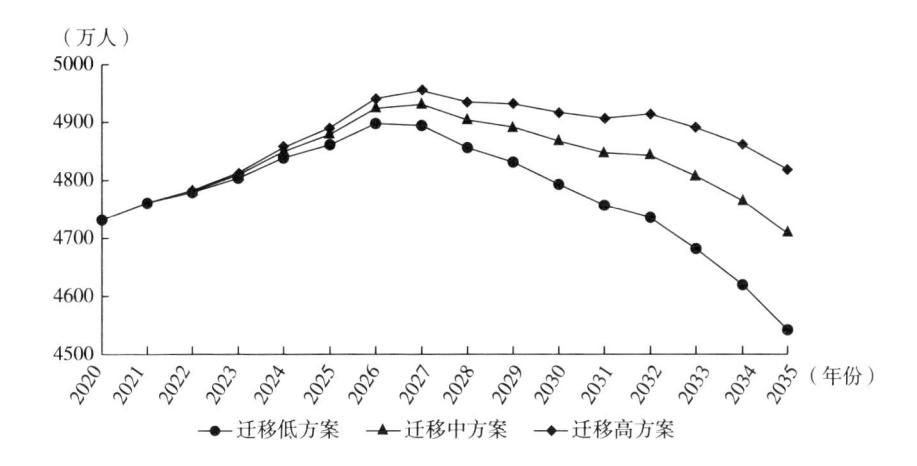

图 1-17 2020—2035 年浙江省 15—64 岁常住人口数量的变化趋势

老年人口数量未来增长十分迅速。全国 60 岁及以上老年人口数量从 2020 年的 2.64 亿人上升到 2035 年的 4.41 亿人，增长率为 67.16%（见图 1-18）。在迁移低、中、高方案下，浙江 60 岁及以上老年人口数量从 2020 年的 1207.27 万人分别上升到 2035 年的 2196.45 万人、2203.01 万人和 2207.35 万人，增长率分别为 81.94%、82.48% 和 82.84%（见图 1-19）。全国 65 岁及以上老年

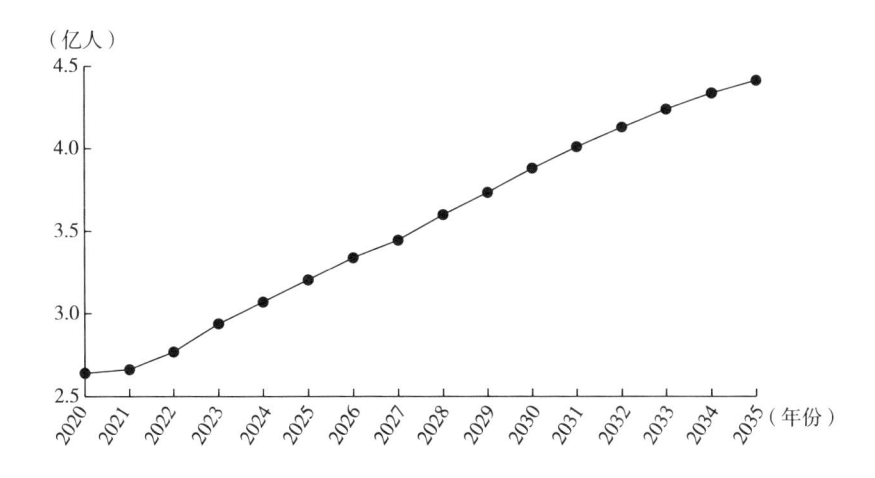

图 1-18 2020—2035 年全国 60 岁及以上人口数量的变化趋势

人口数量从2020年的1.91亿人上升到2035年的3.34亿人，增长率为75.10%（见图1-20）。在迁移低、中、高方案下，浙江省65岁及以上老年人口数量从2020年的856.63万人分别上升到2035年的1638.34万人、1641.12万人和1642.95万人，增长率分别为91.25%、91.58%和91.79%（见图1-21）。可以看出，2020—2035年，浙江老年人口数量的增长率高于全国平均水平。

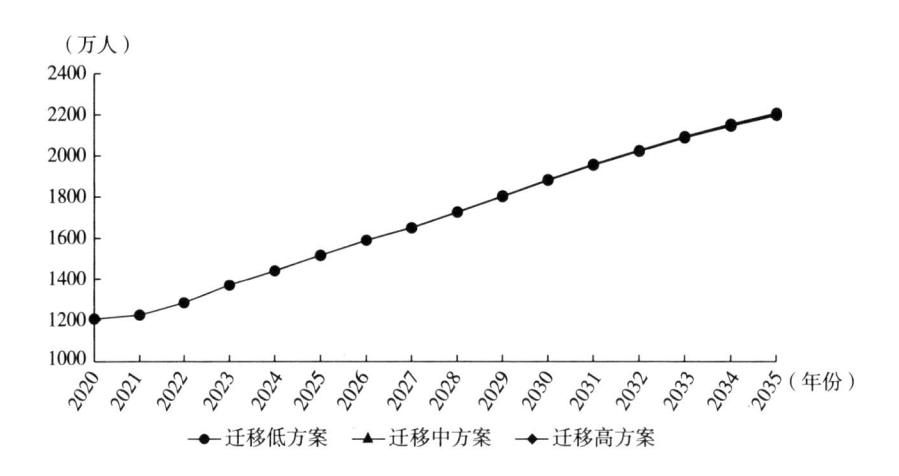

图1-19　2020—2035年浙江省60岁及以上常住人口数量的变化趋势

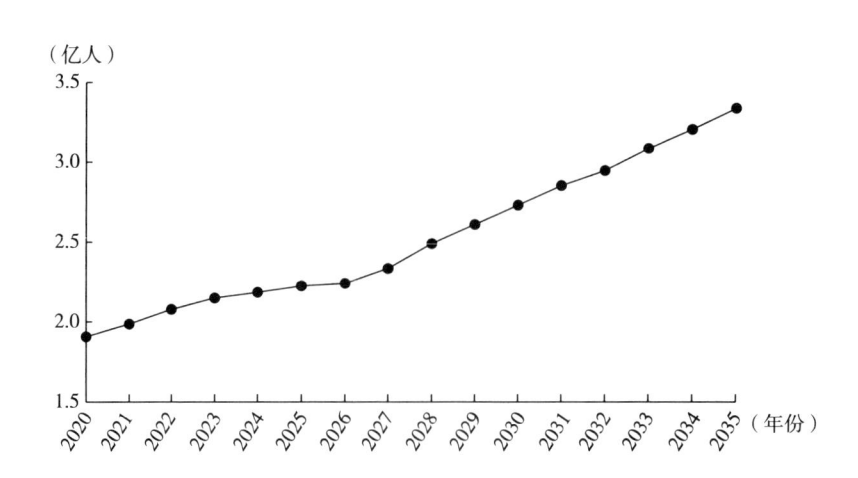

图1-20　2020—2035年全国65岁及以上人口数量的变化趋势

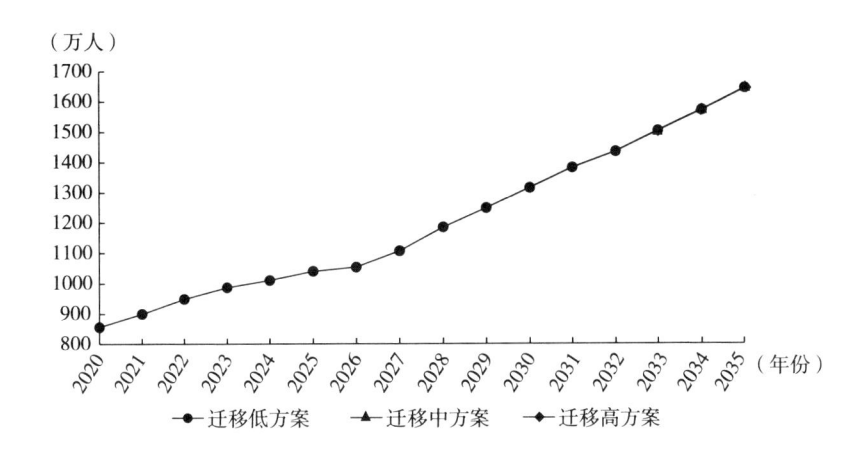

图 1-21 2020—2035年浙江省65岁及以上常住人口数量的变化趋势

各年龄段人口数量占人口总量比重的变化趋势与各年龄段人口规模的变化趋势相近。全国0—14岁人口比例从2020年的17.97%逐年下降到2035年的10.64%，下降了7.33个百分点（见图1-22）。根据浙江人口迁移中方案，浙江省常住人口的0—14岁人口比例从2020年的13.45%逐年下降到2035年的9.37%，下降了4.08个百分点，且2035年浙江省的少儿比例低于全国平均水平（见图1-23）。根据本章的预测，预计到2035年底，我国0—14岁少儿人口占比将为10.64%，这与联合国人口司预测的2035年我国0—14岁少儿人口占比（10.99%）相近,[1] 略低于2021年日本11.8%的水平。[2]

全国和浙江省的劳动年龄人口比例都呈波动下降趋势。全国15—59岁人口比例由2020年的63.30%先小幅上升到2021年的63.56%，之后逐年下降到2035年的57.57%，2035年比2020年下

---

[1] United Nations Population Division, "World Population Prospects: The 2022 Revision", https://population.un.org/wpp/, the last access time, 2023-03-30.

[2] Ministry of Internal Affairs and Communications of Japan, "Statistical Handbook of Japan 2022", https://www.stat.go.jp/english/data/handbook/index.html, the last access time, 2023-03-30.

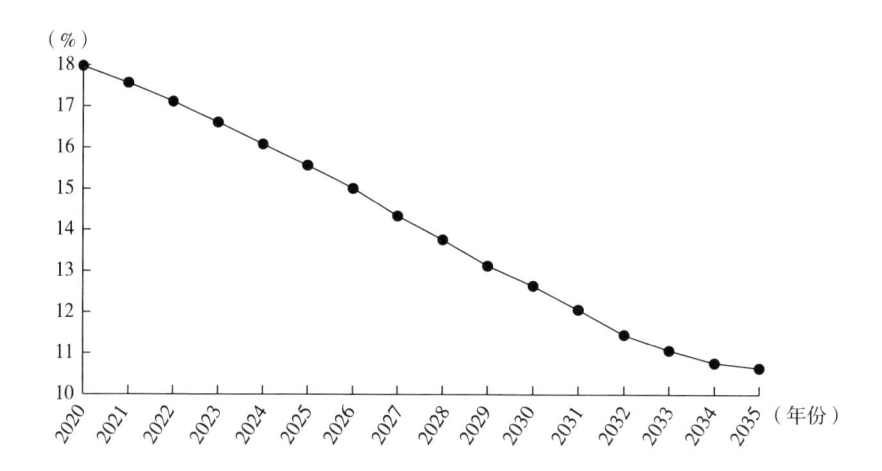

图 1-22　2020—2035 年全国 0—14 岁人口比例的变化趋势

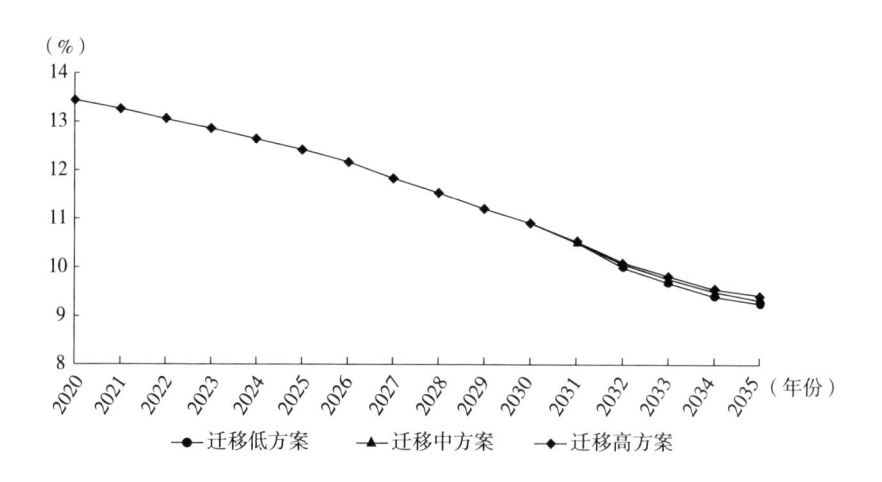

图 1-23　2020—2035 年浙江省 0—14 岁常住人口比例的变化趋势

降 5.73 个百分点（见图 1-24）。根据浙江人口迁移中方案，浙江省常住人口的 15—59 岁人口比例由 2020 年的 67.86% 先小幅上升到 2021 年的 67.95%，之后下降到 2035 年的 59.19%，2035 年比 2020 年下降 8.67 个百分点（见图 1-25）。全国 15—64 岁人口比例与图 1-16 中的全国 15—64 岁人口规模变化趋势类似，由 2020 年的 68.50% 先下降后上升至 2026 年的 69.08%，之后又逐年下降，2035

年的全国 15—64 岁人口比例为 65.31%，相较于 2020 年下降 3.19 个百分点（见图 1-26）。基于浙江人口迁移中方案，虽然浙江省 15—64 岁常住人口数量在 2021—2035 年呈先上升后回落（见图 1-17），但浙江常住人口的 15—64 岁人口比例基本呈下降趋势，从 2020 年的 73.29%下降到 2035 年的 67.21%，下降 6.08 个百分点（见图 1-27）。

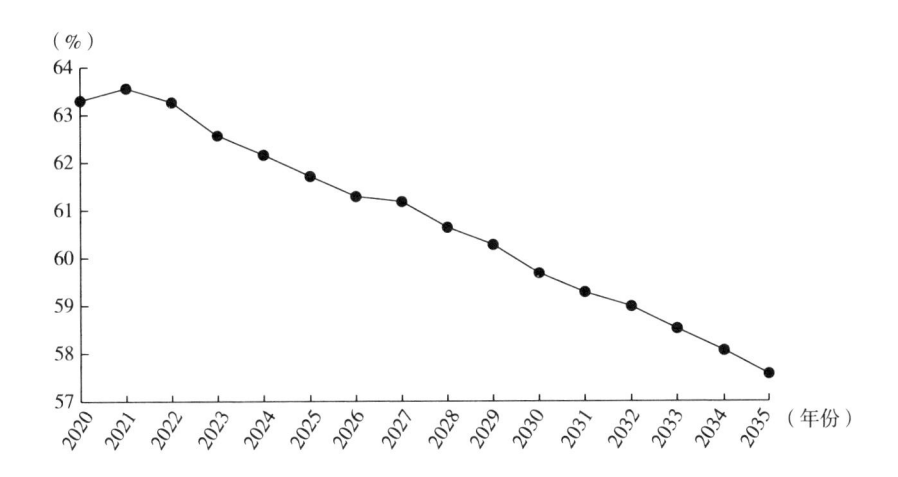

图 1-24　2020—2035 年全国 15—59 岁人口比例的变化趋势

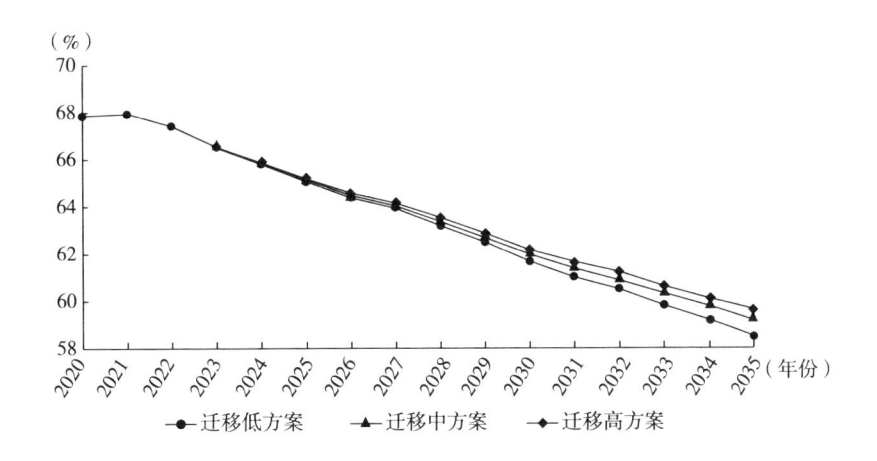

图 1-25　2020—2035 年浙江省 15—59 岁常住人口比例的变化趋势

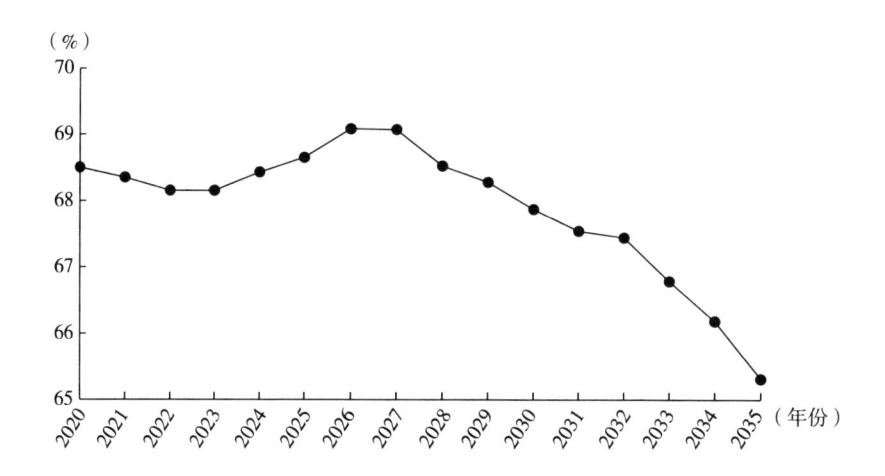

图 1-26　2020—2035 年全国 15—64 岁人口比例的变化趋势

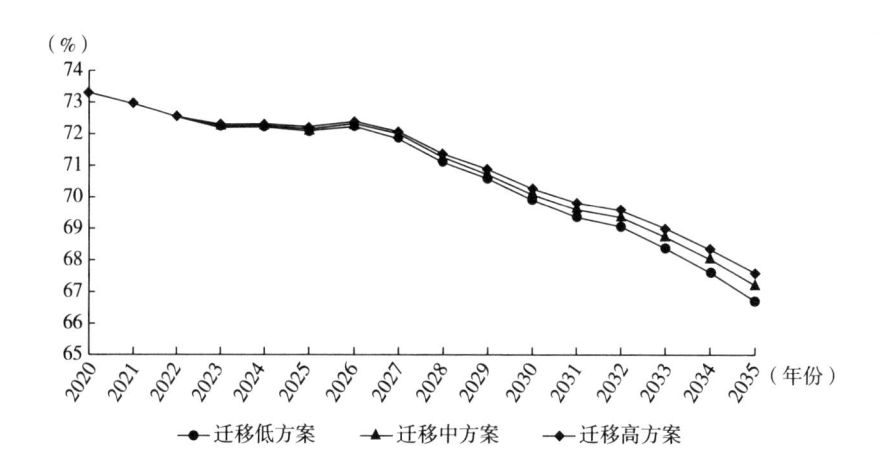

图 1-27　2020—2035 年浙江省 15—64 岁常住人口比例的变化趋势

全国和浙江省的老年人口比例都呈上升趋势。全国 60 岁及以上人口比例从 2020 年的 18.73% 逐年上升至 2035 年的 31.79%，增长了 13.06 个百分点（见图 1-28）。根据浙江人口迁移中方案，浙江省常住人口的 60 岁及以上人口比例从 2020 年的 18.70% 逐年上升到 2035 年的 31.45%，增长了 12.75 个百分点（见图 1-29）。全国 65 岁及以上人口比例从 2020 年的 13.52% 逐年上升至 2035 年的

24.04%，增长了10.52个百分点（见图1-30）。根据浙江人口迁移中方案，浙江省常住人口的65岁及以上人口比例从2020年的13.27%逐年上升至2035年的23.42%，增长了10.16个百分点（见图1-31）。2035年浙江省常住人口中的老年人口比例略低于全国老年人口比例。

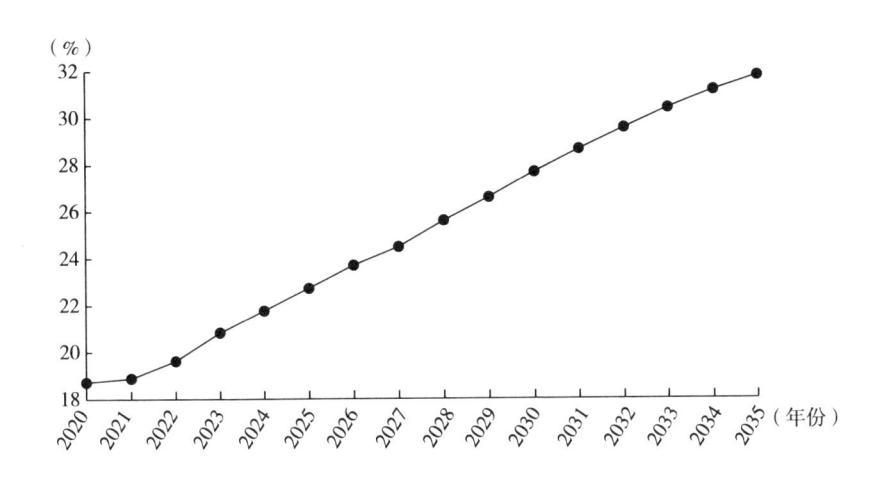

图1-28　2020—2035年全国60岁及以上人口比例的变化趋势

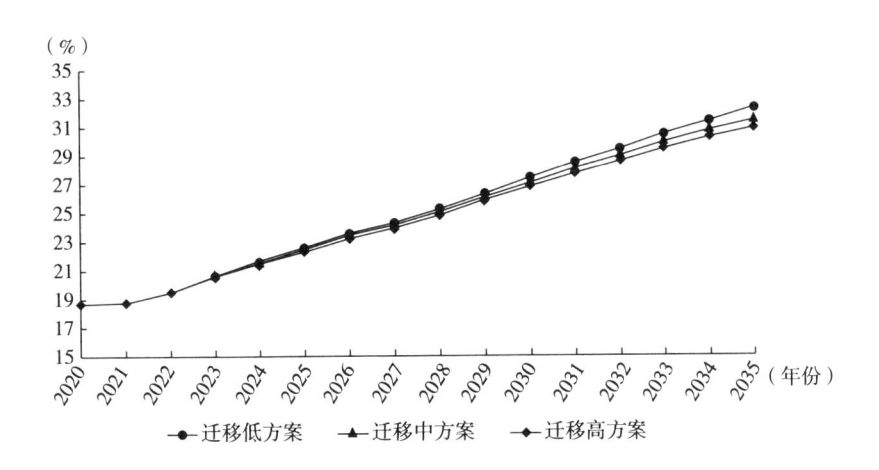

图1-29　2020—2035年浙江省60岁及以上常住人口比例的变化趋势

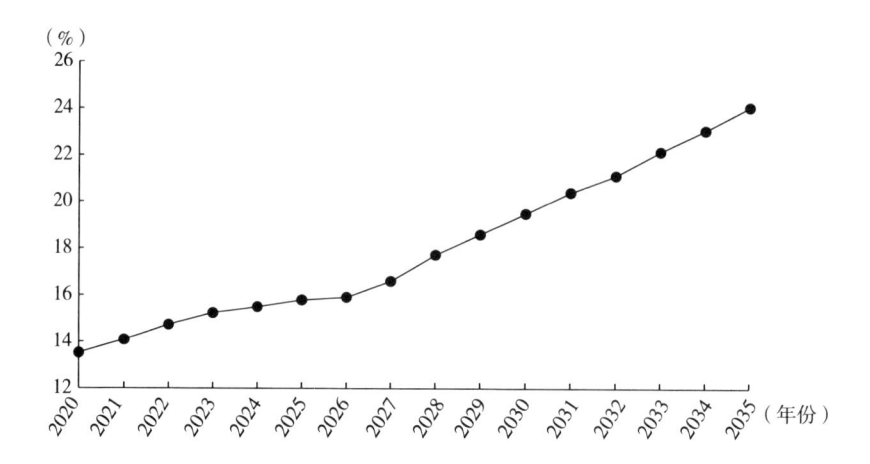

图 1-30 2020—2035 年全国 65 岁及以上人口比例的变化趋势

―●― 迁移低方案　―▲― 迁移中方案　―◆― 迁移高方案

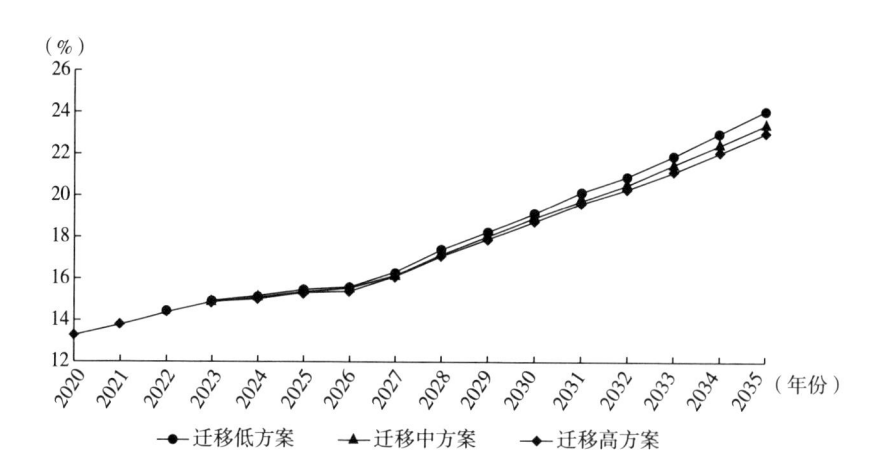

图 1-31 2020—2035 年浙江省 65 岁及以上常住人口比例的变化趋势

经济合作与发展组织（Organization for Economic Cooperation and Development, OECD）与世界卫生组织将 65 岁及以上人口占总人口的比重作为界定一个社会所处人口老龄化阶段的参照标准：65 岁及以上人口比例在 7% 至 14% 之间属于"老龄化社会"（aging society），在 14% 以上至 21% 以下属于"老龄社会"（aged society），在 21% 及以上属于"超老龄社会"(super-aged society)。① 基于本章对全国人口和浙江省常住人口的预测结果,全国和浙江省将分别于2032年和2033年步入"超老龄社会"的行列。

假定浙江0—34岁、35—59岁、60岁及以上户籍人口数量与常住人口数量的比率在2020年以后保持不变,我们据此估算出浙江省户籍老年人口的数量和比例。表1-17和表1-18展示了分别以60岁和65岁作为老年人年龄下限时2020—2035年浙江省常住老年人口和户籍老年人口的数量及其分别占浙江省常住人口总量和户籍人口总量的比重。其中,2020年数据为实际情况,其余年份为预测情况。并且,浙江人口预测以迁移中方案为准。从中可以看出,浙江省历年户籍人口的老龄化程度都要高于常住人口的水平。预计到2035年,浙江60岁及以上户籍人口为2165.56万人,占浙江户籍人口总量的37.78%(见表1-17);65岁及以上户籍人口为1613.22万人,占浙江户籍人口总量的28.14%(见表1-18)。

表1-17　　2020—2035年浙江省60岁及以上常住人口和户籍人口的数量与比例　　单位:万人;%

年份	60岁及以上常住人口		60岁及以上户籍人口	
	数量	比例	数量	比例
2020	1207.27	18.70	1187.52	23.43
2021	1225.73	18.78	1204.90	23.51
2022	1285.23	19.50	1263.39	24.34
2023	1371.08	20.61	1347.77	25.64
2024	1441.59	21.49	1417.08	26.65
2025	1516.34	22.43	1490.56	27.73
2026	1590.25	23.37	1563.22	28.79

---

① OECD and World Health Organization, "Health at a Glance: Asia/Pacific 2020-Measuring Progress Towards Universal Health Coverage", https://www.oecd.org/health/health-at-a-glance-asia-pacific-23054964.htm, the last access time, 2023-03-30.

续表

年份	60岁及以上常住人口		60岁及以上户籍人口	
	数量	比例	数量	比例
2027	1650.25	24.10	1622.19	29.63
2028	1726.50	25.08	1697.15	30.74
2029	1803.16	26.08	1772.51	31.85
2030	1882.07	27.02	1850.07	33.01
2031	1956.10	28.09	1922.85	34.10
2032	2024.55	29.00	1990.13	35.11
2033	2092.21	29.92	2056.65	36.11
2034	2150.44	30.71	2113.88	36.98
2035	2203.01	31.45	2165.56	37.78

注：浙江省统计局公布的人口抽样调查显示，2021年60岁及以上常住人口1252万人，占常住人口总量的19.1%；浙江省公安厅数据显示，2021年60岁及以上户籍人口1205.69万人，占户籍人口总量的23.66%。

表1-18　　2020—2035年浙江省65岁及以上常住人口和户籍人口的数量与比例　　单位：万人；%

年份	65岁及以上常住人口		65岁及以上户籍人口	
	数量	比例	数量	比例
2020	856.63	13.27	842.93	16.63
2021	899.59	13.78	884.30	17.25
2022	948.60	14.39	932.47	17.97
2023	986.65	14.83	969.88	18.45
2024	1010.29	15.06	993.11	18.67
2025	1039.77	15.38	1022.09	19.01
2026	1053.38	15.48	1035.48	19.07
2027	1106.48	16.16	1087.67	19.86
2028	1184.83	17.21	1164.69	21.09
2029	1248.20	18.05	1226.98	22.05
2030	1315.52	18.95	1293.16	23.08

续表

年份	65岁及以上常住人口		65岁及以上户籍人口	
	数量	比例	数量	比例
2031	1381.85	19.85	1358.36	24.09
2032	1434.51	20.55	1410.12	24.87
2033	1502.65	21.49	1477.11	25.94
2034	1570.94	22.44	1544.23	27.02
2035	1641.12	23.42	1613.22	28.14

注：2020年65岁及以上户籍人口数量根据65岁及以上户籍人口与常住人口的比率估算得出。

综上所述，预计2020—2035年浙江的人口年龄结构变迁表现出以下特征：第一，浙江0—14岁少儿人口的数量及其占人口总量的比重逐年下降，预计2035年浙江常住人口中的少儿比例低于全国平均水平。第二，得益于省外劳动年龄人口的流入，浙江15—64岁人口数量在经历小幅上涨之后大约在2028年下降，预计2035年浙江常住人口中的劳动年龄人口数量比2020年少230余万人，2035年浙江的劳动年龄（15—59岁、15—64岁）人口比例略高于全国平均水平。第三，60岁及以上和65岁及以上老年人口数量及其比重逐年攀升，预计2035年浙江常住人口中的老年人口比例略低于全国平均水平；基于浙江常住人口中65岁及以上老年人口比重的预测结果，浙江大约在2033年成为"超老龄社会"；浙江户籍人口的老龄化程度远高于常住人口的老龄化程度。

（三）2020—2035年浙江人口抚养比的变化趋势

通过预测、比较全国和浙江省少儿抚养比、老年抚养比和总抚养比发展趋势，有助于加深对未来浙江省社会抚养负担情况的认识。本部分在预测浙江人口情况时，把表1-16迁移中方案假定的历年净迁移人口数量纳入对浙江人口总量和人口年龄结构的预测中。由于政府和学界对劳动年龄有不同的界定标准，我们分别以15—60岁和

15—64 岁来界定劳动年龄。下文各抚养比指标的计算方法如下：

$$\text{少儿抚养比} 1 = \frac{0\text{—}14 \text{ 岁人口数}}{15\text{—}59 \text{ 岁人口数}} \times 100\%$$

$$\text{少儿抚养比} 2 = \frac{0\text{—}14 \text{ 岁人口数}}{15\text{—}64 \text{ 岁人口数}} \times 100\%$$

$$\text{老年抚养比} 1 = \frac{60 \text{ 岁及以上人口数}}{15\text{—}59 \text{ 岁人口数}} \times 100\%$$

$$\text{老年抚养比} 2 = \frac{65 \text{ 岁及以上人口数}}{15\text{—}64 \text{ 岁人口数}} \times 100\%$$

$$\text{总抚养比} 1 = \frac{0\text{—}14 \text{ 岁人口数} + 60 \text{ 岁及以上人口数}}{15\text{—}59 \text{ 岁人口数}} \times 100\%$$

$$\text{总抚养比} 2 = \frac{0\text{—}14 \text{ 岁人口数} + 65 \text{ 岁及以上人口数}}{15\text{—}64 \text{ 岁人口数}} \times 100\%$$

图 1-32 和图 1-33 分别展示了 2020—2035 年全国和浙江省少儿抚养比 1（15—59 岁为劳动年龄）和少儿抚养比 2（15—64 岁为劳动年龄）的变化趋势。全国少儿抚养比 1 从 2020 年的 28.39% 逐年下降到 2035 年的 18.49%，下降了 9.90 个百分点；浙江少儿抚养比 1 从 2020 年的 19.82% 逐年下降到 2035 年的 15.82%，下降了 3.99 个百分点（见图 1-32）。全国少儿抚养比 2 从 2020 年的 26.24% 逐

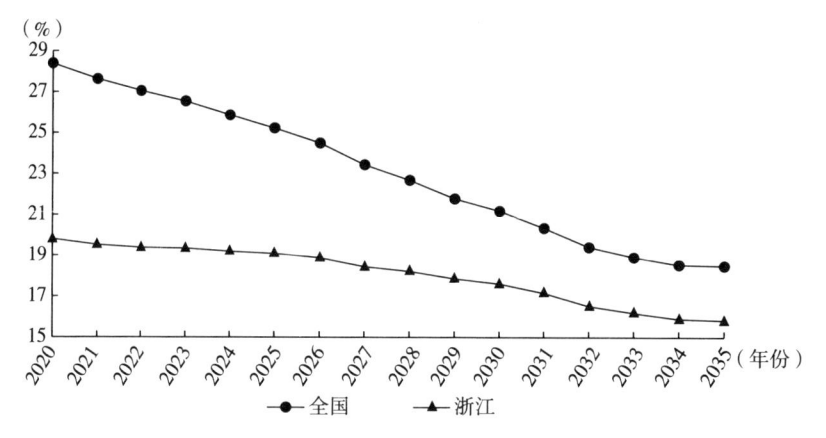

图 1-32　2020—2035 年全国和浙江省少儿抚养比 1
（15—59 岁为劳动年龄）的变化趋势

年下降到 2035 年的 16.30%，下降了 9.94 个百分点；浙江少儿抚养比 2 从 2020 年的 18.35% 逐年下降到 2035 年的 13.93%，下降了 4.42 个百分点（见图 1-33）。历年全国少儿抚养比都高于浙江省，即浙江的少儿抚养负担低于全国平均水平。同时，浙江与全国的少儿抚养比差距日益缩小，这说明浙江在少儿抚养负担方面相较于全国的优势在逐步缩小。

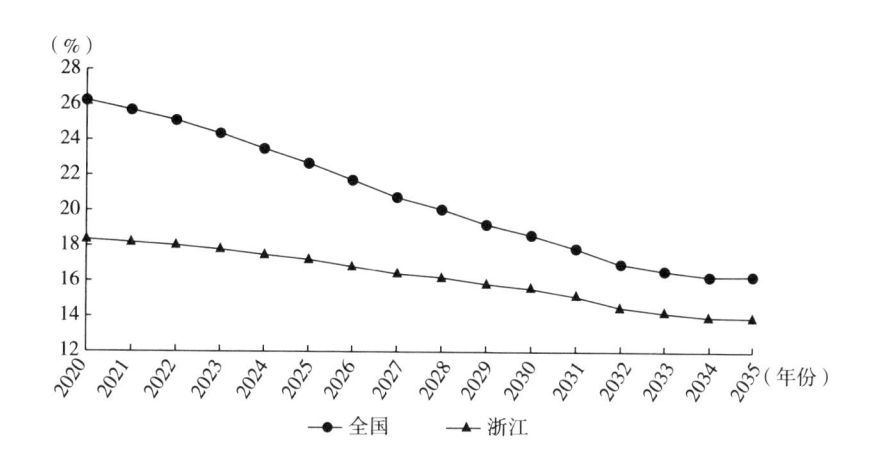

图 1-33　2020—2035 年全国和浙江省少儿抚养比 2（15—64 岁为劳动年龄）的变化趋势

与少儿抚养比持续走低的趋势相反，全国和浙江省的老年抚养比 1（15—59 岁为劳动年龄）和老年抚养比 2（15—64 岁为劳动年龄）都将持续上升。全国老年抚养比 1 从 2020 年的 29.59% 逐年上升到 2035 年的 55.22%，增长了 25.63 个百分点；浙江老年抚养比 1 从 2020 年的 27.55% 逐年上升到 2035 年的 53.13%，增长了 25.58 个百分点（见图 1-34）。全国老年抚养比 2 从 2020 年的 19.74% 逐年上升到 2035 年的 36.81%，增长了 17.07 个百分点；浙江老年抚养比 2 从 2020 年的 18.10% 逐年上升到 2035 年的 34.85%，增长了 16.75 个百分点（见图 1-35）。2020—2035 年，预计全国老年抚养比始终略高于浙江省,并且全国老年抚养比与浙江老年抚养比的发展基本呈平行态势。如果以 15—59 岁界定劳动年龄人口,2035 年浙江省的老年抚养比为 53.13%,即平均 1.88 个 15—59 岁人口赡养一个 60 岁及以上人口;如果以 15—64 岁界定劳动年龄人口,2035 年浙江的老年抚养比为 34.85%,即平均 2.87 个 15—64 岁人口赡养一个 65 岁及以上人口。

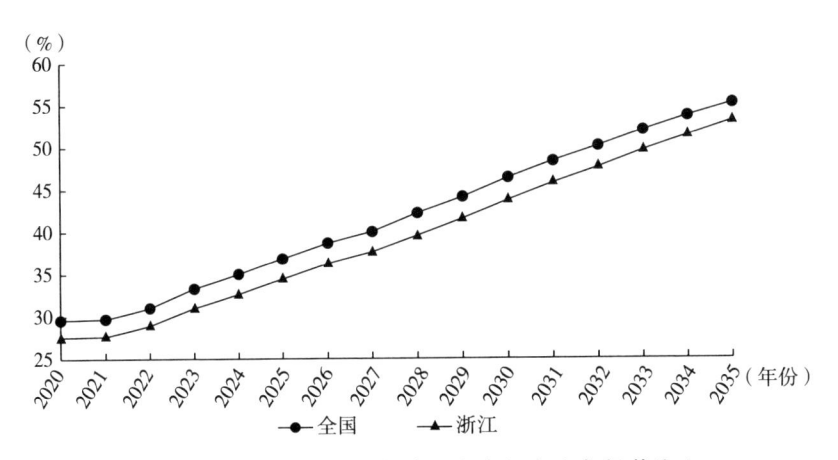

图 1-34　2020—2035 年全国和浙江省老年抚养比 1
(15—59 岁为劳动年龄)的变化趋势

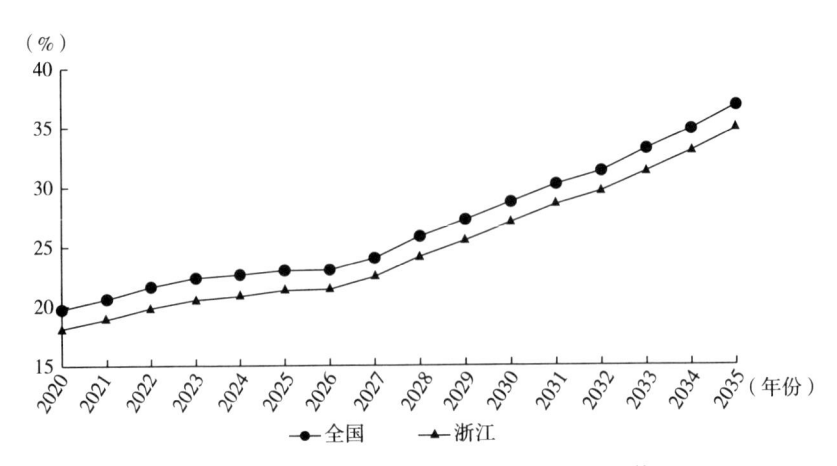

图 1-35　2020—2035 年全国和浙江省老年抚养比 2
(15—64 岁为劳动年龄)的变化趋势

2020—2035年，因为预计全国的少儿抚养比和老年抚养比都一直高于浙江省，所以在此期间，全国总抚养比也始终高于浙江。全国总抚养比1从2020年的57.98%上升到2035年的73.71%，增长了15.73个百分点；浙江总抚养比1从2020年的47.37%上升到2035年的68.95%，增长了21.58个百分点（见图1-36）。全国总抚养比2从2020年的45.98%波动上升到2035年的53.11%，增长了7.13个百分点；浙江总抚养比2从2020年的36.45%波动上升到2035年的48.79%，增长了12.34个百分点（见图1-37）。浙江与全国的总抚养比差距日益缩小，即浙江在人口抚养负担方面相较于全国的优势在逐步缩小。

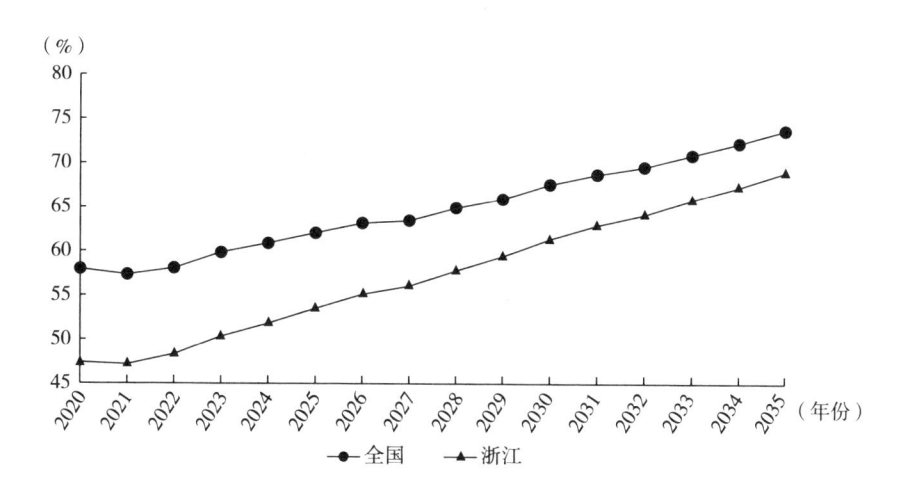

**图1-36　2020—2035年全国和浙江省总抚养比1
（15—59岁为劳动年龄）的变化趋势**

（四）2020—2035年浙江劳动力老化程度的变化趋势

人口老龄化会给劳动力市场带来一定影响，其中最突出的就是劳动力老化程度的提高。劳动力老龄化程度聚焦于劳动年龄人口内部的年龄构成，不受少儿和老年人数的影响，学界通常将45—64岁人口数占15—64岁劳动年龄人口数的比重作为衡量劳动力老化程度的

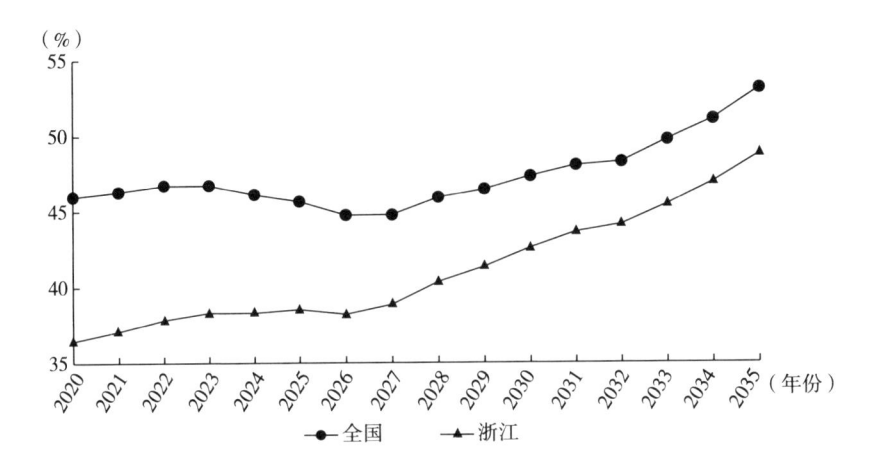

图 1-37 2020—2035 年全国和浙江省总抚养比 2
（15—64 岁为劳动年龄）的变化趋势

指标。① 出生人口缩减和生育行为的出生队列波动是造成劳动力老化的根本原因，相较于整体人口年龄结构的老化，劳动力老化对经济发展的影响更为明显，这是因为劳动年龄人口是经济活动的主要参与者，劳动力市场和社会经济活动对劳动年龄人口结构变化的反应要比对人口老龄化的反应更加敏感。例如，劳动生产率随年龄变化的趋势呈先升后降的倒"U"形曲线，即劳动者在参与劳动初期的劳动生产率逐渐上升，随着年龄增长达到一定峰值（一般在 35 岁到 45 岁之间）后转而下降；又例如，新兴产业往往需要大量的青年劳动力，这是由于青年劳动力的创新能力和学习能力较强，因而对生产方式转变和产业结构调整的适应能力较强。②

图 1-38 展示了 2020—2035 年全国和浙江省劳动力老化程度的变化趋势。其中，对浙江人口净迁移情况的假定以表 1-16 的迁移中方案为准。2020 年，全国的劳动力老化程度（即全国 45—64 岁人口

---

① 陆杰华、韦晓丹：《劳动力老化对经济发展的影响机理及其战略应对》，《中国特色社会主义研究》2022 年第 3 期。
② 陆杰华、韦晓丹：《劳动力老化对经济发展的影响机理及其战略应对》，《中国特色社会主义研究》2022 年第 3 期。

数占 15—64 岁人口数的比重为 42.47%）高于同时期浙江的劳动力老化程度（即浙江常住人口中 45—64 岁人口数占 15—64 岁人口数的比重为 41.94%）。2021—2027 年，全国和浙江省的劳动力老化程度基本呈上升趋势，浙江的上升速度更快。2027—2030 年，全国劳动力老化程度小幅下降，浙江劳动力老化程度小幅上升。2030—2035 年，全国和浙江省的劳动力老化程度都呈上升趋势。2024 年，浙江的劳动力老化程度会略高于全国平均水平，之后与全国逐渐拉开差距。2035 年，预计全国劳动力老化程度为 45.94%，浙江劳动力老化程度为 48.83%，浙江劳动力老化程度比全国平均水平高出 2.89 个百分点。这主要与浙江的生育率长期低于全国平均水平有关。

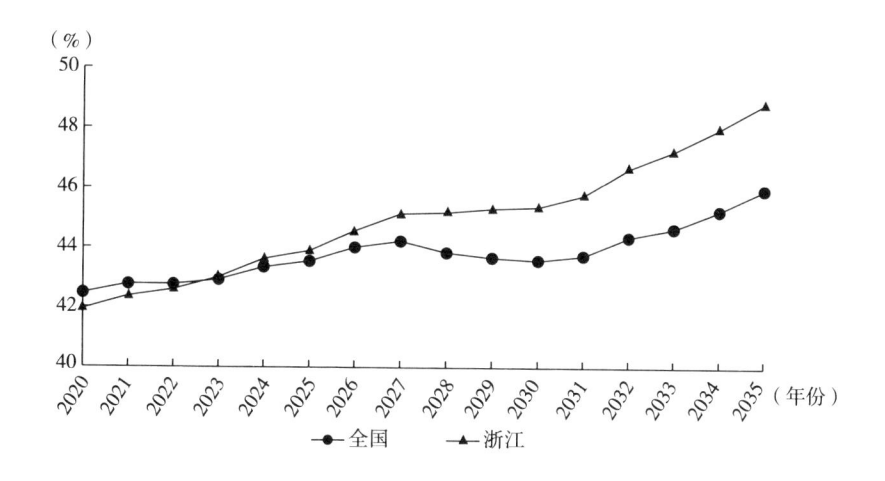

图 1-38　2020—2035 年全国和浙江省劳动力老化程度的变化趋势

第三节　浙江人口老龄化的未来挑战与应对

一　推进共同富裕背景下的人口老龄化挑战

在 2021 年重阳节来临之际，习近平总书记做出重要指示："各级党委和政府要高度重视并切实做好老龄工作，贯彻落实积极应对人口老龄化国家战略……要大力弘扬孝亲敬老传统美德，落实好老年优待政策，维护好老年人合法权益，发挥好老年人积极作用，让老年人共享改革发展成果、安享幸福晚年。"[1] 习近平总书记指出，共同富裕的目标之一是实现基本公共服务均等化，需要完善养老和医疗保障体系，逐步提高城乡居民基本养老金水平。[2] 可见，老年人理应既是推进共同富裕的参与者之一，也是共同富裕成果的享有者之一。人口老龄化本是一个国家或地区社会经济发展水平较高的产物，但反过来，人口老龄化又可能制约社会经济发展水平的可持续提升，甚至造成公共资源的代际分配不公问题，从而阻碍了包括老年人在内的全体人民共享改革发展成果。

本章通过人口预测发现，从2020—2035年，由于0岁人口平均预期寿命延长和出生人口数量减少，全国和浙江省的人口老龄化程度都将不断加深，并在2035年之前步入"超老龄社会"的行列，即65岁及以上人口占总人口的比重突破21%，这势必会给经济与社会建设带来严峻挑战，加剧经济增长压力和社会赡养压力。

在经济建设方面，人口老龄化可能抑制经济活力，造成经济增长迟滞。[3] 首先，人口老龄化会影响劳动力供求格局，导致劳动力供给和经济总需求双双下降。劳动年龄人口规模萎缩可能引发劳动力供给数量不足以及随之而来的用工成本上升，还可能降低社会整体的消费与投资需求。用工成本上升会逐步向消费端传导，导致居民面临一定的物价上涨压力，这在服务领域将表现得更为突出；而当进入深度老龄化阶段后，总需求过快下降反过来又容易导致经济陷入低通胀乃至通缩状态。其次，人口老龄化使老年人的消费需求日益

---

[1]《习近平对老龄工作作出重要指示强调 贯彻落实积极应对人口老龄化国家战略 让老年人共享改革发展成果安享幸福晚年 在重阳节来临之际向全国老年人致以节日祝福》，《人民日报》2021年10月14日第1版。
[2] 习近平：《扎实推动共同富裕》，《求是》2021年第20期。
[3] 冯明：《促进共同富裕视域下中国人口问题及其治理研究》，《中央社会主义学院学报》2021年第6期。

重要，从而影响产业布局。老年人口规模扩大会释放更多的养老、医疗与护理等需求，当养老、医疗、护理等非生产性活动或间接生产性活动在经济中的比重上升时，它们会占用更多的劳动力和其他社会资源，从而可能对其他生产性经济活动产生挤出效应，限制部分产业的资金吸纳能力和升级换代速率。最后，人口老龄化会对金融体系以及包括房地产在内的资产价格带来结构性冲击。一是人口老龄化会降低经济总需求，进而拉低预期投资回报率，削弱市场主体的投资意愿；二是老年人口占比上升会使社会总储蓄率趋向于下降，因为退休后的老年人一般是净消费者，而青、中年劳动力是净储蓄者；三是老年人口占比上升会降低社会整体的风险偏好，使投资者对低风险资产或安全资产的配置需求相对增加，导致风险溢价降低，从而改变包括股票、债券在内的大类资产的定价体系；四是接续老年群体的年轻购房者数量相对减少，会对部分城市的房价形成向下的压力。

在社会建设方面，人口老龄化可能使社会保障体系遭受冲击，加剧社会代际矛盾。首先，人口老龄化给社会养老保险体系的可持续性带来挑战。中国社会养老保险的"社会统筹部分"实行现收现付制，即用当代就业人员缴纳的养老金支付上一代退休人员的养老金保障。当退休人员数量增长超过新就业人员数量增长时，就可能出现"领的人多、缴的人少"的局面，养老金账户的收支平衡和可持续运转就会面临挑战。[①] 目前，一些地区已出现养老基金收支不平衡的问题。例如，2020 年黑龙江、吉林、辽宁三省的养老金缺口超过 1300 亿元，如果不是中央拨付，当地的退休老人将面临无法按时足额领取养老金的困境。[②] 其次，人口老龄化给社会医疗保险体系的可持续性带来挑战。目前，中国老年人的慢性病发病率、慢性病和老

---

① 冯明：《促进共同富裕视域下中国人口问题及其治理研究》，《中央社会主义学院学报》2021 年第 6 期。
② 张均斌：《"拯救"养老金》，《中国青年报》2022 年 3 月 23 日第 6 版。

年病住院率和用药费用比例都较高,加之退休职工不必缴费以及部分职工早退休,均导致中国医疗费用和医保基金支出伴随着人口老龄化不断增加。① 整体而言,中国医保基金的收支平衡面临较大压力。② 最后,人口老龄化对于社保体系可持续性的冲击会引发代际公平(intergenerational equity)问题,激化潜在的代际矛盾。养老制度本质是一种在经济上活跃的社会成员与已不活跃的成员之间分配资源的政治制度,因而,必然隐含一种代际契约作为伦理前提:当前工作的一代有义务支持退休的一代,同时作为回报,当前工作的一代有权利在自己将来退休的时候,从未来工作的一代得到同等水平的支持。然而,人口老龄化展现了一种可能违反契约的不公平前景:当下和未来的工作世代可能不得不承担越来越高的保险缴费率,但当他们退休的时候得到的资金支持却大为缩水,即形成了养老权利危机(entitlement crisis)。在深度老龄化的发达国家和地区,由于社会保障等公共资源的代际分配争议而形成世代对立已成为普遍而敏感的政治议题。③

二 浙江未来人口老化趋势的典型特征与已有政策实践

相较于全国整体情况,浙江在人口老龄化和劳动力老化未来趋势方面还具有一定的典型特征。第一,较强的外来人口吸引力与较低的生育水平分别是抑制和促进浙江人口老龄化的重要力量。预计在2020—2035 年,得益于省外年轻劳动力的流入,浙江常住人口中的劳动年龄人口比重预计会持续略高于全国平均水平(见图 1-24 至图1-27),但由于长期以来浙江的总和生育率低于全国平均水平,导致

---

① 杨燕绥、于森:《人口老龄化对医疗保险基金的影响分析》,《中国医疗保险》2014 年第 10 期。
② 戈艳霞、王添翼:《人口老龄化背景下医保基金可持续发展的风险分析》,《中国医疗保险》2021 年第 2 期。
③ Quadagno, Jill, "Social Security and the Myth of the Entitlement 'Crisis'", The Gerontologist, Vol. 36, No. 3, 1996, pp. 391-399;王珏:《老龄化背景下的代际公平问题——从儒家伦理的视角看》,《现代哲学》2019 年第 3 期。

浙江的少儿比重持续低于全国平均水平（见图1-22、图1-23），如此一来，浙江常住人口中的老年人口比重与全国老年人口比重基本相当（见图1-28至图1-31）。第二，从浙江常住人口来看，浙江的老年赡养负担略低于全国平均水平。由于浙江常住人口中的劳动年龄人口比重略高于全国平均水平，而老年人口比重又和全国平均水平基本相当，因此浙江未来的老年抚养比还要略低于全国平均水平（见图1-34、图1-35）。加之浙江老年人的健康水平位居全国前列（见图1-3至图1-6），这有助于进一步降低老年赡养负担。第三，浙江户籍人口的老龄化程度高于常住人口的老龄化程度。若以常住人口计，浙江大约在2033年成为"超老龄社会"；而若以户籍人口计，浙江可能提前到2029年就成为"超老龄社会"。第四，浙江的劳动力老化水平发展迅速。受制于长期相对较低的总和生育率，浙江的劳动力老化水平的增长速率快于全国，在2024年前后可能超过全国平均水平（见图1-38）。

为了积极应对人口老龄化、保障老年人安享晚年，浙江各有关部门自"十四五"时期（2021—2025年）开局起步阶段就出台了一系列政策措施缓解老年人的贫困风险、疾病风险和失能风险等。主要内容突出体现在三个方面：第一，强化老年人收入保障。2021年，浙江省提高了城乡居民基本养老保险基础养老金的最低标准，将原来的每人每月165元提高到每人每月180元。[①] 2022年，浙江省采取定额调整、挂钩调整和适当倾斜相结合的办法，提高退休人员基本养老金。例如，定额调整退休人员基本养老金，每人每月提高32元；在基本养老金上调的基础上向高龄老人增发养老金，即男年满70周岁、女年满65周岁及以上且不满80周岁的退休人员，每人每

---

① 《关于2021年提高城乡居民基本养老保险基础养老金最低标准的通知》，浙江省人力资源和社会保障厅官网（http://rlsbt.zj.gov.cn/art/2021/9/24/art_1229506773_2366202.html），最后访问日期：2023年3月29日。

月增发 25 元；年满 80 周岁及以上的退休人员，每人每月增发 50 元。① 第二，优化基本养老服务体系。从 2021 年开始，浙江加大对养老服务的财政投入，致力于推进基本养老服务从经济困难的兜底养老服务逐步拓展到高龄、失能等身体困难老年人的普惠养老服务，确保人人享有多样化的基本养老服务，让普通家庭买得起服务、买得到服务，使城乡养老服务更加均衡、综合照护能力显著加强、康复护理质量不断提高、智慧养老服务深化拓展。② 同时，浙江通过政府补贴的方式为失能、失智和生活能够自理的 80 周岁以上高龄老人接受居家社区养老服务或入住养老机构提供支持。③ 第三，深化长期护理保险试点工作。浙江省探索建立长期护理保险制度，它是以互助共济方式筹集资金，为长期失能人员的基本生活照料和与之密切相关的医疗护理提供服务保障的社会保险制度，失能老年人是其保障对象之一。长期护理保险基金主要用于支付符合规定的机构和人员提供的护理服务的费用，护理服务包括生活照料服务和医疗护理服务等项目。浙江力争在"十四五"时期，基本形成适应经济发展水平和老龄化发展趋势、满足群众多元需求的多层次长期护理保障制度体系。④ 有研究预测，自 2020 年以来，浙江省 65 岁及以上失能老年人规模将持续扩大，并在 2059 年达到顶点，届时将有约 465 万 65 岁及以上失能老年人。⑤ 由此可见，建立健全长期护理保障制度体

---

① 《关于 2022 年调整退休人员基本养老金的通知》，浙江省人力资源和社会保障厅官网（http：/rlsbt.zj.gov.cn/art/2022/7/11/art_1229506773_2411278.html），最后访问日期：2023 年 3 月 29 日。

② 《浙江省养老服务发展"十四五"规划》，浙江省民政厅官网（http：//mzt.zj.gov.cn/art/2021/4/28/art_1229460745_4856156.html），最后访问日期：2023 年 3 月 29 日。

③ 《浙江省养老服务补贴实施办法》，浙江省民政厅官网（http://mzt.zj.gov.cn/art/2021/9/18/art_1229266175_2360840.html），最后访问日期：2023 年 3 月 29 日。

④ 《关于深化长期护理保险制度试点的指导意见》，浙江省医疗保障局官网（http：//ybj.zj.gov.cn/art/2022/6/28/art_1229113757_2409463.html），最后访问日期：2023 年 3 月 29 日。

⑤ 米红、郑雨馨：《多健康状态老年人长期护理需求分析预测——以浙江省为例》，《中国医疗保险》2020 年第 6 期。

系意义重大。

在上述工作的基础上，2022年，浙江又在全省推进"浙里康养"建设项目，将其作为浙江高质量发展建设共同富裕示范区重点打造的十大标志性成果之一。"浙里康养"的定义为：以习近平新时代中国特色社会主义思想为指导，贯彻习近平总书记关于老龄工作的重要指示精神和积极应对人口老龄化的国家战略，在省委、省政府的坚强领导下，发挥市场、社会、家庭合力，按照整体谋划、系统重塑、多跨协同思路，从"老有所养、老有所医、老有所为、老有所学、老有所乐"着手，健全社会保障体系、养老服务体系、健康支撑体系，发展老龄产业，完善老年友好环境。浙江省民政厅将"浙里康养"概括为四个方面16个字的可感知图景，即富裕富足、普及普惠、尊老孝老、乐活乐享。其中，富裕富足是政府保障层面，物质上富裕、精神上富足；普及普惠是服务获取层面，范围上普及、价格上普惠；尊老孝老是社会氛围层面，社会上尊老、家庭里孝老；乐活乐享是个人感受层面，使老人感受到生活就是享受。富裕富足、普及普惠、尊老孝老是过程，乐活乐享是结果。[①]"浙里康养"建设目前致力于重点解决两项难题：一是养老服务设施密度低，浙江省计划确保全省主城区老年人高密度居住区（>3000人/平方千米）500米左右、中密度居住区（1000—3000人/平方千米）1000米左右有一家养老机构；二是老年基础环境不够友好，浙江计划加快推进诸如老旧小区加装电梯等适老化改造工作，打造老年友好型居住环境。[②]

三 缓解老龄化压力的建议举措

预计在未来的十余年间，浙江将从初级老龄化阶段过渡到深度老

[①] 浙江省民政厅：《"浙里长寿"问题研究》，2022年3月29日（作者调研所得资料）。

[②] 浙江省民政厅：《"浙里长寿"工作情况汇报》，2022年4月11日（作者调研所得资料）。

龄化阶段。积极应对人口老龄化的当务之急是缓解由人口老龄化引发的经济增长压力和社会赡养压力。

为缓解老龄化带来的经济增长压力，要明确老年人是消费主体的重要组成部分和宝贵的人力资源，提高老年人的经济活动参与度，大力发展银发经济，鼓励和支持老年人就业创业，让老年人成为拉动经济增长的生力军。银发经济主要是指与老年人群相关的经济活动，包括日常消费、家政服务、健康服务、旅游娱乐、教育服务等。在人口老龄化程度不断加深的背景下，老年人成为规模庞大且具有特殊需求的消费主体，银发消费市场成为部分企业竞相开拓的蓝海。开发银发经济不仅是增进老年人福祉、建设老龄化背景下美好社会的需要，也是推进国内经济增长和供给侧改革的新动力。但目前，中国银发经济整体上仍处于起步阶段，与庞大的需求相比，还存在有效供给明显不足、产品和服务质量低等问题。[1] 浙江作为共同富裕先行示范区，未来应从提高老年人消费能力和意愿、促进老龄产业优化升级两个角度来壮大银发经济，这有助于为实现共同富裕巩固经济发展基础。一方面，要提高老年人支付能力，优化老年人消费渠道，引导老年人转变消费理念、扩大消费；另一方面，要培育一批养老服务和老年用品龙头企业，建立健全老龄产业相关产品和服务的标准规范并强化市场监管，提高产品和服务质量，满足老年人多样化需求，使浙江在老龄产业领域走出一条规范化、品牌化、创新化道路。除了推动银发经济外，鼓励和支持老年人就业创业对促进经济发展也有重要意义。浙江可以支持一些退出正式劳动岗位的老年人利用长年积累的知识、技能和经验继续为社会做贡献。政府部门可以为具有杰出专业技能和投资能力的老年人建立老年人才信息库；健全专业技术人才和企业管理人才的返聘机制；鼓励各级公共就业和人才服务机构及时为有创业和再就业意愿的老年人提供相

---

[1] 孙金诚：《银发经济期待发光——全国政协人口资源环境委员会"发展银发经济"调研综述》，《人民政协报》2021年5月14日第8版。

关信息和基本就业创业服务；对杰出老年人才的优秀创业项目提供政策性补贴和税收优惠；帮助有再就业意愿的老年人提升专业技能、实现知识更新，将老年人的部分培训费用纳入补贴范围；大力宣传具有经济与社会效益的老年人创业项目和具有示范意义的老年人再就业事迹。

为缓解老龄化带来的社会赡养压力，要通过提高出生率、吸引省外青年劳动力来浙工作抑制老年人口比重和老年抚养比加速增长，通过优化养老服务、医疗卫生和社会保障体系来减轻家庭和社会的养老负担。

第一，提高出生率有利于扩大少儿人口数量，增加未来的劳动力人口，从而抑制过高的老年抚养比。提高出生率的重点是降低育儿成本。2021年，嘉兴市对798名当地城乡居民进行了生育意愿调查，[①]发现认为理想孩子数量为2人的市民比例最高，达48.9%，42.4%的市民认为理想孩子数量为1人，认为理想孩子数量为0人和3人的比例都仅为4.4%，整体上市民的三孩生育意愿极低。已有一孩的家长中暂不愿生育二孩的占65.1%，这与全国平均水平（69.8%）相近。[②]育儿成本高是限制生育意愿的重要因素，其中又以教育培训费用高为主：在617名孩子家长中，66.1%的家长称教育培训费用为抚养孩子的最大经济负担，其余家长称育儿最大负担依次为吃穿生活费用（20.7%）、请人照料费用（7.9%）、医疗保健费用（3.0%）和其他费用（2.3%）。随着"双减"政策深入实施，政府对教培行业加强规范，未来教培花费在育儿成本中的比重可能会有一定程度的下降。未来，浙江需要在扶植幼儿园和义务教育方面加大投入力度，突出教育的公共服务性质，在提高省内基础教育水平的同时，降低家庭在教育方面的育儿开支。

---

① 国家统计局嘉兴调查队：《嘉兴市生育三孩意愿调研报告》，《嘉兴调查》2021年第74期（作者调研所得资料）。

② 张翼：《"三孩生育"政策与未来生育率变化趋势》，《中国特色社会主义研究》2021年第4期。

第二，在吸引省外青年劳动力来浙工作方面，要继续发挥杭州、宁波的劳动力吸引优势，同时向大学生和农村劳动力提供更多的就业创业政策支持和生活便利。近年来，浙江坚持新发展理念，经济社会高质量发展势头良好，人才和创新强省等战略吸引了大量省外人口。特别是以2016年杭州举办20国集团峰会为契机，杭州、宁波等地出台了一系列人才引进和落户政策，吸引了大批人才来浙工作。在2010—2016年，杭州市每年迁入的省外人口在4.5万—6.2万人之间，宁波市每年迁入的省外人口在3万人以下；2017—2020年，杭州市每年迁入的省外人口都在10万人以上，宁波市每年迁入的省外人口在4万人以上（见图1-39）。未来中国青壮年人口总量将出现负增长，浙江省通过吸引省外人口来扩充本省劳动年龄人口的难度将上升。为此，建议浙江省继续加大人才引进力度和放宽落户准入条件；发挥数字经济和民营经济优势，为高校毕业生提供更多的就业创业机会；通过增加随迁子女入学学位、维护农民工的劳动与社保权益、合理平抑房价过快上涨等改善民生的方式提高外来人口的留浙意愿。

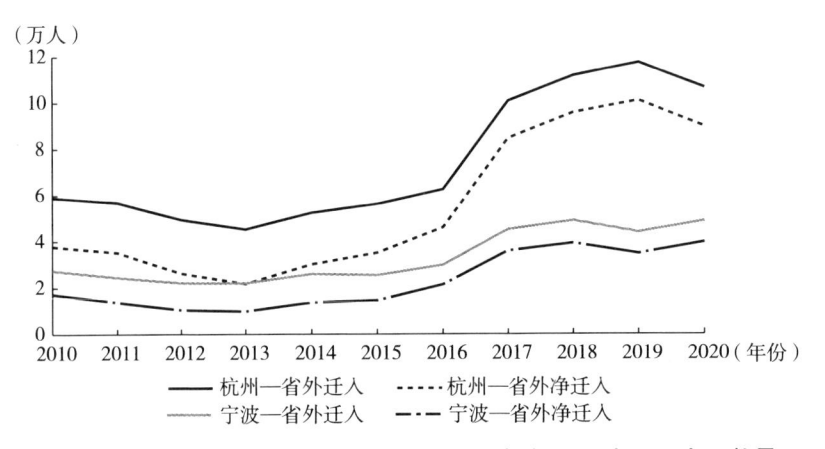

图1-39　2010—2020年杭州市、宁波市的省外迁入/净迁入人口数量

资料来源：杭州市统计局、国家统计局杭州调查队、杭州市社会经济调查队《杭州统计年鉴2021》，中国统计出版社2021年版；宁波市统计局、国家统计局宁波调查队编《宁波统计年鉴2021》，中国统计出版社2021年版。

第三，优化养老服务、医疗卫生和社会保障体系，有助于减轻家庭的赡养负担。在具体实践中，政府既要促进养老、医疗、社保等公共服务资源在质量上稳步提升，又要兼顾资源配置的均衡性，同时杜绝资源浪费，尽可能减轻财政负担。例如，在推进共同富裕的背景下，一项重要任务是要加强统筹协调与资源整合，逐步缩小公共服务资源质量的城乡差距。目前农村的老龄化程度高于城镇，但养老服务资源严重短缺；[①] 以农民为主要参保主体的城乡居民基本养老保险在待遇上远低于城镇企业职工基本养老保险。[②] 这些问题都需要通过提高公共服务资源质量、促进资源配置均衡化来解决。另一方面，政府要根据公共服务资源投放的成本—收益预估来合理安排资源的数量与集约化程度，不能一味贪多，以免造成沉重的财政负担。由于城镇化和农村"空心化"趋势不可逆转，加之村落分散使农村基础设施的维护成本较高，因此在农村开展过度的公共服务设施建设会造成资源浪费。[③] 2010—2020年，浙江农村老年人口（60岁及以上人口）占城乡老年人口的比重从2010年的52.17%下降到2020年的42.08%，下降了约10个百分点，即平均每年下降约1个百分点。如果未来该比重以每年0.8个百分点的速度递减，那么浙江的农村老年人口数量大约会在2034年达到峰值，在2035年出现下滑。因此，政府要系统规划、合理布局农村的公共服务设施建设，避免在农村过多增建、扩建敬老院、幸福院和村卫生室等大型设施，防止未来出现设施闲置问题，造成不必要的资金浪费。

[①] 何文炯：《共同富裕集智汇｜浙里长寿体系助推更高水平老有所养》，浙江新闻网（https://zj.zjol.com.cn/news.html?id=1816333），最后访问日期：2023年3月29日。

[②] 张翼：《促进中国农民共同富裕的推进路径》，中国社会科学网（http://www.cssn.cn/zx/bwyc/202208/t20220805_5469842.shtml），最后访问日期：2023年3月30日。

[③] 张翼：《促进中国农民共同富裕的推进路径》，中国社会科学网（http://www.cssn.cn/zx/bwyc/202208/t20220805_5469842.shtml），最后访问日期：2023年3月30日。

第二章　共同富裕与养老保障的理论分析

共同富裕的根本目标是全体人民共享国家发展成果，而建设好高质量的社会保障制度是落实共享发展理念与扎实推动共同富裕的基本途径与制度保障，也是中国特色民生福利体系建设的重要体现。[①] 习近平总书记明确提出，"共同富裕是社会主义的本质要求，是中国式现代化的重要特征"[②]。党的二十大报告指出，"我们要实现好、维护好、发展好最广大人民根本利益，紧紧抓住人民最关心最直接最现实的利益问题，坚持尽力而为、量力而行，深入群众、深入基层，采取更多惠民生、暖民心举措，着力解决好人民群众急难愁盼问题"[③]，并提出未来五年多层次社会保障体系更加健全的主要目标任务，要求健全覆盖全民、统筹城乡、公平统一、安全规范、可持续的多层次社会保障体系。

社会保障是保障和改善民生、维护社会公平、增进人民福祉的基本制度保障。其中，养老保障是社会保障体系的重要组成部分和核心内容，更是在习近平新时代中国特色社会主义思想指引下实现全体人民共同富裕和人的自由而全面发展的必要手段。[④] 只有准确把握

---

① 郑功成：《共同富裕与社会保障的逻辑关系及福利中国建设实践》，《社会保障评论》2022年第1期。
② 习近平：《扎实推动共同富裕》，《求是》2021年第20期。
③ 习近平：《高举中国特色社会主义伟大旗帜　为全面建设社会主义现代化国家而团结奋斗——在中国共产党第二十次全国代表大会上的报告》，人民出版社2022年版，第46页。
④ 胡秋明：《共同富裕下的多层次养老保障体系突围》，《中国社会保障》2021年第10期。

迈向共同富裕的基本方向，才能进行具有中国特色的养老保障体系实践。

实施积极应对人口老龄化国家战略被列为今后工作的重点，这为养老保障体系建设指明了基本方向。在实现共同富裕的背景下，必须充分理解共同富裕的科学内涵与实现路径，有必要从理论上把握实现共同富裕与养老保障体系建设的关系，明确实现共同富裕目标对养老保障体系提出的要求，从实现共同富裕的视角审视养老保障体系中的问题，才能确立养老保障体系建设的重点任务，清晰确定养老保障体系建设的制度目标并进行实践性的路径选择。

第一节　共同富裕的科学内涵与实现路径

一　"共同富裕"提出的背景

（一）"共同富裕"提出的历史背景

新中国成立不仅在中国历史上开创了人民当家作主的新纪元，也拉开了中国社会主义建设和全体人民追求共同富裕的序幕。新中国成立使中国人民成为国家、社会和自己命运的主人，实现了中国向人民民主制度的伟大跨越。[①] 在中国共产党的领导下，中国在20世纪80年代基本解决了亿万人民的温饱问题。

改革开放以来，为继续改善民生，党和政府坚持以经济建设为中心，在一段时期内号召"让一部分人、一部分地区先富起来"，形成了多种经济成分并存发展的局面，但坚持社会主义制度和公有制主体地位并未改变。正如邓小平同志所言："共同致富，我们从改革一开始就讲，将来总有一天要成为中心课题。社会主义不是少数人富起来、大多数人穷，不是那个样子。社会主义最大的优越性就是共

---

① 习近平：《论中国共产党历史》，中央文献出版社2021年版，第53页。

同富裕。这是体现社会主义本质的一个东西。"①

党的十八大以来，中国经济社会发展进入新时期。社会发展要点进一步演化，共同富裕的社会图景愈渐清晰。习近平总书记强调，要坚持以人民为中心的发展思想和共享发展新理念，将人民对美好生活的向往作为全党的奋斗目标，将国家发展成果更多更公平地惠及全体人民最为一致目标。② 在这一目标的指引与不断激励下，2020年脱贫攻坚任务圆满完成，解决了区域整体性贫困问题。在2021年建党一百周年之时，如期全面建成小康社会，多项历史壮举为奔向更高的社会发展和民生保障目标奠定了坚实的基础。

（二）"共同富裕"提出的当前背景

习近平总书记指出："现在，已经到了扎实推动共同富裕的历史阶段。"③ 在以习近平同志为核心的党中央领导下，全党制定了扎实推动共同富裕的理论蓝图与行动纲领，并提出了清晰的时间表与路线图。

党的十九大报告明确提出，到2035年中国人民生活将更为宽裕，中等收入群体比例明显提高，城乡区域发展差距和居民生活水平差距显著缩小，基本公共服务均等化基本实现，全体人民共同富裕迈出坚实步伐；到21世纪中叶，全体人民共同富裕基本实现，全国人民将享有更加幸福安康的生活。④ 党的十九届五中全会在科学研判国际国内形势和中国现实发展条件的基础上，明确指出扎实推动共同富裕，提出到2035年全体人民共同富裕取得更为明显的实质性进展的目标，并对中国全面建设社会主义现代化国家新征程做出了重大部署，提出了一系列全面建成小康社会的重要要求和重大举措。⑤

---

① 《邓小平年谱（一九七五——一九九七）》（下），中央文献出版社2004年版，第1324页。
② 习近平：《扎实推动共同富裕》，《求是》2021年第20期。
③ 习近平：《扎实推动共同富裕》，《求是》2021年第20期。
④ 习近平：《决胜全面建成小康社会 夺取新时代中国特色社会主义伟大胜利——在中国共产党第十九次全国代表大会上的报告》，人民出版社2017年版，第28页。
⑤ 《中国共产党第十九届中央委员会第五次全体会议公报》，人民出版社2020年版。

2021年3月，第十三届全国人大第五次会议审议通过了《中华人民共和国国民经济和社会发展第十四个五年规划和2035年远景目标纲要》，沿着社会主义道路迈向共同富裕正式成为国家意志。党的十九届六中全会再次强调推进共同富裕的重大意义，提出"全面深化改革开放，促进共同富裕"。2021年8月17日，习近平总书记主持召开中央财经委员会第十次会议，会议指出："共同富裕是社会主义的本质要求，是中国式现代化的重要特征，要坚持以人民为中心的发展思想，在高质量发展中促进共同富裕。"①

2022年10月，党的二十大胜利召开。党的二十大报告指出，中国式现代化是全体人民共同富裕的现代化。共同富裕是中国特色社会主义的本质要求，也是一个长期的历史过程。我们坚持把实现人民对美好生活的向往作为现代化建设的出发点和落脚点，着力维护和促进社会公平正义，着力促进全体人民共同富裕，坚决防止两极分化。中国式现代化的本质要求是：坚持中国共产党领导，坚持中国特色社会主义，实现高质量发展，发展全过程人民民主，丰富人民精神世界，实现全体人民共同富裕，促进人与自然和谐共生，推动构建人类命运共同体，创造人类文明新形态。并且，还提出了到二〇三五年，全体人民共同富裕取得更为明显的实质性进展的任务目标。②

二 "共同富裕"的内涵与外延

（一）"共同富裕"的理论基础

根据马克思主义经济循环和再生产理论，共同富裕是国民经济循环实现动态平衡的基础，当收入分配和财富积累分布过度两极分化时，必定会带来有效需求不足，以及生产的普遍过剩，导致商品的

---

① 《习近平主持召开中央财经委员会第十次会议强调　在高质量发展中促进共同富裕　统筹做好重大金融风险防范化解工作》，《人民日报》2021年8月18日第1版。
② 习近平：《高举中国特色社会主义伟大旗帜　为全面建设社会主义现代化国家而团结奋斗——在中国共产党第二十次全国代表大会上的报告》，人民出版社2022年版，第24页。

社会价值难以得到实现,最终造成资源极度错配,并引发全面的经济危机。因此,当一个经济体生产力发展到一定阶段时,就必须将公平放在更重要的地位上,而有效约束收入分配两极化是实现有效增长和经济循环的前提和必要条件。①

从现代经济学的理论视角来分析共同富裕,可从"帕累托改进"入手。共同富裕的一个基本内涵就是全体人民在物质生活方面的富裕,也就是说,全体人民收入水平的提高和财富的增加在社会经济发展的不同阶段都能够达到最大化状态。经济学理论中的帕累托改进指的就是,社会可以通过资源的重新配置使得至少有一个人的福利水平提高,同时其他人的福利水平并不下降。虽然帕累托改进本身并不涉及收入和财富的分配,但从社会的资源配置效率及收入和财富增加的视角来看,帕累托改进与共同富裕中的富裕概念紧密相关,也就是说,帕累托改进是社会经济活动中收入和物质财富的增加及最大化。②

从现代经济学中帕累托改进的生产效率的理论基础来看,通过加快经济发展及优化资源配置来做大蛋糕,是促进和实现共同富裕的基础。此外,市场交易活动也可以增加社会福利,在法治基础上的自愿交换能够增加交易双方的效用,公平交易可以使得交易双方同时公平地获得交易所产生的"剩余"。所以,营造公平的市场竞争环境,消除垄断等破坏公平竞争的行为,就能够发挥有效市场的作用,兼顾效率与公平,在把蛋糕进一步做大的同时公平地分配蛋糕,更好地促进共同富裕。

(二)"共同富裕"的具体内涵

目前对共同富裕概念的内涵存在两种理解:一是狭义理解,即将共同富裕限定于经济范畴,将其理解为解决绝对贫困之后继续解决

---

① [英]鲍勃·密尔沃德:《马克思主义政治经济学:理论·历史及其现实意义》,陈国新、杨成果、袁群等译,云南大学出版社 2004 年版,第 153 页。
② 史晋川:《经济学理论视野中的共同富裕》,经济评论网(http://jer.whu.edu.cn/jjgc/13/2022-07-01/5659.html),最后访问日期:2023 年 3 月 29 日。

相对贫困问题，或是理解为中低收入者从增长中获得比其他人群更多的收益的一种状态；二是广义理解，即将共同富裕从经济学范畴扩展到精神文明和政治范畴，甚至成为包含政治、经济、文化、生态等维度的综合性概念。①

从经济范畴来看，共同富裕既包含了社会成员对财富的占有方式，也包含了社会拥有财富的丰厚程度，是建立在消除贫穷与两极分化的基础之上，通过完善的制度安排保障全体人民普享物质与精神双富裕的生活，进而实现人的自由而全面发展的社会形态，从而是社会主义生产力发展水平和生产关系的集中体现。② 进一步拓展，共同富裕是指广大人民群众拥有平等地追求富裕的权利、公平地实现富裕的机会、公正地占有财富的结果以及不断提升的创造财富的能力，是一个在社会经济持续发展基础上人人都有希望达到富裕的动态社会过程。③

根据帕累托最优的释义，共同富裕包含"做大蛋糕"和"分配蛋糕"。"做大蛋糕"是人民群众物质生活和精神生活都富裕，"分配蛋糕"是指全体人民共同富裕。总结而言，其要义：一是富裕，二是共享，④ 核心是人的全面发展。所谓"富裕"，是指经济社会持续发展，社会财富不断增长，努力满足人民群众对美好生活的需要。所谓"共享"，是指全民合理共享社会发展成果，即城乡之间、地区之间、不同人群之间的收入差距和公共服务等民生保障的享有权利差距逐步缩小。

（三）"共同富裕"的内涵延伸

实现共同富裕是一个长期的过程，非一日之功，更不可能毕其功

---

① 杨立雄：《概念内涵、路径取向与分配定位：对共同富裕关键理论问题的探讨》，《华中科技大学学报》（社会科学版）2022年第4期。
② 郑功成：《共同富裕与社会保障的逻辑关系及福利中国建设实践》，《社会保障评论》2022年第1期。
③ 洪大用：《扎实推动新时代共同富裕的新议题》，《社会治理》2021年第2期。
④ 何文炯：《建设适应共同富裕的社会保障制度》，《社会保障评论》2022年第1期。

于一役，原因在于共同富裕有着丰富的内涵和与之相关联的问题。①共同富裕的具体内涵可以从政治、经济和社会三个角度进行理解和把握。②

首先，共同富裕的政治内涵可理解为国强民共富的社会主义社会契约。一方面，共同富裕是党带领人民奋斗初心的真实写照，这一目标更是党对人民的庄严承诺。共同富裕能够代表党带领全体人民奔向小康社会的斗志，是沿着中国特色社会主义道路团结奋斗的旗帜。从政治哲学角度看，与资本主义社会契约不同的是，中国特色社会主义社会契约彰显了"国强民共富"的理念和独特的制度优势。

其次，共同富裕的经济内涵可理解为社会生产力的进一步解放和发展。共同富裕的制度保障是中国特色社会主义基本经济制度，共同富裕的经济目标是在基本经济制度基础上的延伸发展。正如习近平总书记所强调的，"公有制为主体、多种所有制经济共同发展，以按劳分配为主体、多种分配方式并存，社会主义市场经济体制等社会主义基本经济制度，既有利于激发各类市场主体活力、解放和发展社会生产力，又有利于促进效率和公平有机统一、不断实现共同富裕"③。

最后，共同富裕的社会内涵可理解为一种和谐而稳定的社会结构，中等收入阶层在数量上和社会地位上不断提升。在橄榄型社会结构中，大部分人口有较高的收入和稳定的就业，能够保证一定的消费水平，享有高质量的社会保障和民生福利。全体人民的生活水平差距不能过大，避免贫富严重分化、阶层固化，并且，共同富裕也不意味着完全一致的富裕和倒退的平均主义，而是与对社会所做

---

① 王春光：《无条件全民基本收入与共同富裕建设进路探索》，《中共中央党校（国家行政学院）学报》2022年第3期。

② 刘培林、钱滔、黄先海、董雪兵：《共同富裕的内涵、实现路径与测度方法》，《管理世界》2021年第8期。

③ 《习近平在看望参加政协会议的经济界委员时强调　坚持用全面辩证长远眼光分析经济形势　努力在危机中育新机于变局中开新局》，《人民日报》2020年5月24日第1版。

贡献相适应的生活水平差距。

三 "共同富裕"的具体要求与实现路径

迈向共同富裕的具体要求有二：一是将"蛋糕"做大；二是合理分配"蛋糕"。因此，共同富裕目标的实现首先需要丰厚的保证全体人民共享的物质财富，还需要一系列较为公平公正的社会分配制度。只有不断地做大社会财富的大"蛋糕"，大力发展社会生产力，并且不断地完善有助于实现共享的社会分配制度，才能不断推进迈向共同富裕。

（一）提高总体富裕程度

就现实国情而言，发展仍是解决中国一切问题的基础和关键。在"十四五"时期乃至更长的一个时期内，发展经济、把"蛋糕"做大做好仍然是我们的重要任务，发展仍然是硬道理。从某种意义上说，我们所追求的共同富裕，首先应当是富裕基础上的"共同"，而非"共同"基础上的富裕。只有坚持在高质量发展中促进共同富裕，在持续不断做大做好"蛋糕"基础上切好分好"蛋糕"，才能厚植共同富裕基础，最终实现共同富裕。①

按照党中央设定的到2035年和21世纪中叶的社会经济发展目标，中国人均收入水平追赶上中等发达国家，继而追赶上发达国家水平。这就需要一个较高的经济增长率作为支撑，不断提升劳动生产率和推进科技创新，提高居民富裕程度。改革开放40余年来，中国的发展经验证明了改革开放和社会经济制度创新能够最大限度地驱动经济增长。未来实现社会财富的大规模积累，以及共同富裕的长期目标，仍需持续推进改革，完善和发展制度与体制的创新。社会主义市场经济体制是中国特色社会主义的重大理论和实践创新，是在百年的艰辛探索和历史变革中被证明了的正确的制度选择。提高总体富裕

---

① 高培勇：《深刻把握促进共同富裕的基本精神和实践要求》，《理论导报》2022年第8期。

程度，应根植于社会主义市场经济土壤，立基于40多年市场化改革理论和实践成果之上。社会主义市场经济体制的核心是充分发挥市场在资源配置中的决定性作用，更好地发挥政府作用，推动有效市场和有为政府更好结合。这就为促进共同富裕划定了明确边界：必须要与市场经济有机结合起来，在坚持社会主义基本经济制度的前提下展开和推进。当前共同富裕的任务目标要求增加共享这一支撑点，平衡好发展与共享之间的关系，处理好财富积累与分配之间的关系，分好"蛋糕"才能够让整个社会做出更大的"蛋糕"。因此，共同富裕目标的实现，依赖于增强内生发展动力，促进经济发展和居民收入增长。

（二）缩小社会差距

缩小收入差距是共同富裕的一般理解，缩小收入差距对于实现共同富裕具有至关重要的作用。为了从根本上解决收入分配所带来的贫富差距问题，中央财经委员会第十次会议提出"构建初次分配、再分配、三次分配协调配套的基础性制度安排"。一般来看，分配制度可分为三个层次，每个层次对合理调节收入分配的作用和贡献不同。初次分配的基础性地位，决定了其主要任务是完善要素市场体系，通过提高生产率来实现不同水平的激励和效率；再分配主要是通过提高税收和转移支付的调节力度来调节收入分配，不同的发展阶段和社会经济发展背景下有不同的措施；第三次分配是通过发挥企业社会责任等，进一步弥补缝隙，从而实现增长与共享的统一。①

缩小地区差距是应对中国特色的社会经济问题、推进共同富裕的另一要求。中国各行政区域之间的发展差距，如省际差距、县际差距，以及自然区域差距，如东中西的地区差距、南北差距、内陆与沿海地区的差距等，都已成为实现共同富裕的障碍。尽管随着市场配置资源力量的增强，行政区域间的经济发展水平和居民收入差距不断缩小。缩小地区差距既需要政府主导，也要充分发挥市场对资

---

① 蔡昉：《共享生产率成果——高质量发展与共同富裕关系解析》，《中共中央党校（国家行政学院）学报》2022年第3期。

源进行配置的作用,通过实施倾斜的区域发展政策,从基础设施方面加大对落后地区的扶持,以实现公共服务均等化作为推手,缩小区域间的发展基础差距和发展成果差距。

第二节 养老保障体系的制度目标与制度构成

一 养老保障体系的制度目标

社会保障制度是国家依法建立的收入再分配制度,旨在调节社会财富的分配格局,以促进整个社会公平发展,确保实现全体人民共享发展成果。养老保障制度是为人民群众提供在进入老年之后应对各项社会风险的保障制度,更是缩小收入与消费差距、促进社会平等的手段安排。

养老保障制度在不同历史时期的制度构建目标不同,但都在一定程度上对缩小收入差距、促进社会公平起到了积极的作用。19世纪80年代,现代社会保障制度率先在德国建立,除了具有最为直接的增进人民福利的功能,还构成了现代国家发展民生、维系社会公平的重要国家职能。新中国成立后也开始着手建立养老保障制度,1951年2月26日国家颁布《劳动保险条例》,标志着社会化养老制度初步建立,计划经济时期的一整套社会保障制度以公有制作为基础,因而十分显著地促进了社会公平。改革开放后,国家—单位或集体保障制的社会保障体制逐渐退出历史舞台,开始走向与市场经济相适应的国家—社会保障制,[①] 养老保障体系也顺应这一发展趋势,成为全体人民共享国家发展成果的基本途径与制度保障。

二 养老保障体系的制度内容构成

目前,中国养老保障体系的制度构成主要包括:养老保险制度体

[①] 郑功成:《从国家—单位保障制走向国家—社会保障制——30年来中国社会保障改革与制度变迁》,《社会保障研究》2008年第2期。

系、社会化养老服务体系、老年贫困治理体系、老年友好型社会建设体系。

（一）养老保险制度体系

中国现有的基本养老保险制度已在制度层面基本实现了城乡全覆盖。在农村，"五保"供养制度、失地农民养老保障制度等制度也在特定的历史时期对农村居民的养老保障体系完善发挥了一定的积极作用。在城镇，中国已构建起包含机关事业单位养老保险、城镇企业职工养老保险等基本养老保险、企业（职业）年金、商业养老保险在内的多层次养老保险体系。

（二）社会化养老服务体系

根据养老服务提供的主体，可以将养老服务体系分为家庭养老服务体系和社会化养老服务体系，社会化养老服务体系主要由国家和社会组织建立。为积极应对人口老龄化，加快建立社会养老服务体系和发展老年服务产业，2019年4月，国务院办公厅发布了《国务院关于推进养老服务发展的意见》，提出确保到2022年在保障人人享有基本养老服务的基础上，有效满足老年人多样化、多层次养老服务需求，老年人及其子女获得感、幸福感、安全感显著提高。养老服务体系的构建，一是要提升老年人的晚年生活质量；二是要弥补现代社会发展大背景下家庭供养能力的不足；三是要践行家庭、政府、社会三方责任共担的社会理念；四是要促进公共服务均等化，缩小地区之间、不同群体之间的养老服务享有权利的差距。2023年全国"两会"上发布的政府工作报告指出，实施积极应对人口老龄化国家战略，加强养老服务保障是今后工作重点，这再次指明了养老服务工作发展的重要地位。除了居家养老、社区养老与机构养老的养老设施建设之外，中国还建立了养老服务补贴制度，加大对社区养老服务设施的政府投入，制定了养老服务标准和质量监管的相关政策，进行了社会养老服务信息平台建设，逐步完善社会养老服务体系的运行机制。

(三) 老年贫困治理体系

老年贫困是指在特定的时空和社会文化条件下，老年人的生活水准低于当地社会平均水平，甚至难以维持最起码的生活需要和正常的社会活动需求。① 应对老年贫困风险的政策选择通常是养老保险制度和社会救助制度，两项制度分别起到预防老年贫困风险和兜底保障的作用。老年社会救助是指国家和社会向老年困难群体提供款物接济和服务帮助。2014年，国务院颁布《社会救助暂行办法》，确立了以行政法规规定的最低生活保障、特困人员供养、受灾人员救助、医疗救助、教育救助、住房救助、就业救助、临时救助8项社会救助制度为主体，以社会力量参与为补充，形成应救尽救的"8+1"综合性社会救助体系。2020年，中共中央办公厅、国务院办公厅印发《关于改革完善社会救助制度的意见》，对当前和今后一个时期推进社会救助制度改革创新、建立健全分层分类的社会救助体系做出总体设计和系统规划，强化了分类救助管理，针对不同类型的困难家庭和人员提供有针对性的、差异化的救助帮扶，形成梯度救助体系，实现了社会救助重点从低保群体向低收入群体的扩展。目前，中国已建立起了一个包括最低生活保障、特困人员供养、受灾人员救助、医疗救助和临时救助在内的，能够应对老年贫困风险的综合性社会救助体系。

(四) 老年友好型社会建设体系

2011年，《老龄事业发展"十二五"规划》中首次提出"推进老年友好型城市建设"。"老年友好城市"最早出现在2007年世界卫生组织提出的《全球老年友好城市建设指南》(Global Age-friendly Cities: A Guide) 中。该指南从8个关键领域详细阐述了老年友好型社区的特征与建设目标，从硬件和软件两方面讨论了老年友好型社区的建设意义与具体措施。一方面，老年友好型城市应以适应老龄

---

① 龙玉其：《老年相对贫困与养老保险制度的公平发展——以北京市为例》，《兰州学刊》2018年第11期。

化社会发展的基础设施和物理环境改造为基础，这就要求建设符合老年人的人体工学和日常生活需求的户外空间和建筑住房，对交通工具等社会上与老年人相关的产品也进行一定的适老化改造。另一方面，老年友好型城市包含对老年友好的社会氛围，体现在对老年友好的社会服务环境，塑造尊老爱老的社会文化氛围，提升老年人的社会参与度，增强老年人的社会交流和信息共享权利，为老年人提供公共卫生服务等方面。中国作为老年友好社区的积极践行者，首先在全社会范围内营造尊重和包容老年人的社会意识与社会氛围，通过促进老年人再就业等发挥老年人的功能作用，帮助老年人完成社会参与和自我价值实现，主张通过各项补贴和福利服务供给措施满足不同老年人的多层次需求，不断增强老年人的获得感、幸福感和安全感。

第三节　共同富裕与养老保障的逻辑关系与理论创新

一　养老保障体系对实现共同富裕目标的贡献

（一）养老保障对再分配的贡献

社会保障的共享与共同富裕的理念相通，指向的都是让全体人民共享国家发展成果。因此，从财富分配的角度出发，社会保障是实现共享的基本制度安排。[1] 社会保障制度是一项由政府统一组织实施，在一定范围内实行的同一制度，这就意味着无论居民个体贫富贵贱，无论地区发达落后，都能够参与保障项目的互助共济，都能够实现社会财富的共享，因而可以产生积极的国民收入再分配效应。

---

[1] 郑功成：《共同富裕与社会保障的逻辑关系及福利中国建设实践》，《社会保障评论》2022年第1期。

以养老保障中的养老保险为例,缴费因参保者的收入水平而存在差异,往往是高收入者对社会保险基金的贡献较多,低收入者对社会保险基金的贡献相对较少。具体地,制度作为社会保障制度中最重要的一部分,其再分配效应主要体现在代际与代内两个方面。代际收入再分配主要是指通过社会养老保险制度把年轻群体缴纳的养老金用于老年群体的养老待遇。代内收入再分配主要是指富裕阶层和贫困阶层之间、富裕地区和贫困地区之间的收入再分配以及劳动者自身生命周期内的收入再分配。从不同筹资和给付模式来看,现收现付制养老保险的缴费和收益由一个国家的人口与工资增长率决定。个体在一生中的养老金收益现值和养老保险缴费现值不一定相等,两者间的差额即养老保险制度在个人生命周期内产生的收入再分配。因此,理论层面普遍认为现收现付制具有代际再分配功能,但其代内再分配的效应取决于养老保险制度的筹资缴费与待遇领取办法。

养老保险对收入分配格局的影响和对社会公平发展的贡献主要从资金筹集模式和待遇确定模式两个方面发力。现收现付型筹资模式和给付确定型待遇确定模式采取的是统一筹集和支付养老保险资金的模式,因而其调节收入分配的作用十分突出。但基金积累型筹资模式和缴费确定型给付模式的基本原则是个人承担较多风险,主张纵向生命周期的风险转移,而非代际风险转移,因而依赖的是个体的年轻时期向年老时期的收入调节。如果采取待遇确定型(DB)模式,必将产生财富从高收入者向低收入者的转移。如果采取累进的缴费率,这种收入转移的效果会更加明显。如果养老保险制度采取缴费确定型(DC)模式,那么现收现付制的代内再分配功能将减弱。而基金积累制模式下,个体在生命周期内的养老保险缴费现值和养老金收益现值相等,即养老保险制度是精算平衡的,故不存在代际再分配效应,其代内再分配的功能也取决于具体的制度安排。如果个人账户强调个人所有权,则其代内再分配的功能很弱;如果个人退休后，个人账户基金转换成年金形式发放则会产生财富从寿命短的人群向寿命长的人群转移，但政府也可以通过财政补贴、税收优化或实行部分基金积累制等措施来改善养老保险制度的再分配效应。① 养老金待遇是老年群体的重要收入来源，为老年群体实现共同富裕提供了基本保障。通过社会养老保险提高老年人群收入，扩大中等收入老年人口占比，适当缩小不同就业群体养老待遇差距，是中国养老保险体系改革发展的重要方向。②

另外，养老保险之外的养老服务资金基本来自国家财政，财政资金主要来源于税收，而中高收入者对国家税收的贡献相对较大。因此，养老保障制度体系能够较好地实现再分配的功能。

近些年来，中国逐步建立和完善了各项养老保障制度，养老保障体系建设对于实现再分配的重要性日益凸显，随着养老保障的资金规模不断增长，养老保障在国民收入分配格局中的地位越来越重要。中国建立了多层次的养老保险体系，先后确立了农村居民和城市居民养老保险制度并实现了城乡居民养老保险制度的整合，有效缓解了"待遇差"问题，通过社会保障的再分配功能促进社会公平。

(二) 养老保障对缩小收入差距的贡献

由于社会成员对社会的贡献程度不同，因而按照初次分配所得的收入必然会存在差距。共同富裕的直接途径是缩小收入差距，而高收入者与低收入者之间收入差距的缩小依赖于社会保障项目的设立。进入21世纪之后，党中央、国务院高度重视收入差距过大的问题，不断深化收入分配制度，采取多种措施缩小收入差距，通过社会保障尤其是养老保障制度改革解决收入差距过大的问题。

事实上，社会保障体系的构建与完善有助于缩小居民收入差距。

---

① 何文炯：《我国现行社会保障收入再分配的机理分析及效应提升》，《社会科学辑刊》2018年第5期。
② 成新轩、冯潇：《共同富裕目标下我国多支柱养老保障体系研究》，《理论探讨》2022年第4期。

根据李实等人的研究，经过税费调节和各项社会保障项目的作用，2013年全国居民收入差距的基尼系数从0.5775下降为0.4938，降幅高达14%。[①] 并且，2013年以来，中国的社会保险发展规模和水平提升幅度正在明显加大，社会保障总支出占GDP的比例从2013年的不足10%上升到2020年的约13%，也就是说，社会保障对降低基尼系数的贡献率也在不断提升。养老保障作为社会保障体系的核心组成部分，在费用规模、覆盖范围、受益规模等方面都占主体地位，因而对缩小收入差距也具有突出贡献。

（三）养老保障对共享发展成果的贡献

在全面建成小康社会进程中，养老保障对实现共同富裕做出了十分积极的贡献。一方面，基本养老保险制度助力实现共同富裕。2020年，全国城镇离退休人员领取养老金者达1.2亿人，全年城镇职工基本养老保险基金支出5.13万亿元，人年均达4.01万元，人月均达3350元；领取城乡居民养老金的老年居民达1.6亿人，城乡居民养老保险基金支出达3355亿元，人年均达2097元，人月均近170元。[②] 城镇职工和城乡居民老年人的养老金水平不断提升，从而保障了他们一定的生活水平。另一方面，针对贫困人口的养老保障，为完成脱贫攻坚任务、实现共同富裕做出了积极贡献。例如，2020年，国家利用财政补贴为6098万"建档立卡"贫困人口代缴基本养老保险费，基本实现应保尽保，有3014万贫困老年人按月领取基本养老金。[③] 这就为让全体人民公平地享有社会发展成果提供了可能，

---

① 李实、朱梦冰、詹鹏：《中国社会保障制度的收入再分配效应》，《社会保障评论》2017年第4期。
② 《2020年度人力资源和社会保障事业发展统计公报》，中华人民共和国人力资源和社会保障部官网（http://www.mohrss.gov.cn/xxgk2020/fdzdgknr/ghtj/tj/ndtj/202106/t20210604_415837.html），最后访问日期：2023年3月29日。
③ 《2020年度人力资源和社会保障事业发展统计公报》，中华人民共和国人力资源和社会保障部官网（http://www.mohrss.gov.cn/xxgk2020/fdzdgknr/ghtj/tj/ndtj/202106/t20210604_415837.html），最后访问日期：2023年3月29日。

为推进实现共同富裕打下了扎实的基础。

二 共同富裕对养老保障的要求和挑战

(一) 共同富裕背景下养老保障体系建设的基本要求

一方面,按照共同富裕的理论内涵要求,未来中国的社会经济改革应坚持以人民为中心的发展思想和以民生为重的政策取向,实现总体财富规模增长,即将蛋糕做大,在养老保障领域体现为不断提升对城镇职工和城乡居民的养老保障水平,满足不同层次老年人对养老风险应对的需求。为增强养老保障制度对共同富裕的适应性,应提升养老保障支出在GDP中所占的比重,这不仅能够直接影响全体人民共享的份额,也能够进一步影响其再分配的力度。历史经验证明,传统社会主义所追求的完全平均的社会保障是不可持续的,我们的共同富裕目标应为普遍富裕基础上的差别富裕。因此,实现共同富裕,应针对不同社会成员所面临的养老风险进行保障,建立多层次的养老保障体系,例如,有支付能力的用人单位为其雇员提供企业年金,鼓励需求更高的个人购买商业养老保险等。

另一方面,共同富裕对法定社会保障制度本身的成熟、定型提出了要求,在养老保障体系中应进行统筹规划并且高效协同推进。目前负责养老保障体系的各部门的管理和决策分散分割,国家层面的综合决策机制不完善,未来应通过政府与人大综合部门和专业部门的参与,对养老保障体系乃至整个社会保障体系进行统筹规划与顶层设计,确保社会保障制度的统一性与规范性,例如,对基本养老保险制度在全国范围内进行统一,这样才能够自上而下地消除体系结构失衡的顽疾。在此基础上,还要进一步明确中央与地方及地方各级政府间的权属职责,例如,在提高统筹层次过程中有效落实地方各级政府的筹资责任。养老保障既有保障国民养老风险的职责,也有缩小收入差距和改善收入分配的社会功能,应系统梳理养老保险等待遇确定与调整方法,并提出明确的计划和相应的政策措施,给全体人民一个稳定的预期。作为养老保障体系有序运行的重要支撑，未来应优化养老保障行政管理和经办服务体制机制，不断提升社会保障服务质量，推行经办服务标准化、信息化建设。另外，还应鼓励和支持社会化的、补充性的养老保障项目发展，与政府主办项目之间建立更加高效的协同机制。

（二）养老保障体系面临的挑战

一方面，共同富裕要求养老保障体系应对继续缩小养老保障权益差距的挑战。根据共同富裕的要求，社会成员应公平享有基本相同的养老风险保障权益。对标当前中国养老保障发展水平与结构性问题，养老保障体系仍面临缩小养老保障权益差距的挑战，尤其是解决部分社会成员养老保障权益缺失的挑战。随着城市化进程的不断推进和社会经济的发展，新就业形态不断出现，这对提升社会经济总体发展水平起到了十分积极的作用。随着实现共同富裕任务目标的不断推进，解决部分新型就业群体养老保障权益问题的需求愈加迫切。

另一方面，共同富裕背景为养老保障体系建设提出了更高的反贫困标准。摆脱贫困、消除贫困是走向富裕的基础，是实现共同富裕的前提条件。经过长期努力，中国已经历史性地解决了绝对贫困问题，[①] 但我们仍需重视养老保障制度在应对相对贫困问题中所承担的重要职责。基本养老金制度实施的目的是使老年人能够进行老年风险管理，其中就包括陷入老年贫困的风险，养老保险制度通过保险费用收缴和待遇发放的运行过程，使社会成员在达到退休年龄后仍能有一笔稳定的收入，保障其能够购买基本生活资料来保障基本生活。不过，从目前中国养老金待遇水平来看，尽管城镇居民和农村居民的基本养老保险制度进行了合并，一定程度上缩小了待遇差距，但相较日常生活支出和医疗费用支出等，目前为以老年农民为主体的老年居民提供的养老金水平仍然过低，大多数农村居民仅靠养老

---

① 习近平：《在庆祝中国共产党成立 100 周年大会上的讲话》，《求是》2021 年第 14 期。

金难以维持其基本生活需要,因而目前还有大批老年人处于低收入状态。[①] 实现共同富裕任务目标的不断推进,为通过养老保险体系解决老年贫困问题提出了更高的要求。在共同富裕的背景下,将反贫困作为养老保障制度的重要职责,才能不断加强和完善社会保障这一国家反贫困的基础性制度安排。

三 从实现共同富裕的视角审视养老保障体系问题

(一) 养老保障体系的制度安排质量不高

尽管当前中国已建立了全世界最大的养老保障体系,但我们仍要看到,在统筹层次上、覆盖范围上、基金运行上的制度安排质量不太高。第一,目前中国养老保险制度实行属地管理,统筹层次较低,地区分割的格局带来养老金统筹管理的诸多问题,不仅不利于制度本身的统一性和公平性发展,也成为实现共同富裕的一大阻碍。第二,随着人口老龄化程度的不断加重,中国养老保险基金的可持续性问题日益凸显。目前,中国退休年龄偏低、最低缴费年限制度和一些行业中偏高的养老金替代率,导致养老保险制度面临的可持续运行压力日益增大,甚至引发与社会公平相悖的逆向调节问题。因此,如果不对现行养老保障制度安排进行优化,不仅无法为实现共同富裕打下坚实的基础,还可能对全社会的社会经济发展产生负面效应。

(二) 养老保障体系对调节收入差距的贡献仍不足

养老保障的基本职能是为社会成员提供老年风险保障,但对调节收入差距、深化收入再分配改革的影响也是评判该制度效能的重要指标。从目前中国的养老保障体系来看,一些制度内容产生了积极的收入再分配效应,但一些制度内容仍对调节收入差距的贡献不足,

---

① 叶敬忠、胡琴:《共同富裕目标下的乡村振兴:主要挑战与重点回应》,《农村经济》2022年第2期;王思斌:《共同富裕视域下农村困弱群体社会支持体系的建构》,《中华女子学院学报》2022年第1期。

甚至还有个别内容产生了负面效应。例如，基本养老金制度待遇在不同群体之间仍然存在较大差距，2005年中国城镇职工的月均养老金约为1000元，在2005年之后实现了快速增长，目前在每月3200元左右的水平。而城乡居民养老金在2009年城乡居民基本养老保险制度开始试点运行时的标准仅为每人每月55元，2020年增加到每人每月93元，加上个人账户养老金，老年城乡居民的基本养老金仅为平均每月170元左右。① 在这一统计口径下，城镇职工的养老金水平是城乡居民的19倍之多。从近些年养老保险发展的情况看，每年退休职工平均养老金的增幅都要高于老年城乡居民的养老金增长幅度。因此，从当前城镇职工和城乡居民基本养老保险的待遇差距来看，养老保障制度对缩小收入差距的贡献仍不足。

（三）养老保障受益的地区差距较大

从国际经验和中国多年来的实践看，养老保障被赋予了缩小区域差距的重要制度功能。但由于统筹层次较低，属地管理、区域分割、多轨制运行等原因，中国养老保障受益的地区差距较大。首先，政策安排在全国范围内缺乏统一性，一些制度内容尚未形成统一的制度规定，将拟定权充分给予地方，各地自设的必然结果是受益差距大。因此，对应的养老保障权益在各地存在一定的差距，例如，一些地区设置了高龄津贴制度和失能老人照护补助制度，但有些地区仍未开始实施，造成了老年人养老保障受益的地区差距。二是受地区的人口结构、劳动力结构差异的影响，各地的养老保险负担不同，由此导致养老保险权益存在地区差距，例如，一些地区的职工基本养老保险缴费率高达20%，但一些经济发展较好的地区的缴费率仅为12%，不同的筹资水平导致养老金水平不同。

---

① 何文炯：《中国社会保障：从快速扩展到高质量发展》，《中国人口科学》2019年第1期。

第四节　共同富裕背景下养老保障的重点任务

一　缩小不同地区、不同群体的养老保险待遇差距

（一）各地区、不同群体的养老保险待遇差距表现

根据《关于完善企业职工基本养老保险制度的决定》（国发〔2005〕38号）的规定，中国现行的职工养老保险待遇计发办法是，职工养老保险待遇由基础养老金和个人账户养老金两部分构成，其中基础养老金的待遇计发基数为"当地上年度在岗职工月平均工资和本人指数化月平均缴费工资的平均值"，缴费每满1年支付1%的养老金，个人账户养老金取决于账户积累额与待遇计发月数。因此，养老金待遇水平一定程度上与各地的平均工资乃至经济发展水平相挂钩，在工资水平较高的发达地区，养老金待遇的平均水平相应较高，而在欠发达地区，养老金待遇的平均水平随之下降。例如，如果不考虑工资增长率等情况，采用全国统一的待遇计发基数和参保地的平均工资水平进行测算，北京比河北的养老金每月约高出1200元。[①]

尽管中国已经将"新农保"与"城居保"整合成为城乡居民养老保险，并统一了缴费和待遇水平档次。但相对于城镇职工而言，城乡居民的养老金待遇水平过低。依靠微薄的养老金待遇，部分农村居民难以获得基本生活保障，陷入老年贫困的风险大大增加。截至2020年底，农村居民的人均基本养老金每月只有170元左右，约为农村最低生活保障水平的1/3，是同期城镇职工退休养老金的1/21。[②]

（二）构建让全体人民享有发展成果的养老保险体系的目标任务

一方面，应解决地区间的养老保险待遇差距问题。构建让全体人

[①] 刘德浩、崔文婕：《职工养老保险全国统筹的理论逻辑与实现路径》，《北京航空航天大学学报》（社会科学版）2022年第2期。

[②] 蒋军成、黄子珩：《乡村振兴战略下基本养老保险制度城乡融合路径研究》，《经济体制改革》2021年第6期。

民享有发展成果的养老保险体系的首要任务是推进基础养老金的全国统筹，增强制度的公平性与流动性。本质上，对基础养老金进行全国统筹也就意味着在全国建立一个（中央政府）责任主体，全国统一缴费义务和待遇支付标准，也就是说，养老金水平与地区间的经济社会发展水平无关，也就直接避免了地区差距的问题。

另一方面，应解决不同群体间的养老保险待遇差距问题。当前各省面临的障碍问题有所不同，聚焦到浙江共同富裕示范区之内，完善养老保险体系的目标任务主要包括：第一，积极鼓励引导私营部门和灵活就业人员参加企业职工基本养老保险，提高参保群体的缴费水平，确保新业态从业人员和农民工群体等享有城镇化发展的成果。第二，将政府补助向城乡居民倾斜，缩小职工和居民的养老保险待遇差距。城镇居民养老保险中缺失了单位缴费部分，未来应提高城乡居民基本养老保险中政府的补助标准，接近或达到企业职工基本养老保险中参保人单位的缴费水平，以实现最终待遇水平的接近。第三，推进失地农民基本养老保险与城乡居民基本养老保险合并，解决历史遗留问题造成的不同群体之间的养老保险待遇差距。

二　构建覆盖全民的普惠型养老服务体系

（一）当前养老服务体系构建面临的突出问题

一方面，养老服务资源供给总体不足，供需失衡。尽管近些年中央和地方政府通过购买服务等形式吸引社会资本参与养老服务的供给，但中国养老服务的供给仍然呈现总体不足的特征，供给数量远小于需求总量，且已有供给中存在大量的无效或低效供给。从供给侧来看，大量投资聚焦于建设奢华的机构养老或养老地产之上，而忽略了中国传统文化背景下需求更多的居家和社区养老，目前的养老服务供给体系未充分考虑老年人的支付意愿和支付能力，最终导致了养老服务供需失衡。从需求侧来看，养老保障体系不完备导致真正产生消费行为的有效需求十分有限，对老年人享有养老服务的各项补贴过于均等化，未按照老年人支付能力、失能程度进行分层分类，因而也就未能真正地、有针对性地起到帮助老年人购买养老服务的作用。

另一方面，养老服务资源供给的地区差距大、城乡差距大。问题之一是，部分欠发达省区的老年人比例高于全国平均水平,[①] 随着"养儿防老"等传统家庭观念和孝道观念弱化，以及城镇化进程中欠发达地区年轻劳动力外流，原本老年人长期依赖的家庭养老逐渐式微。但养老服务资源供给却呈现出东部多于、优于中部和西部地区的特征，在一个省份内部，大多也呈现出经济发达地区的养老服务资源更丰富的特征。问题之二是，由于人口迁移流动以及快速城镇化的影响，中国农村老人比例要大大高于城镇，且有大量独居留守老人。[②] 但受城乡二元体制结构的影响，大多数地区在农村养老服务供给的财政投入、政策支持、制度创新方面不及城市地区，养老服务水平和养老人才资源储备也严重滞后，农村老年人的养老服务待遇与城市差距较大。因此，加快补足欠发达地区、农村地区的养老服务短板，使广大欠发达地区、农村地区老年人公平享有与发达地区、城镇老年人相同水平的养老服务保障，是推动基本养老服务均等化的重要命题，更是实现促进共同富裕目标下养老服务发展的必然要求。

（二）共同富裕背景下完善养老服务体系的目标任务

一方面，应保障养老服务的有效供给，促进养老服务的供需平衡。一是将养老服务供给体系的建设重点放在低运营成本的居家社区养老服务模式上，鼓励养老机构采取社区嵌入式的连锁化、小型化、品牌化的运营模式，让养老服务资源下沉到社区中、下沉到老年人的身边，避免过多资本投入养老地产或收费较高的养老机构建

---

① 陆杰华、刘芹：《中国老龄社会新形态的特征、影响及其应对策略——基于"七普"数据的解读》，《人口与经济》2021年第5期。
② 陆杰华、林嘉琪：《共同富裕目标下推动养老服务高质量发展的理论思考》，《江苏行政学院学报》2022年第2期。

设。二是通过改善补贴方式让不同收入和支付能力水平的老年人及其家庭支付得起需要的养老服务,老年人的"三项补贴"等补贴应遵循分类保障的原则,通过合理评估老年人的自理能力、老年人的收入和支付能力、老年人家庭的照料强度和照料能力,确定梯度保障范围,将有限的政府财政资源用于最需要补助的老年人,避免为富人锦上添花而造成新的不公平。

另一方面,应缩小地区之间、城乡之间的养老服务待遇差距,让养老服务高质量发展成果公平惠及全体人民。一是针对地区之间的养老资源配置失衡问题,应建立与老年人口发展相匹配的财政支持体制机制,并且通过建立经济发达地区和欠发达地区的资源对口帮扶机制,实现养老服务资源的流动。二是针对城乡之间养老资源失衡的问题,应重点补齐农村养老短板,加强对农村养老的政策倾斜,加大对农村养老的财政投入,通过各项税费措施吸引社会资本投资,并通过人才政策为农村养老服务建立人才资源储备,探索完善农村幸福院等互助式养老服务模式,因地制宜地弥补养老服务供给短板。

三 完善老年贫困治理体系

(一) 完善老年贫困治理体系面临的挑战

老年群体因退休或退出劳动力市场而导致收入来源中断,因而其收入受到从社会或他人处获取经济资助或自身青壮年时期储蓄的制约。[1] 老年群体身体机能衰退,面临的疾病和失能风险增加,医疗支出和照料支出增加,陷入老年贫困的风险也随之增加。脱贫攻坚的全面胜利意味着中国已经完成了消除绝对贫困的历史任务,但相对贫困还将在较长的一段时间内存在,老年贫困也会以相对贫困的形式显现。尽管中国已建立了完善的制度体系,形成了包括最低生活

---

[1] 张浩淼:《人口老龄化、老年贫困风险和老年社会救助》,《武汉科技大学学报》(社会科学版) 2022年第5期。

保障、特困人员供养、受灾人员救助、医疗救助、教育救助、就业救助和临时救助在内的综合性社会救助体系，但应对老年贫困风险的挑战仍显不足，社会救助对老年人的兜底保障功能还有待完善。目前，中国老年社会救助体系存在保障水平低、保障范围有限，不同地区、城乡之间救助待遇水平差距大、社会救助与养老保险等制度之间衔接不畅等主要问题。

（二）完善老年贫困治理体系的目标任务

目前中国专门应对老年贫困风险的社会救助项目较少，起主要作用的分别是最低生活保障制度、特困人员供养和医疗救助制度。目前来看，老年贫困问题仍然存在，完善老年贫困治理体系仍需从以下几个方面推进。首先，应适当提升救助的待遇水平和覆盖范围。目前，中国老年人的社会救助水平和不区分年龄的社会平均水平一致，对于老年人这一高风险人群来说，这一补助标准显得偏低。应在社会平均水平的基础上适当提升老年人的救助水平，逐步有序地将更多的低收入老年群体纳入社会救助体系，增强社会救助对老年人的兜底保障作用。其次，增强老年人社会救助与养老保险、养老服务补贴等社会福利制度之间的衔接，确保消除老年人的帮扶待遇空白地带，同时也应避免不同部门之间的重复救助以减轻财政负担。再次，针对老年人贫困发生的成因设置救助项目，例如，要进一步完善对老年人的医疗救助，向高龄和失能老人进行政策倾斜。最后，提升社会救助的公平性和均衡性，在不同地区间、城乡间缩小困难老年人社会救助待遇水平的差距。

第五节 共同富裕背景下养老保障的路径选择

一 养老保障发展的基本原则

（一）坚持走中国特色的养老保障道路

新中国成立以来始终基于本国的基本国情构建养老保障体系。尽管西方发达国家积累了十分丰富的社会保障改革和发展经验，但由于我们在快速工业化、城市化、现代化的进程中面临着特殊的社会发展状况，例如人口基数大、老龄化程度深且发展速度快、城乡及地区发展不平衡，因而不能照搬他国社会保障模式。改革开放以来，中国市场经济发展的总体环境要求不能继续依循传统社会主义对公有制和平均主义的安排，而是立足市场化的经济发展要求和基本国情走上了有中国特色的社会保障之路。共同富裕背景下发展养老保障体系，更要坚持走有中国特色的养老保障道路。第一，在保障水平上，应不断加大保障和改善民生的力度，重点是通过补短板缩小社会差距。第二，应坚持尽力而为、量力而行的方针，避免世界上一些国家盲目追求"福利赶超"而引发的社会危机。第三，在保障项目选择上，充分考虑人民群众的切实需求，根据当前老龄社会发展的特征进行养老保障体系架构设计，例如，考虑当前社会化养老需求不断增长的实际，应将养老服务体系建设作为优先建设项目，保障大多数人的养老保障权益，夯实共同富裕稳步推进的基础。

（二）坚持经济增长与养老保障相互促进

共同富裕任务的要义之一是实现社会财富的总体性增长，这就对经济增长基础提出了一定要求。养老保障作为实现共同富裕任务的重要路径之一，应与经济增长趋势相适应，与经济增长相互促进，只有如此，才能实现调节收入分配、缩小社会差距的社会功能，从而为实现共同富裕打下坚实基础。从历史发展经验来看，中国始终坚持顺应经济发展趋势，进行养老保障制度设计，例如，2008年在美国次贷危机引发国际经济危机之时，中国的经济发展形势受到一定冲击，为进一步增强国民应对经济风险等社会风险的能力，中国实施了包括建立农民养老保险制度等养老保障体系改革措施，不仅大幅提升了全体人民的福祉，还通过刺激消费等途径实现了经济增长效应；再如2020年新冠疫情发生以来，中国国民经济发展受到一定冲击，中央和各地陆续推出中小企业缓缴养老保险费等措施，有效地起到了保障民生的作用,最大限度地助力经济恢复增长。① 养老保障根植于经济发展之中,在推进共同富裕的整个过程中,养老保障现行制度应适应经济形势的发展变化,不断创新养老保险和其他养老保障制度的制度设计,加强制度设计与经济发展的关联性,共同助力共同富裕任务目标的完成。

(三) 坚持养老保障制度的公平性和统一性

共同富裕任务目标彰显了维护社会公平的本质特征,养老保障制度的调节收入差距、实现收入再分配的社会功能对制度本身提出了注重公平性的要求。因此,坚持养老保障制度的公平性是实现共同富裕目标任务的进程中应遵循的重要原则。改革开放以来,长期困扰中国均衡发展的一个背景性因素便是城乡二元结构。② 养老保障体系建设应向基层、农村、经济发展相对落后的地区倾斜,才能达到缩小城乡差距和地区差距的目标。为保障养老保障权益的公平性,当前应尽快解决的是基本养老金权益的问题,只有建立合理的责任分担机制,实现基本养老保险制度的全国统筹,才能真正确立全民统一的、平等的基本养老金权益,未来应继续推进基本养老金改革,正视职工基本养老保险与城乡居民基本养老保险差距,探讨基本养老金制度全民统一或者建立国民基础养老金制度的可能性。公平性不是绝对的平均主义,不同社会群体的养老保障需求不同,因而养老保障制度的公平性和统一性的另一要义是建立多层次的养老保障体系,确保养老保障制度能够长期持续有效运行。

二 养老保障体系建设的具体方略

(一) 加强养老保障统筹发展

统筹层级设计是一项社会保障项目的重大机制设计,加快养老保

---

① 李培林:《新冠疫情常态化下的社会治理》,《社会治理》2022 年第 2 期。
② 田毅鹏:《脱贫攻坚与乡村振兴有效衔接的社会基础》,《山东大学学报》(哲学社会科学版) 2022 年第 1 期。

障统筹发展才能实现国民基本保障权益平等的目标。第一,针对当前中国养老保险体系统筹层次低、条块分割、地区割裂的问题,应尽快建立全国统一的制度运行准则,包括统一的保险缴费负担办法、保障待遇等政策,规范征缴行为,同时根据"以支定收"的原则,全国统筹性地建立健全养老保险精算平衡机制,科学厘定社会保险费率。第二,应着力缩小城乡之间、区域之间、不同群体之间、体制内外的养老保险待遇差距。要落实基本保障制度城乡一体化,特别是要不断缩小机关事业单位工作人员、企业职工与城乡居民三大群体的养老金差距,职工与居民两大群体的待遇差距,以及体制内与体制外人员的待遇差距,还应建立待遇享受与待遇适度关联的"累退"型待遇享受机制,加大对中低收入人口和贫困人口的支持,发挥其调节收入分配的作用。第三,加快发展农村养老服务网络,缩小城乡养老服务体系建设数量和质量上的差距,在全国范围内统筹推进长期护理保险制度。

(二)建立多层次的养老保障体系

共同富裕大背景下的养老保障体系建设应保障每一个社会成员的基本权益,体现的是社会公平正义。公平是指每一个社会成员能够享受大体相同的基本风险保障,而不是倒退性的绝对的平均主义。党的十九大提出了"织密网"的要求,也就是建立一个完整的、多样化的养老保障体系。目前中国的养老保险体系的基本保障与补充性保障结构不合理,基本保障的规模大,但补充性保障却发展缓慢。未来应将基本养老金保持在合理水平,提高补充性保障的待遇水平,鼓励带动社会成员自愿参与补充性养老保险。另外,随着人口老龄化、高龄化以及家庭小型化的发展,家庭照护逐渐式微,失能失智老年人的照护责任从家庭转向社会,社会化、专业化照护服务需求增加,且需求呈现出不同层次的多维度特征,未来应建立多层次的长期照护制度,使不同需求的失能失智者都能够得到基本的照护服务。

（三）进一步强化养老保障的再分配功能

在推进共同富裕的进程中，社会保障制度应当发挥一定的收入再分配效应。从目前中国养老保障体系发展的社会经济影响来看，其收入再分配功能仍有待提升。由于历史和现实的诸多原因，中国总体现行养老保障制度对于改善全社会收入状况的贡献不够，个别地区的养老保障制度甚至产生了"亲富人"的负面效应，因此未来应不断深化养老保障制度改革，增强其收入再分配职能。一是扩大养老保障制度的互助共济范围，基于国民基本保障权益平等的原则，以社会成员共同面临的风险为基础，打破户籍和体制壁垒，逐步建立全民统一的基本养老金制度、全面公平共享的养老服务体系。二是优化养老保险等制度的制度设计，对"统账结合"制度进行改革，逐步取消基本养老金个人账户制度，以增强收入再分配职能。三是明确中央和地方各级财政的责任，特别是对提高养老保险统筹层次的各层级责任。

第三章　浙江养老保障体系与共同富裕

党的二十大报告提出，健全覆盖全民、统筹城乡、公平统一、安全规范、可持续的多层次社会保障体系。完善基本养老保险全国统筹制度，发展多层次、多支柱养老保险体系。扩大社会保险覆盖面，健全基本养老、基本医疗保险筹资和待遇调整机制。养老保障是国家通过国民收入再分配的方式，满足社会成员在老年时期生活需要的制度运行系统，其基本实现形式是以税收（缴费）和财政支出为基础的货币发放和服务购买。当前养老保障的制度安排主要由企业职工基本养老保险制度、机关事业单位工作人员养老保险制度、城乡居民基本养老保险制度、老年人社会救助制度、老年人福利补贴制度共同组成。

本章旨在考察浙江养老保障体系的发展现状，分析共同富裕目标下养老保障体系存在的问题与产生原因，从而为完善养老保障的制度设计、改善收入分配状况、促进共同富裕提出政策建议。

第一节　养老保障对促进共同富裕的已有研究

养老保障作为社会保障的核心组成部分，不论是从保障对象、发挥的作用还是实现路径上来看，提供公平、可持续的高质量养老保障都是实现共同富裕的必然要求。

一 养老保障对收入差距的影响

目前针对群体收入差距的研究,大多从要素禀赋、劳动力流动、经济发展等视角展开,且多以在岗劳动人口作为研究对象,忽视了老年人群体这一保障对象;但由于部分老年人缺乏基本收入且健康状况欠佳,其面临基本生活、医疗保健、照护支出等压力,在经济状况上具有其特殊性,更容易在风险面前陷入贫困状态,需要完善的养老保障制度的支持。[①] 另外,在老年人生命周期中,收入差距呈现出不同的影响。老年人比劳动力人口的收入分配更加不平等,且城乡类别、受教育水平等早期社会经济差异在不平等的形成过程中具有传递作用。[②] 有学者具体分析了中国低收入与高收入群体占比,发现在低收入组之中农村60岁以上老年人占比较高,高收入组之中城镇60岁以上老年人占比较高,这印证了中国老年人群体内部城乡收入不平等现象的存在。[③] 此外,随着人口年龄结构的转变,老龄化程度的加深,中国的城乡收入差距会呈现扩大态势。[④] 这种客观存在,使老年人口成为共同富裕社会建设的重要目标群体。要实现中国式现代化,扎实推进共同富裕,就需要建立健全全生命周期的养老保障体系,在"提低"与"扩中"中有所作为。

新发展阶段扎实推动共同富裕,意味着要促进基本公共服务均等化,让全体人民共享国家发展成果。养老保障,有着缓解贫困、提升老年人生活质量、帮助老年人过上有尊严的生活的目标和功能,主要通过收入补偿解决老年人的后顾之忧。以惠及面最广、所需资金量最大、社会关注度最高的基本养老金制度为例,基本养老金制

[①] 杨菊华:《人口转变与老年贫困问题的理论思考》,《中国人口科学》2007年第5期。
[②] K. Hanewald, R. Jia and Z. Liu, "Why Is Inequality Higher among the Old? Evidence from China", *China Economic Review*, Vol. 66, No. 101592, 2021.
[③] 岳希明、范小海:《共同富裕:不同的收入分配目标需要不同施策》,《国际税收》2022年第1期。
[④] Z. Dong, C. Tang and X. Wei, "Does Population Aging Intensify Income Inequality? Evidence from China", *Journal of the Asia Pacific Economy*, Vol. 23, No. 1, 2018, pp. 66-77.

度基于国民生存权而设置,旨在让社会成员在年老之后有一笔稳定的收入,用于购买基本生活资料,确保其晚年基本生活,防止其陷入贫困。① 此外,在收入再分配方面,公共养老金计划能够有效缓解老年人收入不平等的状况,依据发达国家的经验,在拥有全面、普遍和慷慨的公共养老金制度的国家,老年人收入分配更为平等,② 充分说明了作为公共转移收入的养老金对缩小收入分配差距有着积极的作用。③ 中国的研究也表明,养老保险制度在减少收入不平等方面的作用大于其他社会保障制度,而且从代际内的收入转移来看,以年度收入评价的当期再分配效应小于以个人终生收入评价的长期再分配效应,因此在制度设计时应综合这两种再分配效应。④ 亦有学者利用国家城调总队的调查数据,基于终生收入法衡量了中国基础养老金的再分配效应,研究发现工资收入越低,基础养老金的再分配效应越大;实施《关于完善企业职工基本养老保险制度的决定》(国发〔2005〕38号)后,高收入者再分配效应的增量高于低收入者,降低了养老保险制度的代内再分配效应。⑤ 从总体上看,不论是优化收入分配格局的视角,还是实现老有所养、增加老年人福祉的视角,发展养老保障都是实现共同富裕的重要基础。

二 共同富裕视角下养老保障的突出问题

发展养老保障是实现共同富裕的重要基础和必然要求,但不合理

---

① 何文炯、潘旭华:《基于共同富裕的社会保障制度深化改革》,《江淮论坛》2021年第3期。

② R. L. Brown and S. G. Prus, "Social Transfers and Income Inequality in Old Age", *North American Actuarial Journal*, Vol. 8, No. 4, 2004, pp. 30-36.

③ T. L. Hungerford, "The Redistributive Effect of Selected Federal Transfer and Tax Provisions", *Public Finance Review*, Vol. 38, No. 4, 2010, pp. 450-472.

④ 何立新、佐藤宏:《不同视角下的中国城镇社会保障制度与收入再分配——基于年度收入和终生收入的经验分析》,《世界经济文汇》2008年第5期。

⑤ 张勇:《中国养老保险制度的再分配效应研究》,《财经论丛》2010年第4期。

的制度设计会在扩大转移支付规模的同时加剧不平等,① 甚至成为实现共同富裕的阻碍。现阶段中国社会面临着不同群体之间、区域之间、城乡之间、经济与社会之间等发展不平衡等突出问题。② 上述问题同样体现在中国养老保障的制度建设之中。中国养老保障在收入保障体系上面临着结构不均衡、财务不可持续的挑战。③ 由于社会养老保险覆盖面较低、财政投入有限、制度设计不健全,不论是从城乡视角、区域视角还是行业视角,调节贫富差距的能力都十分有限,甚至存在"逆向调节效应"。④ 从统筹层次上来看,较低统筹层次的养老金体系,亦无法适应中国人口老龄化程度与经济发展水平地区差异大的现实国情,从而破坏了养老金制度的公平性、可持续性和便携性。⑤ 在人口老龄化的压力和新冠疫情的不利影响下,中国养老保险体系在未来甚至可能会出现较大的养老金缺口,养老金体制还存在制度碎片化、转移接续困难、地区间财务不平衡、竞争不公平等问题,需要通过全国统筹、国有资产划转、完善多层次养老保险建设、完善待遇调整机制、渐进延迟退休年龄来保障养老保险公平可持续发展。⑥ 此外,养老保障在地区与城乡之间差异大,也是老年人收入保障不平等的重要制约因素,特别是农村地区呈现出老年人口基数大、老龄化速度快、家庭空巢化等突出问题,农村养老保障在制度设计上仍存在城乡分治、政策碎片化等方面的短板,⑦ 农村养

---

① M. Cai and X. Yue, "The Redistributive Role of Government Social Security Transfers on Inequality in China", *China Economic Review*, Vol. 62, No. 101512, 2020.
② 张来明、李建伟:《促进共同富裕的内涵、战略目标与政策措施》,《改革》2021年第9期。
③ 董克用、王振振、张栋:《中国人口老龄化与养老体系建设》,《经济社会体制比较》2020年第1期。
④ 王树文、刘海英:《社会养老保险收入分配效用分析及改革政策建议》,《学术研究》2016年第5期。
⑤ 林宝:《积极应对人口老龄化:内涵、目标和任务》,《中国人口科学》2021年第3期。
⑥ 郑秉文、董克用、赵耀辉、房连泉、朱俊生、张冰子、蒙克、贾坤等:《养老金改革的前景、挑战与对策》,《国际经济评论》2021年第4期。
⑦ 陆杰华、郭芳慈、陈继华、陈迎港:《新时代农村养老制度设计:历史脉络、现实困境与发展路径》,《中国农业大学学报》(社会科学版)2021年第4期。

老保障长期供给不足，导致城乡统筹的"转轨"成本持续增长。扎实推进共同富裕，需要养老保障充分关照人口老龄化和各地区经济发展水平地区差异显著的现实国情，建立符合积极老龄观、健康老龄化、促进人口长期均衡可持续发展观念的养老保障，[①] 在中国特色积极应对人口老龄化道路上重点关注提升老龄工作质量、缩小城乡和地区之间发展不充分不平衡的问题，为人口老龄化背景下实现共同富裕做出贡献。[②]

综述之，学者们对于养老保障的理解仍存在差异。总结学界关于养老保障的理论观点可知，学者们既肯定了养老保障对于满足老年人福利需求、促进社会平等、实现共同富裕的积极作用，也对不合理的制度设计所造成的逆向分配效应提出了批评。因此，有必要进一步明确养老保障和共同富裕的关系，并在实践层面对共同富裕目标下养老保障的现状、问题和优化路径做出归纳总结。

第二节　浙江养老保障体系的制度现状

浙江作为省级共同富裕示范区，在完善养老保障各项制度、提升老年人口生活质量等方面做出了有益探索。下面将从覆盖范围、支出情况、准入条件、待遇水平、财政补助五个方面，对浙江的养老保障体系进行描述。

一　养老保障的覆盖范围持续扩大

从目标群体上来看，共同富裕是指全体人民的共同富裕，需要针对不同的收入群体精准施策，重点帮扶低收入群体，推动更多人迈入中等收入行列。[③] 当前，中国人口结构已发生了重大转变，老龄化

---

① 林宝：《积极应对人口老龄化：内涵、目标和任务》，《中国人口科学》2021年第3期。
② 杜鹏：《中国特色积极应对人口老龄化道路：探索与实践》，《行政管理改革》2022年第3期。
③ 习近平：《扎实推动共同富裕》，《求是》2021年第20期。

程度不断加深。2020年,中国60岁及以上人口达到了2.64亿人,占全国总人口的18.70%,浙江60岁及以上人口也达到了1207.27万人,占全省总人口的18.70%。[①] 在人口老龄化背景下,养老保障在满足老年人生活需求方面发挥着越来越重要的作用,并通过基本养老保险制度、社会救助制度和老年人福利补贴制度来提高老年人生活质量。从基本养老保险制度来看,2017年以来,中国基本养老保险制度覆盖面不断扩大,2020年"三项制度"已覆盖99864.90万人,基本养老保险的参保率也逐年提高,2020年达88.90%。浙江基本养老保险参加人数也从2017年的3913.07万人提高到2020年的4355.03万人,参保率从2017年的73.69%提高到2020年的79.57%(见表3-1)。

表3-1　　　　　基本养老保险制度的覆盖范围　　　　单位:万人;%

年份	参加人数						应参保人数		参保率	
	企业职工基本养老保险制度		机关事业单位工作人员养老保险制度		城乡居民基本养老保险制度					
	全国	浙江	全国	浙江	全国	浙江	全国	浙江	全国	浙江
2017	35316.70	2500.66	4976.60	211.71	51255.00	1200.70	113471.46	5309.83	80.68	73.69
2018	36483.00	2664.68	5418.60	218.73	52391.70	1197.84	113685.84	5302.62	82.94	76.97
2019	37905.00	2807.34	5582.90	224.38	53266.00	1199.43	114001.10	5425.14	84.87	77.99
2020	39907.90	2989.29	5713.20	221.84	54243.80	1143.94	112335.75	5473.29	88.90	79.57

说明:(1)基本养老保险应参保人数为总人口数减去0—14岁人口数、普通本专科在校学生数、研究生在校学生数。(2)2017—2019年浙江的0—14岁人口数根据《中国统计年鉴2018—2020》公布的全国人口变动情况抽样调查样本数据推算。(3)基本养老保险参保率由企业职工基本养老保险参保人数、机关事业单位工作人员养老保险参保人数、城乡居民基本养老保险参保人数之和除以应参保人数得到。

资料来源:作者根据历年《中国统计年鉴》《中国劳动统计年鉴》《中国教育统计年鉴》《浙江统计年鉴》等资料整理。

[①]《第七次全国人口普查公报(第五号)——人口年龄构成情况》,国家统计局官网(http://www.stats.gov.cn/xxgk/sjfb/zxfb2020/202105/t20210511_1817200.html),最后访问日期:2022年8月18日。

除基本养老保险制度外,社会救助制度也起到了缓解老年人贫困、维持老年人基本生活的重要作用。从表3-2可以看出,中国享受社会救助的老年人口人数总体上呈下降趋势,2020年为1875.99万人,老年人口社会救助人数占老年人口的比例逐年下降,2020年为7.11%。浙江老年人口社会救助的人数和覆盖率也在逐年下降,2020年分别为26.52万人和2.20%。从老年人口福利补贴制度的覆盖情况看,中国享受老年人口福利补贴的人数呈现上升趋势,2020年达到3720.79万人,占老年人口的比例为14.09%。浙江老年人口福利补贴制度的覆盖率则有所下降,从2017年的11.42%下降到2020年的10.59%(见表3-2),这与浙江老年人福利补贴准入条件更为严格、制度精准性更强密切相关。总体来看,由于经济发展程度较好,浙江老年人口社会救助制度与老年人口福利补贴制度的覆盖率低于全国水平。

表3-2　　老年人口社会救助制度和老年人口福利补贴制度的覆盖范围　　单位:万人;%

年份	老年人口社会救助制度						老年人口福利补贴制度			
	救助人数		老年人口数		覆盖率		补贴人数		覆盖率	
	全国	浙江	全国	浙江	全国	浙江	全国	浙江	全国	浙江
2017	2191.89	33.22	24090.00	1069.20	9.10	3.11	3098.01	122.06	12.86	11.42
2018	1893.22	30.42	24949.00	1124.40	7.59	2.71	3568.83	132.37	14.30	11.77
2019	1832.98	28.04	25388.00	1205.10	7.22	2.33	3545.63	128.05	13.97	10.63
2020	1875.99	26.52	26401.88	1207.27	7.11	2.20	3720.79	127.88	14.09	10.59

说明:(1)全国和浙江的老年人口数量,采用国家统计局官网和浙江省统计局官网公布的历年统计公报中的数据。(2)老年人口社会救助制度的覆盖率由低保老年人数与特困供养老年人数之和除以老年人口数得到。(3)老年人口福利补贴制度的覆盖率由高龄补贴人数、养老服务补贴人数、护理补贴人数之和除以老年人口数得到。

资料来源:作者根据历年《中国民政统计年鉴》整理。

二　养老保障支出逐年提升

改革开放以来,中国经济社会发展取得重大成就,国内生产总值

(GDP）逐年上升，2020年，中国GDP已超过100万亿元。同样，浙江全省生产总值也逐年上升，2020年超过6.46万亿元，增长率为3.60%（见表3-3）。随着经济的增长，中国基本养老保险基金支出及其占GDP的比重亦逐年增加，2020年分别为54656.50亿元和5.38%。具体到浙江的情况来看，基本养老保险基金支出及其占全省生产总值的比重均逐年增加，2020年分别为4191.32亿元和6.49%，基本养老保险基金支出的增长率也呈现出逐年下降的趋势，但总体上浙江基本养老保险基金支出增长率仍高于全国水平（见表3-3）。

表3-3　　　　　　生产总值与基本养老保险基金支出情况　　　单位：亿元；%

年份	生产总值		生产总值增长率		基本养老保险基金支出		基本养老保险基金支出增长率		基本养老保险基金支出/生产总值	
	全国	浙江	全国	浙江	全国	浙江	全国	浙江	全国	浙江
2017	832035.90	52403.13	6.90	7.80	40423.70	2856.36	18.88	24.97	4.86	5.45
2018	919281.10	58002.84	6.70	7.10	47550.40	3327.45	17.63	16.49	5.17	5.74
2019	986515.20	62462.00	6.00	6.80	52342.40	3799.68	10.08	14.19	5.31	6.08
2020	1015986.20	64613.34	2.30	3.60	54656.50	4191.32	4.42	10.31	5.38	6.49

说明：基本养老保险基金支出为企业职工基本养老保险基金支出、机关事业单位工作人员养老保险基金支出、城乡居民基本养老保险基金支出之和。

资料来源：作者根据历年《中国统计年鉴》《中国劳动统计年鉴》《浙江统计年鉴》《浙江财政年鉴》等资料整理。

在社会救助支出与老年人口福利补贴支出上，表3-4结果显示，中国老年人口社会救助支出呈上升趋势，2020年为2432.21亿元，占GDP的0.24%。中国老年人口福利补贴支出逐年增加，2020年为292.20亿元，占GDP的0.03%，老年人口福利补贴支出的增长率在2018年下降为4.95%，后有所回升。浙江老年人口社会救助支出逐年上涨，2020年为63.97亿元，占全省生产总值的0.10%，浙江老年人口社会救助支出增长率高于全国水平。2020年，浙江老年人口福利补贴支出为8.43亿元，占全省生产总值的0.01%，老年人口福利补贴支出的增长率呈下降趋势，2020年为0.36%。

表 3-4　老年人口社会救助支出与老年人口福利补贴支出情况

单位：亿元；%

年份	老年人口社会救助支出		老年人口社会救助支出增长率		老年人口社会救助支出/生产总值		老年人口福利补贴支出		老年人口福利补贴支出增长率		老年人口福利补贴支出/生产总值	
	全国	浙江	全国	浙江	全国	浙江	全国	浙江	全国	浙江	全国	浙江
2017	1982.83	45.15	2.22	18.36	0.24	0.09	240.21	7.59	29.60	27.24	0.03	0.01
2018	1968.47	49.08	-0.72	8.70	0.21	0.08	252.09	8.52	4.95	12.15	0.03	0.01
2019	2029.70	52.66	3.11	7.30	0.21	0.08	271.60	8.40	7.74	-1.42	0.03	0.01
2020	2432.21	63.97	19.83	21.48	0.24	0.10	292.20	8.43	7.58	0.36	0.03	0.01

说明：老年人口社会救助支出为最低生活保障支出与特困人员供养支出之和；老年人口福利补贴支出为高龄补贴支出、养老服务补贴支出、护理补贴支出之和。

资料来源：作者根据历年《中国统计年鉴》《中国民政统计年鉴》《浙江统计年鉴》等资料整理。

总体来看，浙江和全国的养老保障支出均逐年上升，浙江养老保障支出的增长率总体上高于全国水平，浙江养老保障支出占全省生产总值的比重高于全国养老保障支出占GDP的比重（见表3-5）。

表 3-5　　　　生产总值与养老保障支出情况　　　单位：亿元；%

年份	生产总值		生产总值增长率		养老保障支出		养老保障支出增长率		养老保障支出/生产总值	
	全国	浙江	全国	浙江	全国	浙江	全国	浙江	全国	浙江
2017	832035.9	52403.13	6.90	7.80	42646.74	2909.10	18.04	24.87	5.13	5.55
2018	919281.1	58002.84	6.70	7.10	49770.96	3385.04	16.71	16.36	5.41	5.84
2019	986515.2	62462.00	6.00	6.80	54643.70	3860.73	9.79	14.05	5.54	6.18
2020	1015986.2	64613.34	2.30	3.60	57380.91	4263.72	5.01	10.44	5.65	6.60

说明：养老保障支出为企业职工基本养老保险基金支出、机关事业单位工作人员养老保险基金支出、城乡居民基本养老保险基金支出、最低生活保障支出、特困人员供养支出、高龄补贴支出、养老服务补贴支出以及护理补贴支出之和。

资料来源：作者根据历年《中国统计年鉴》《中国劳动统计年鉴》《中国民政统计年鉴》《浙江统计年鉴》《浙江财政年鉴》等资料整理。

三 城乡居民养老保险更趋完善

不同的养老保障制度安排有不同的准入条件，表3-6呈现了它们的准入条件。浙江在完成企业职工基本养老保险全国统筹之前，企业职工单位缴费率为15%，2023年起将统一升至16%。相较于全国城乡居民基本养老保险标准，浙江城乡居民基本养老保险个人缴费最高档次金额更高，最高可达每年5000元。

表3-6 现阶段各项养老保险制度的准入条件

制度类别	全国	浙江
企业职工基本养老保险制度	企业职工的单位缴费率为工资总额的16%；个人缴费率为缴费工资的8%，计入个人账户	企业职工的单位缴费率为工资总额的14%，个人缴费率为缴费工资的8%，计入个人账户
机关事业单位工作人员养老保险制度	单位缴费率为工资总额的16%；个人缴费率为缴费工资的8%，计入个人账户	单位缴费率为工资总额的16%；个人缴费率为缴费工资的8%，计入个人账户
城乡居民基本养老保险制度	基础养老金由政府全额支付；个人缴费标准为每年100—1000元（每100元为1档）、1500元、2000元共12个档次，计入个人账户	基础养老金由政府全额支付；个人缴费标准为每年100元、300元、500元、800元、1000元、1500元、2000元、3000元、5000元共9个档次，计入个人账户

资料来源：作者根据《中华人民共和国人力资源社会保障法律法规全书》和政府相关网站信息整理。

在社会救助制度方面，老年人享受特困人员供养的准入条件主要是无劳动能力、无生活来源且无法定赡养、抚养、扶养义务人，或者其法定赡养、抚养、扶养义务人无赡养、抚养、扶养能力；最低生活保障制度的准入条件为共同生活的家庭成员人均收入低于当地最低生活保障标准，且符合当地最低生活保障家庭财产状况规定的家庭。① 表3-7结果显示，浙江城市低保月平均标准和农村低保月平均标准均高于全国水平，2020年分别为882.30元/月和879.29元/月。2020年，浙江城市低保标准占比和农村低保标准占比分别为16.89%和33.05%，均低于全国水平。2017—2020年，浙江的城市低保标准占比高于农村的低保标准占比。

表3-7　　　　　最低生活保障制度的城乡标准　　　单位：元/月；%

年份	城市低保平均标准		城市低保标准占比		农村低保平均标准		农村低保标准占比	
	全国	浙江	全国	浙江	全国	浙江	全国	浙江
2017	540.60	706.20	17.82	16.53	358.39	670.05	32.02	32.22
2018	579.70	762.60	17.72	16.47	402.78	756.94	33.07	33.27
2019	624.00	811.50	17.68	16.18	444.63	811.70	33.30	32.60
2020	677.60	882.30	18.55	16.89	496.86	879.29	34.80	33.05

说明：城市低保标准占比为城市低保平均标准与城镇居民人均可支配收入之比；农村低保标准占比为农村低保平均标准与农村居民人均可支配收入之比。

资料来源：作者根据历年《中国统计年鉴》《中国民政统计年鉴》《浙江统计年鉴》等相关资料整理。

高龄、经济困难和失能是老年人口福利补贴制度的重要准入条件，具体到各项补贴制度而言，高龄津贴制度主要针对80周岁以上的老年人口，养老服务补贴制度主要针对经济困难的老年人口，护理补贴制度主要针对经济困难的失能老年人口。② 浙江对享受城乡居

---

① 《社会救助暂行办法》，中华人民共和国、中央人民政府官网（http://www.gov.cn/zhengce/content/2014-02/27/content_8670.htm），最后访问日期：2022年8月22日。
② 《国务院关于印发"十四五"国家老龄事业发展和养老服务体系规划的通知》，（http://www.gov.cn/zhengce/content/2022-02/21/content_5674844.htm），最后访问日期：2022年8月15日。

民养老保险待遇的、年满80周岁的高龄老人，给予高龄补贴，① 并对具有本省户籍低收入家庭的60周岁以上失能、失智及生活能够自理的高龄（80周岁以上）老年人口提供养老服务补贴。② 目前，浙江省内尚未出台统一的老年人口护理补贴政策，但部分地区已建立起护理补贴制度，如丽水市云和县为具有本县户籍，未享受困难残疾人生活补贴、重度残疾人护理补贴和养老服务补贴的低保、低边家庭的失能失智人员提供护理补贴，帮助解决他们的长期照护困难。③

四 养老保障的待遇水平显著提升

养老保障的各项制度安排具有不同的目标定位，在不同程度上满足老年人的需求。值得一提的是，浙江多次提高城乡居民基本养老保险的基础养老金最低标准，2021年提高至每人每月180元，④ 在一定程度上缩小了不同养老保险制度间的待遇差距，其中嘉善县城镇企业职工和城乡居民养老金收入差距更低。

在老年人社会救助制度中，最低生活保障制度承担着保障老年人基本生活的兜底责任。表3-8结果显示，全国城市和农村低保人均支出水平均逐年上升，2020年分别达到556.18元/月和328.26元/月，城乡低保支出水平差距较大；城市和农村低保支出占比也呈上

---

① 《浙江省人民政府关于加快实施城乡居民社会养老保险制度的意见》，浙江省人民政府官网（https://www.zj.gov.cn/art/2012/7/14/art_1229019364_63462.html），最后访问日期：2022年8月22日。

② 《浙江省民政厅 浙江省财政厅关于印发浙江省养老服务补贴制度实施办法的通知》，浙江省民政厅官网（http://mzt.zj.gov.cn/art/2021/9/18/art_1229266175_2360840.html），最后访问日期：2022年8月23日。

③ 《云和县民政局云和县财政局关于印发〈云和县失能失智困难群众生活补贴和护理补贴实施办法〉的通知》，云和县人民政府官网（http://www.yunhe.gov.cn/art/2022/7/5/art_1229426527_2410713.html），最后访问日期：2022年8月23日。

④ 《关于2021年提高城乡居民基本养老保险基础养老金最低标准的通知》，浙江省政策文件库官网（https://zhengce.zj.gov.cn/policyweb/httpservice/showinfo.do?infoid=ff542fd706dc445fb2fee13593af1404），最后访问日期：2022年8月15日。

升趋势,2020年分别为15.23%和22.99%。浙江的城市和农村低保人均支出水平均逐年上升,2020年分别为956.18元/月和776.06元/月,浙江的城市和农村低保支出占比逐年上升,2020年分别为18.30%和29.17%,浙江城乡低保人均支出水平高于全国水平,农村低保支出占比也高于全国水平,低收入老年人群体整体待遇水平较高。

表3-8　　　　最低生活保障制度的支出水平　　　　单位:元/月;%

年份	城市低保人均支出水平		城市低保支出占比		农村低保人均支出水平		农村低保支出占比	
	全国	浙江	全国	浙江	全国	浙江	全国	浙江
2017	407.98	487.38	13.45	11.41	210.80	393.33	18.83	18.91
2018	460.10	531.48	14.07	11.48	244.05	501.76	20.04	22.05
2019	477.80	605.75	13.54	12.08	260.29	567.63	19.50	22.80
2020	556.18	956.18	15.23	18.30	328.26	776.06	22.99	29.17

说明:城市低保支出占比为城市低保人均支出水平与城镇居民人均可支配收入之比;农村低保支出占比为农村低保人均支出水平与农村居民人均可支配收入之比。

资料来源:作者根据历年《中国统计年鉴》《中国民政统计年鉴》《浙江统计年鉴》等相关资料整理。

在老年人福利补贴制度的待遇水平上,全国和浙江的高龄补贴人均支出水平均逐年上升,2020年分别为64.96元/月和39.94元/月;全国和浙江的养老服务补贴人均支出水平逐年下降,2020年分别为49.97元/月和99.68元/月(见表3-9)。2017—2020年,全国和浙江的护理补贴人均支出水平变动较大。从各项制度的待遇水平来看,浙江的养老服务补贴支出水平高于全国水平,高龄补贴和护理补贴的支出水平低于全国水平。

表3-9　　　　　　　老年人口福利补贴制度的支出水平　　　　　单位：元/月

年份	高龄补贴人均支出水平		养老服务补贴人均支出水平		护理补贴人均支出水平	
	全国	浙江	全国	浙江	全国	浙江
2017	53.52	26.09	143.47	185.71	93.98	28.97
2018	56.41	30.93	70.25	134.52	77.00	52.50
2019	64.59	38.35	54.36	104.82	103.76	81.04
2020	64.96	39.94	49.97	99.68	185.49	33.83

说明：老年福利补贴人均支出水平由老年福利补贴支出除以补贴人数再除以12个月所得。

资料来源：作者根据历年《中国民政统计年鉴》整理。

五　养老保障财政补助不断加大

在养老保障的财政补助方面，表3-10数据显示，中国城镇职工基本养老保险的财政补助与财政补助占比均呈上升趋势，2020年分别为11719.66亿元和26.41%；城乡居民基本养老保险的财政补助逐年上涨，2020年为3134.59亿元，但财政补助占比在2020年下降为64.59%。浙江城镇职工基本养老保险的财政补助和财政补助占比均逐年上升，2020年分别为328.93亿元和13.68%；城乡居民基本养老保险的财政补助均逐年上升，2020年为185.94亿元，财政补助占比在2020年下降为61.85%。由此可以看出，浙江不同养老保险类别的财政补助占比相差较大，养老保险制度间的财政补助公平性有待提高。

表3-10　　城镇职工与城乡居民基本养老保险制度的财政补助

单位：亿元；%

年份	城镇职工基本养老保险				城乡居民基本养老保险			
	财政补助		财政补助占比		财政补助		财政补助占比	
	全国	浙江	全国	浙江	全国	浙江	全国	浙江
2017	—	174.12	—	5.63	2319.19	131.11	70.19	82.71

续表

年份	城镇职工基本养老保险				城乡居民基本养老保险			
	财政补助		财政补助占比		财政补助		财政补助占比	
	全国	浙江	全国	浙江	全国	浙江	全国	浙江
2018	9377.41	193.64	18.33	5.98	2775.74	151.79	72.33	85.96
2019	10318.86	246.06	19.50	6.85	2880.51	155.99	70.14	88.43
2020	11719.66	328.93	26.41	13.68	3134.59	185.94	64.59	61.85

说明：(1) 2017 年全国城乡居民基本养老保险的征缴收入，采用《关于 2017 年全国社会保险基金决算的说明》中公布的数据。(2) 财政补助占比为财政补助与基金收入之比。(3) 城镇职工基本养老保险制度的财政补助为企业职工基本养老保险制度和机关事业单位基本养老保险制度的财政补助之和。

资料来源：作者根据历年《中国统计年鉴》《中国劳动统计年鉴》《中国财政统计年鉴》等相关资料整理。

社会救助和老年人口福利补贴的资金来源于中央和地方的财政转移支付，表3-11的数据显示，全国对最低生活保障、特困人员供养的财政补助均呈上升趋势，2020年分别为1963.59亿元和468.63亿元；全国对高龄补贴、护理补贴的财政补助呈上升趋势，2020年分别为242.01亿元和18.10亿元，对养老服务补贴的财政补助从2017年的61.02亿元下降到2020年的32.08亿元。浙江对最低生活保障和特困人员供养的财政补助逐年上升，2020年分别为58.47亿元和5.50亿元；对高龄补贴的财政补助逐年上升，2020年为4.44亿元，对养老服务补贴的财政补助呈下降趋势，2020年为3.87亿元，对护理补贴的财政补助在2020年有所下降，为0.12亿元。总体来看，养老保障的财政补助呈上涨趋势，财政投入力度逐步加大。

表 3-11　对老年人口社会救助与老年人口福利补贴的财政补助

单位：亿元

年份	最低生活保障		特困人员供养		高龄补贴		养老服务补贴		护理补贴	
	全国	浙江	全国	浙江	全国	浙江	全国	浙江	全国	浙江
2017	1692.30	42.13	290.53	3.02	172.27	3.13	61.02	4.38	6.92	0.09
2018	1632.10	45.71	336.37	3.37	201.19	3.75	43.98	4.59	6.92	0.18
2019	1646.70	48.42	383.00	4.24	229.67	4.41	33.68	3.77	8.26	0.22
2020	1963.59	58.47	468.63	5.50	242.01	4.44	32.08	3.87	18.10	0.12

资料来源：作者根据历年《中国民政统计年鉴》整理。

第三节　浙江养老保障体系的改进

时至今日，中国养老保险制度基本定型，社会救助制度与老年人福利补贴制度不断发展，经济困难和失能老人等受益群体不断增加，经济快速发展也为养老保障进一步发展提供了雄厚的物质基础。综合来看，当前浙江养老保障体系在制度设计的目标定位、统筹层次、身份与户籍制度衔接、筹资与待遇机制财政支出责任等方面仍存在不足。

一　目标定位需要更加明确

目前养老保障的各项制度虽然在中央层面出台了相应的规定，但部分制度在目标定位上仍不清晰。属地化的管理原则在适应各地经济发展差异的同时，也导致了各地制度执行依据存在差异。其中，城乡居民基本养老保险制度和老年人福利补贴制度目标定位模糊问题最为突出。依据国务院出台的政策文件，城乡居民基本养老保险制度作为一项保险制度，应明确相应的权利与义务关系，强调个人缴费责任并维持基金收支平衡。但从制度的本质来看，城乡居民基本养老保险制度是一项更偏向于依赖财政补贴的福利政策，存在保险与福利之间的制度定位模糊问题。其中，浙江居民养老保险财政补助金待遇占84%，个人缴费形成的个人账户待遇仅占16%左右，在个人缴费责任的履行上仍存在不足。

老年人口福利补贴制度，也存在概念使用和政策执行依据上的混乱。现阶段中国的老年人口福利补贴，既存在以市民身份和年龄为准入条件的高龄津贴，也有依据经济困难和失能程度发放的养老服务补贴和失能护理补贴。各地区既有"三项补贴"叠加发放的情况，也有将"三项补贴"合为一项的情况。浙江老年人口福利补贴的发放限制条件较为严格：为享受城乡居民养老保险待遇的、年满80周岁的高龄老人，每月给予不低于30元的高龄补贴；[1] 为具有本省户籍的低收入家庭的60周岁以上失能、失智及生活能够自理的高龄（80周岁以上）老年人提供养老服务补贴。[2] 综合比较全国与浙江老年人福利补贴政策实践情况可知，浙江的养老服务补贴对象主要为经济困难的失能老年人，其本质上为护理补贴。但民政部的养老服务补贴对象主要为经济困难的老年人，与老年人社会救助的覆盖对象存在重叠，这种概念上的混淆也给基层在政策执行上造成了操作上的困难。

最后，目标定位不清晰还导致了各项制度待遇水平难以确定、制度之间的关系难以厘清。从缩小贫富差距的角度上看，养老保障针对的群体应当为收入不稳定的中低收入群体，通过社会救助制度和选择性福利制度为经济困难的老年人提供基本生活保障，从而起到"提低"与"扩中"的作用。然而，现阶段中国养老保障既存在"窄化"问题，亦存在福利叠加与"泛化"问题。在老年人口社会救助

---

[1] 《浙江省人民政府关于加快实施城乡居民社会养老保险制度的意见》，浙江省人民政府官网（https://www.zj.gov.cn/art/2012/7/14/art_1229019364_63462.html），最后访问日期：2022年8月22日。

[2] 《浙江省民政厅 浙江省财政厅关于印发浙江省养老服务补贴制度实施办法的通知》，浙江省民政厅官网（http://mzt.zj.gov.cn/art/2021/9/18/art_1229266175_2360840.html），最后访问日期：2022年8月23日。

方面，现有制度仍未将低保边缘群体完全纳入保障范围，从而使得针对低收入群体的养老保障财政支出水平较低。而城乡居民基本养老保险制度作为一种社会保险制度，其待遇水平应当在社会救助制度的兜底性待遇水平之上，但现阶段城乡居民养老金普遍低于低保标准。在老年人福利补贴方面，高龄津贴作为普惠型福利，面向的是全体高龄老年人。这种仅以年龄为标准的福利津贴，虽然在政策执行上更为便捷，却未能明确津贴本身的定位，在待遇标准的制定上存在不合理之处。

二　统筹层次需要进一步提升

受制度设计理念、地区发展不平衡与财政分割的影响，养老保障整体统筹层次较低，形成了地区分割与地方利益割据的状况。企业职工基本养老保险制度长期处于地区分割的状态，各地区参保人养老保险缴费标准与待遇不统一。企业法定养老保险成本存在企业性质、行业与地区之间的差异，不仅不利于推动各地区经济均衡发展，也使得基本养老保险制度互助共济性不足，难以发挥大数法则的效能，甚至出现部分地区养老保险基金收不抵支的情况。2020年浙江已经规范了省级统筹，2022年已开始全国统筹。尽管现阶段企业职工基本养老保险全国统筹已经开始起步，但基本养老保险的缴费与基金运营管理主要仍由省级单位承担，经济增速放缓与属地化管理也对中央政府资金调配形成了较大压力。不论是从改善制度公平性的角度出发，还是基于降低财政风险、提升制度可持续性的考虑，建立全国统筹的养老保险制度已经成为共同富裕背景下养老保障制度发展的必然要求。

相较于企业职工基本养老保险而言，城乡居民基本养老保险制度统筹层次更低，故导致了各地区城乡居民养老保险筹资标准未能统一、待遇标准调整主要由地方部门主导、地区与城乡之间养老金存在较大差异、城乡基本养老保险制度互助共济性不足等问题。在经济发展程度较高、省内差距较小的浙江,城乡居民养老金在调整次数和最低标准上明显高于全国水平。

表3-12　　浙江各地市城乡居民基础养老金最低待遇标准

年份	杭州市	宁波市	温州市	嘉兴市	湖州市	绍兴市	金华市	衢州市	舟山市	台州市	丽水市
2017	190	230	170	165	150	160	150	135	160	135	135
2018	220	240	190	185	180	180	180	155	180	155	155
2019	240	250	215	205	215	180	215	155	190	180	155
2020	260	260	245	225	250	215	230	185	190	190	180
2021	310	310	270	290	290	245	260	225	225	235	225

资料来源:作者依据调研所得资料整理。

表3-12的数据显示,2017—2021年,浙江省内各地市城乡居民基础养老金标准仍存在较大差距,各地市的标准制定和待遇上调水平各有不同。其中宁波市的城乡居民基础养老金为历年来浙江省内最高,丽水市为历年来浙江省内最低。浙江经济发展水平差距较小的地市,城乡居民基本养老保险统筹层次相对较高、待遇标准差距较小,制度再分配功能更强,而其余各地市城乡居民基本养老保险则面临着待遇标准统一的阻碍。

三　身份与户籍限制需要打破

当前养老保障仍存在较为明显的身份和地区区隔,这也导致了灵活就业人员与流动人口在准入条件、待遇享受等方面受到诸多限制。以养老保险制度为例,基本养老保险制度的建立以传统雇佣关系的职业身份为基础,制度建立之初主要解决的是市场经济改革背景下城镇企业职工的养老保障问题,缺乏对城镇个体劳动者和农民的养老保障。2005年,国务院针对农民工保障问题,提出要扩大企业职工基本养老保险制度的覆盖范围,统一城镇个体工商户和灵活就业人员参保缴费政策。① 2010年，《社会保险法》规定，无雇工的个体工商户、未在用人单位参加基本养老保险的非全日制从业人员以及其他灵活就业人员也可以参加基本养老保险。② 在实际政策执行之中，灵活就业人员参保时面临户籍限制与高缴费负担等问题，一般会选择参加户籍所在地的城乡居民基本养老保险，或者是在"自愿"原则下直接不缴保险。《浙江省职工基本养老保险条例》规定，无雇工的城镇个体户、城镇灵活就业人员可以按照规定以个体身份参加职工基本养老保险。

灵活就业人员的参保问题反映了当前养老保障的户籍限制与流动人口养老保障在管理上的不足。改革开放以来，随着经济社会的发展和社会流动的加剧，中国流动人口的规模逐渐扩大。截至2020年，全国流动人口的数量已达3.76亿人。③ 浙江作为经济发达的人口流入大省，2020年省内流动人口937万人，跨省流动人口约为1618万人，④ 其中2020年净迁入人口数量为28.03万人，净迁出人口数量为7.69万人。⑤ 浙江省人力资源和社会保障厅所提供的数据显示，2017年浙江无雇工的城镇个体户、城镇灵活就业人员等以个体身份参保者共有502.03万人，2021年达549.15万人。⑥ 此外，老年人口福利补贴等制度仍以户籍为准入条件之一，使得许多没有本地户籍的常住人口，仍面临着福利补贴与养老服务获取等老年人口福利待遇上的不公。

由于各地区经济发展水平差异较大，城乡居民基本养老保险、社会救助与老年人福利补贴待遇标准常还会受到各地区财政支出的影

---

① 《国务院关于完善城镇职工基本养老保险制度的决定》，中华人民共和国中央人民政府官网（http://www.gov.cn/zhengce/content/2008-03/28/content_7376.htm），最后访问日期：2022年8月15日。
② 《中华人民共和国社会保险法》，中国人大网（http://www.npc.gov.cn/npc/c30834/201901/4a6c13e9f73541ffb2c1b5ee615174f5.shtml），最后访问日期：2022年8月15日。
③ 《中国人口和就业统计年鉴2021》，中国统计出版社2021年版，第24页。
④ 《中国统计年鉴2021》，中国统计出版社2021年版，第58页。
⑤ 资料来源：作者调研所得浙江省公安厅人口迁入与迁出相关数据。
⑥ 资料来源：作者调研所得浙江省人力资源和社会保障厅相关数据。

响。以老年人最低生活保障制度为例，浙江省内部经济发达地区与欠发达地区、城市与农村之间最低生活保障标准和平均补差情况存在较大差异。总的来说，养老保障各项制度存在的职业身份和户籍限制，给灵活就业人员与流动人口养老保障设置了障碍，不利于劳动力的跨区域流动与人才优化配置，也为缩小群体、城乡与地区之间的养老保障待遇差距造成了困难。

四 制度衔接需要进一步完善

从理论层面来看，养老保障的制度体系之中，社会救助、基本养老保险与老年人福利补贴在功能定位上具有层次性，即老年人口社会救助发挥兜底功能，社会保险居于其上，老年人口社会福利属于更高层次的保障。但现阶段城乡居民基本养老保险制度与社会救助的实际功能和目标定位存在偏差，城乡居民养老金低于低保标准。此外，低保制度与基本养老保险制度之间的衔接亦有所不足，存在部分经济困难的老年人群体未参加基本养老保险的情况。

除了社会救助、基本养老保险与老年人福利补贴的制度衔接问题之外，中国养老保障制度体系还面临着不同养老保险制度的衔接和跨地区养老保险关系转移接续的问题。以城乡居民基本养老保险和企业职工基本养老保险的转移接续为例，中国虽已颁布《城乡养老保险制度衔接暂行办法》（人社部发〔2014〕17号），但在关系转接时限上，暂行办法规定职工向城乡居民保险转接时需要达到法定退休年龄，限制了参保人关系转接的自由。依据暂行办法，若企业职工养老保险参保者选择转入城乡居民养老保险，缴费合并累计计算，个人账户资金同样转移到城乡居民养老保险的个人账户，但统筹账户之中的资金并不转移。若城乡居民养老保险参保者想要转入企业职工养老保险之中，其城乡居民养老保险缴费年限不能累计计算，客观上也会造成参保者的利益损失。

此外，制度衔接过程之中信息化程度不高、养老保险关系转移接续操作规范性差,也给流动人口跨地区养老保险关系转移接续带来诸多不便。由于长期的地方分割,不同养老保险统筹单位往往会使用便于自身管理的信息系统,在筹资标准和待遇计发参数设计上亦存在差异。甚至有些信息化水平不足的地区,在基层人员的不规范操作下,出现了养老保险关系转接信息未能及时更新甚至丢失的情况,严重损害了参保人权益。

五 筹资与待遇机制有待完善

人口结构作为影响福利供给的重要需求因素,不仅会影响资金供应能力,还会影响制度运转的潜在成本,进而影响制度的抗耐性。人口老龄化必然给养老保障带来资金支出压力,而制度本身的缺陷又会加剧养老保障资金支出的区域性与结构性矛盾。从筹资机制看,企业职工基本养老保险制度面临着缴费年限过短、退休人员人力资源浪费等问题,制度转轨的历史债务也对基金的可持续运营造成了威胁,个人账户的继承、缴费基数未能夯实更是加剧了资金的亏空。

由于企业职工基本养老保险制度名义缴费率偏高,过高的筹资压力对于企业经营发展也造成了不利影响。过高的企业职工基本养老保险名义缴费率与名义缴费基数,使得企业特别是中小微企业参保负担较重,导致了企业参保积极性不高,部分企业甚至试图通过不签合同、瞒报等方式逃避参保,这不仅不利于进一步扩大养老保障制度覆盖面,更损害了劳动者的养老保障权益。就个人而言,城乡居民基本养老保险的自愿参保原则,也导致部分群体出于当期消费和养老规划意识不强而逃避参保,个人参保意识也有待提升。

从待遇调整机制上来看,中国初步建立了与经济社会发展水平相适应的养老保障待遇调整机制。相关政策规定,城镇职工养老金要根据职工平均工资增长、物价上涨情况适时调整。[1] 城乡居民基本养

---

[1] 《中华人民共和国社会保险法》,中国人大网(http://www.npc.gov.cn/npc/c30834/201901/4a6c13e9f73541ffb2c1b5ee615174f5.shtml),最后访问日期:2022年8月15日。

老保险亦建立了待遇确定机制、基础养老金正常调整机制、个人缴费档次标准调整机制、缴费补贴调整机制，以促进城乡居民基本养老保险的发展与经济发展、城乡居民收入增长、物价变动等情况相适应。① 老年人口社会救助、老年人口福利补贴则根据经济社会发展水平和老年人的实际需要进行调整，② 各地根据当地经济发展水平、物价变动情况和财力状况自主确定。③ 但各项制度的待遇调整机制在设计理念和规范性上仍有待进一步提升。以基本养老保险制度的待遇调整机制为例，城镇职工与城乡居民基本养老保险的待遇上调水平和待遇上调次数差距明显，国家财政对于养老金的补贴压力也不断增加。

六 财政支出责任边界需要厘清

财政公共预算支出应当依据制度定位发挥不同的作用。由政府负责的社会救助与老年人口福利补贴项目，财政支出对其负有全责。基本养老保险作为社会保险项目，应当强调筹资与待遇之间的匹配，维持自身基金平衡，其中，政府应当承担转制成本和制度运行成本。但具体来看，在企业职工基本养老保险制度中，国家财政不仅发挥了"防火墙"的作用，还承担了调和、维持基金平衡的兜底责任。从城乡居民基本养老保险制度的财政责任来看，由于纳入了大量应当参与企业职工基本养老保险的灵活就业人员，从而扩大了政府的财政支出责任。

---

① 《人力资源社会保障部 财政部关于建立城乡居民基本养老保险待遇确定和基础养老金正常调整机制的指导意见》，中华人民共和国人力资源和社会保障部官网（http://www.mohrss.gov.cn/xxgk2020/fdzdgknr/zcfg/gfxwj/shbx/201803/t20180329_291008.html），最后访问日期：2022年8月15日。

② 《中华人民共和国老年人权益保障法》，中华人民共和国中央人民政府官网（http://www.gov.cn/guoqing/2021-10/29/content_5647622.htm），最后访问日期：2022年8月22日。

③ 《关于建立健全经济困难的高龄、失能等老年人补贴制度的通知》，中华人民共和国财政部官网（http://www.mof.gov.cn/gkml/caizhengwengao/wg2014/wg2014010/201504/t20150401_1211568.htm），最后访问日期：2022年8月22日。

厘清各级政府的财政支出责任边界，尤其是中央与地方的财政权责关系，也是进一步完善养老保障制度体系、推进养老保险全国统筹的关键所在。在不同的统筹层次下，中央政府和地方政府的财政权责存在着明显区别。由于现阶段养老保险调剂比例设计和各地基金收支状况未能完全匹配，中央所能掌握的调剂金总量未达到最优规模，各地养老保险基金平衡也未达到最优状态。[①] 在养老保险全国统筹步入成熟期后，应当实现全国统收统支的制度模式，将中央与地方共同承担财政责任逐渐转向由中央支出责任为主导，强化中央财政收支决策权与调剂权，依据各地人口年龄结构和经济社会发展水平差异对中央财政补贴范围做出调整。然而，现阶段基本养老保险制度中各级政府财政的责任分担比例仍不清晰，导致了政府间财政筹资边界模糊、财政责任分担不合理的状况。特别是城乡居民基本养老保险制度，由于个人缴费责任履行较差，对于财政补贴的依赖性较强，在未明确地方财政支出责任的情况下，容易造成不同地区政府财政负担不均，影响财政补贴的可持续性。

第四节　浙江养老保障体系的发展建议

在中国式现代化进程中，实现共同富裕是需要长期奋斗的系统工程。在日益复杂的内外部社会风险之下，应当综合考虑现阶段养老保障面临的主要问题，明确养老保障促进共同富裕的发展路径。未来浙江养老保障体系的发展，除了本省的经验探索外，更多依赖于全国养老保障体系的顶层设计和发展路径。

一　调整目标定位

全面建成覆盖全民、城乡统筹、权责清晰、保障适度、可持续的

[①] 边恕、王子龙：《基本养老保险全国统筹：政策内涵、制度衔接与央地关系》，《地方财政研究》2022年第4期。

养老保障制度，更好地体现社会公平正义，不仅是养老保障发展的必然要求，更与扎实推动共同富裕的目标相契合。无论是浙江还是全国，现阶段养老保障仍存在制度目标定位模糊等缺陷，造成了对低收入群体保障不足、福利"悬崖"与福利叠加等问题。针对浙江城乡居民基本养老保险和老年人口福利补贴制度目标定位模糊等问题，未来应当强化基本养老保险的主体作用，以保险福利涵盖救助福利所保障的对象，为全体人民提供更高水平的基本保障。浙江的经验也表明，针对无力缴纳保险的困难群体，可以由国家承担缴费责任，抑或给予福利补贴，避免低保标准过低、制度衔接不畅等造成贫困陷阱。

二 提高统筹层次

实现共同富裕，意味着要消除城乡差别、地区差别和群体差别，打破养老保障地区分割和地方利益割据的格局。提高养老保障统筹层次，不仅有利于加强制度的互助共济性，还能防范基金不可持续的风险，需要在全国层面统筹考虑。首先，要打破城乡分立的局面，逐步实现城乡养老保障一体化。浙江多地已实行城乡统一的最低生活保障标准，有的地区城乡居民的养老保险待遇已经接近企业职工基本养老保险的待遇水平，为全国范围内推进养老保障的城乡统筹提供了有益借鉴。其次，要破除影响社会流动的障碍因素，在全国范围内统一管理养老保障基金、制定统一的发放政策，使养老保障关系能在不同地区顺利转移接续。最后，还要逐步缩小人群差异，将不同职业群体之间、代与代之间的养老保障水平差距控制在合理范围内。现阶段中国已经开始实施企业职工基本养老保险的全国统筹，建立了中央调剂金制度。未来在养老保险全国统筹的推进上，还应进一步制定统一缴费率、缴费基数、待遇计发等政策，合理划分中央与地方财政支出责任，并通过建立统一的信息系统，实现全国信息资源共享。

三 打破身份与户籍限制

着眼于实现共同富裕的养老保障,应当是覆盖全民的普惠性制度安排。这就要求养老保障在制度设计理念上,综合考虑中国人口老龄化与地区、城乡经济发展不平衡的现实状况,逐步从强调职业身份转向强调国民权利、从覆盖户籍人口转向覆盖常住人口、从覆盖正规就业者扩大到覆盖全体劳动者,避免养老保障的"窄化"与"泛化"的问题。与此同时,还应进一步缩小不同养老保险制度之间、城市与农村老年人口之间社会救助和福利补贴的待遇差距,解决由制度分割和地区经济发展不均衡导致的群体间待遇不公的问题。

四 加强制度衔接与部门协同

制度衔接是实现养老保障高质量发展的重要一环。依据救助、保险与福利的制度目标,基本养老保险制度应当和老年人口社会救助制度有效衔接,明确城乡居民养老保险和最低生活保障制度的目标定位,使城乡居民养老保险制度和最低生活保障制度发挥不同的保障功能。老年人口救助制度和老年人口福利补贴制度之间亦应加强衔接,在提升制度保障的精准性的同时,避免覆盖群体过窄抑或福利叠加的现象出现。为解决现阶段养老保险关系转移接续时养老保障权益不对等、跨地区转移接续困难等问题,应在制度设计上打破缴费年限积累和账户资金转移的限制,通过建立全国统一的信息系统实现分段计算参保年限、加权计发养老金待遇,进一步提升基本养老保险制度的便携性。

五 完善筹资与待遇调整机制

在筹资调整机制方面,首先,要合理确定基本养老保险的缴费率与缴费基数,适当降低养老保险缴费率,以达到提升养老保险收缴率、扩大养老保险覆盖范围的目标,推动养老保险基金良性运行。

其次，养老保险的筹资机制要适应人口结构的转变，适当增加基本养老保险的缴费年限，逐步推进延迟退休年龄政策，降低基金运营不可持续的风险，促进代际公平的实现。最后，要完善财政补助的调整机制，明确不同制度的财政责任以及央地财政责任边界，平衡不同制度的财政投入，提高财政补助的公平性与精准性，可以参考浙江建立的"钱随人走"的财政补贴模式以及市民化财政补助机制，建立适应人口的大规模流动和城乡统筹发展的财政补贴机制。在养老保障的待遇调整机制方面，一方面，要通过合理的待遇调整机制，逐步缩小制度覆盖群体的待遇差距，重点提高中低收入群体养老保障待遇水平。另一方面，要根据国民收入水平、工资水平和物价的变动情况，兼顾财政支付能力与财政投入的可持续性，适时调整养老保障的待遇标准。

六 建立风险应对机制

在实现共同富裕的过程之中，养老保障应当对日益复杂的制度环境及时做出调整，进一步提升制度抗风险能力。养老保障在制度设计上也应当着眼于国家安全，具备前瞻性，立足于国内风险与国际风险、应急响应与长效机制，将养老保障制度建设上升到与经济、政治、文化高度相关的福利体制高度，统筹经济发展和社会安全的关系，构建起更加有效的风险屏障。从国内风险来看，养老保障的制度设计应当适应本国的社会经济发展水平、社会结构和文化传统，充分考虑到人口老龄化、就业形态多样化、经济下行压力增加的国内风险，及时调整人口政策与经济发展政策，发挥养老保障在应对国内重要风险时的作用。从国际风险来看，应当提升养老保障制度弹性与行动张力，针对国际金融危机、全球公共卫生危机、局部战争等国际风险及时做出反应。此外，针对自然灾害等诱发的社会公共危机事件，应当提升养老保障的应急响应能力，通过部门联合行动、社会力量参与共同化解跨界危机。

第四章 浙江企业职工养老保险与共同富裕

城镇职工养老保险是中国基本养老保险体系中的重要组成部分,起到老年收入维持和再分配的重要功能,在促进共同富裕中发挥社会保障制度的基础支撑作用。中国城镇职工养老保险分为企业职工养老保险和机关事业单位养老保险两大体系,本章的主要研究对象为浙江省企业职工养老保险,对其发展现状和面临挑战进行分析,对基金收支形势进行预测,提出未来构建高质量可持续养老保障体系的政策建议,以及实现共同富裕发展目标的路径。

第一节 理论探讨:养老保险在促进共同富裕中的功能定位

本部分首先探讨养老保险制度的再分配功能及其在实现共同富裕中的作用,从而为分析浙江企业职工养老保险制度的发展现状,以及未来实现共同富裕的发展措施奠定理论基础。

一 养老保险制度促进共同富裕的功能机制

社会养老保险制度的基本目标在于应对人口老龄化风险,为老年人提供有效的收入保障。国家建立养老金计划的意义在于弥补私人市场的缺陷:一是防止个人短视,个人在年轻时过多消费会造成老年储蓄不足，国家强制储蓄的目的在于熨平个人生命周期内的收入和消费波动；二是社会公平和再分配目标，对于老年贫困人口，私人保险市场是无法提供保险的，国家强制实施的社会保障计划通过集合处理风险的方式，实现收入再分配转移。因此，简单总结起来，社会养老保险制度有两项基本功能：一是老年收入维持功能，或者说在生命全周期中起到养老储蓄的收入替代功能；二是再分配功能，调节社会成员之间的老年收入水平，使之有利于低收入群体，再分配功能体现在代内和代际两个维度上。这两项功能都与老年群体的共同富裕目标息息相关：一方面，针对养老储蓄计划而言，它源于市场初次收入分配，单个劳动者的工资或劳动所得收入水平越高，用于养老的资产储备会越高，年老时获得的收入保障也越充分；另一方面，就再分配目标而言，主要是指养老保险制度作为二次分配手段，具有缩小初次收入分配差距的调节作用，通过"提低限高"促进老年共同富裕。因此，讨论养老保险制度在促进共同富裕中的功能时，需要同时强调这两个方面，既要做大养老储蓄"蛋糕"，又要分好"蛋糕"。

为实现上述功能，社会养老保障体系可以实施不同的制度模式。从融资方式来说，主要有两种方式：一种是现收现付制（PAGO），另一种则是完全积累制（Funded）；从待遇给付方式上也分为两种：一种是待遇确定型（DB型），另一种是缴费确定（DC型）。从再分配效果上看，一般情况下，现收现付制社会养老保险计划实行DB型给付方式，社会再分配性功能较强；而完全积累制则适用DC型，采取自我储蓄式的个人账户养老金计划，缺乏社会群体间的养老金转移支付功能。这两类制度在劳动力激励、再分配和应对老年风险等方面，具有不同的设计目标和作用机制，详细情况见表4-1。在1981年智利养老金制度私有化改革之前，世界上大部分国家的养老金制度为传统的现收现付制。最早以立法形式出台的养老保险制度出现在19世纪末的德国，到20世纪20年代之后，该制度模式逐步扩展到欧洲大陆及美洲国家。1935年,美国颁布世界上第一部《社会保障法》,建立起老年、残疾与遗属社会保障计划(OASDI)。到20世纪60年代,随着西方福利国家"黄金时代"的到来,现收现付制在欧美国家逐渐普及。但是,随着20世纪下半叶以来全球人口老龄化速度的加快,这种制度模式面临越来越大的财务冲击。20世纪80年代以来,继智利改革之后,全球已有30多个国家在养老金制度改革中,引入了强制性的积累制个人账户养老金计划。

表4-1　DB型现收现付制与DC型完全积累制的特点比较

	DB PAGO	FDC
融资来源	工薪税费	工资关联缴费
再分配效果	代际、代内间再分配作用	再分配因素少
覆盖面	全体覆盖	就业关联
缴费与给付关联	关联性小	保险精算
组织管理	集体	个人
劳动力激励	负面激励	正向激励
老龄风险	高	低
市场风险	较低	较高

资料来源:作者整理。

目前世界上大部分国家实行"混合型"制度,主要是指部分积累制,即将现收现付制与完全积累制结合在一起,兼具以上两种制度的特点。中国自20世纪90年代开始建立城镇职工基本养老保险制度(以下简称"城镇制度"),"统账结合"式框架(即社会统筹+个人账户)即属于部分积累制模式,既保留了现收现付制的社会养老保险计划,又学习"智利模式",引入了积累制个人账户计划。制度设想的初衷在于将社会保险的互济再分配功能与个人账户的激励效应相结合,建立起混合型的养老金制度。经过近30年的发展,中国基本养老保险制度取得了举世瞩目的成就,建立了世界上最大的社会保障网，至 2021 年末已覆盖全国 10.2 亿人口，其中城镇职工养老保险参保人数达 4.3 亿人；① 70%的城镇就业人口已加入基本养老保险体系，考虑到部分个体人员和灵活就业者、在城市打工的农民工等群体为自愿参保性质，基本养老保险已接近实现法定人员全覆盖目标。

二 企业职工养老保险制度的再分配效应

国内外有不少文献研究养老保险制度的收入再分配问题，主要方法有两类：一是运用微观个体数据，对同人群参加养老保险的内部回报率进行分析；二是通过比较劳动者参加养老保险制度前后基尼系数的变化，评估养老保险制度的收入再分配效应。② 关于中国养老保险制度的再分配效应，不同的研究方法和研究角度得出的结论不尽一致。王晓军和康博威的研究发现，中国现行的社会养老保险制度有明显的收入再分配效应，即养老保险制度实现了高收入人群向低收入人群的再分配，缩小了居民间的收入差距。王小鲁和樊纲认为，中国养老保险制度会引起逆向收入转移，扩大高收入群体和低收入群体间的收入差距。③ 从代际分配角度看，彭浩然和申曙光比较了 2005 年改革前后养老保险制度的收入再分配效应，认为新制度存在较弱的代内再分配效应，但会造成严重的代际间不平等。④ 李实等的研究同样发现，离退休人员间养老金收入差距较大，是造成城镇

---

① 《2021 年度人力资源和社会保障事业发展统计公报》，中华人民共和国人力资源和社会保障部官网（http://www.mohrss.gov.cn/xxgk2020/fdzdgknr/ghtj/tj/ndtj/202206/t20220607_452104.html），最后访问日期：2023 年 3 月 29 日。

② Boskin, M. J., "Too Many Promises: The Uncertain Future of Social Security", *Southern Economic Journal*, Vol. 53, No. 3, 1987, p. 813.

③ 王小鲁、樊纲：《中国收入差距的走势和影响因素分析》，《经济研究》2005 年第 10 期。

④ 彭浩然、申曙光：《改革前后我国养老保险制度的收入再分配效应比较研究》，《统计研究》2007 年第 2 期。

内部收入分化扩大的一个重要原因。①

以下从两个角度分析企业职工养老保险制度的再分配效应：一是从养老金待遇的计发公式出发，通过国别对比分析中国养老保险制度的再分配因素；② 二是借鉴已有来自微观数据的研究成果，比较参加养老保险制度前后居民基尼系数的变化，分析养老保险制度的再分配效应。③

（一）养老金待遇计发公式中的再分配因素

中国企业职工基本养老保险的退休金待遇同样采取混合型的结构式计发办法，将现收现付制 DB 型待遇和个人账户式 DC 型待遇结合在一起。在目前的政策框架下，企业职工养老保险制度退休金待遇的计算方法如下：④

月基本养老金 = 基础养老金 + 个人账户养老金

基础养老金 =（各省上年度在岗职工月平均工资 + 本人指数化月平均缴费工资）÷2×缴费年限×1% = 全省上年度在岗职工月平均工资（1+本人平均缴费指数）÷2×缴费年限×1%

其中：本人平均缴费工资指数 = $(a_1/A_1+a_2/A_2+\cdots+a_n/A_n)/N$

a_1、a_2、a_n 为参保人员退休前 1 年、2 年…n 年本人缴费工资额；

A_1、A_2、A_n 为参保人员退休前 1 年、2 年…n 年当地职工平均工资；

N 为企业和职工实际缴纳基本养老保费年限。

个人账户养老金 = 个人账户全部储存额/计发月数

---

① 李实、赵人伟、高霞：《中国离退休人员收入分配中的横向与纵向失衡分析》，《金融研究》2013 年第 2 期。

② 房连泉：《中国、美国和智利三国养老金制度的再分配效果比较》，《黑龙江社会科学》2013 年第 3 期。

③ 李实、朱梦冰：《中国社会养老保险制度的收入再分配效应》，中欧社会保障项目研究报告，2017 年。

④ 《关于完善企业职工基本养老保险制度的决定》，中华人民共和国中央人民政府官网（http://www.gov.cn/zwgk/2005-12/14/content_127311.htm），最后访问日期：2023 年 3 月 29 日。

其中：计发月数与企业职工平均预期寿命和职工本人所属退休年龄段相连，由国家公布每个退休年龄段的计发月数。根据目前的规定：50 岁退休者的计发月数为 195 个月，55 岁为 170 个月，60 岁为 139 个月。

从上述公式出发，中国养老保险制度的再分配因素具有如下特点。

第一，退休金中的再分配因素主要来自基础养老金部分，基础养老金的计算基数采用了社会平均工资与个人指数化缴费工资的平均数，养老金与当地社会平均工资挂钩，保障了退休者的一定购买力水平。同时，待遇计算公式体现了一定的收入关联性和再分配性，总体对低收入群体有利。

第二，基础养老金的再分配性主要体现为简单的算术平均待遇公式，与美国 OASDI 制度相比，缺乏对低收入群体的累进性再分配功能；同时，由于退休金与各省份社会平均工资水平挂钩，地区间收入水平的差异会带来流动人口养老金权益的不公平性问题。

第三，缺乏制度化的待遇正常调整机制。从国际上看，不管是 DB 型还是 DC 型的养老金待遇确定方式，其退休金待遇设计都采取了年度化的调整机制，将养老金与社会平均工资或生活成本指数挂钩，以保护退休者的消费购买力。而在目前中国养老保险制度的退休金政策框架下，每年的退休金待遇调整主要来自行政指令，尚未出台制度化的待遇调整机制。

第四，在个人账户养老金待遇上，职工养老保险制度中的个人账户与"智利模式"具有一定的相似性，采用了年金化的待遇支付方式。但不同的是，职工年金待遇根据政策规定确定，由于"账户基金"尚未实现市场化投资运作，尚不存在市场化的年金产品提供机制；同时，在计发月数的制定方法上，职工养老保险制度中的账户养老金确定方式也存在一定缺陷，即以城镇人口的平均预期寿命为计算依据，而不是以退休人员的预期余命为除数，这种做法不符合国际惯例,也难以覆盖退休者的长寿风险因素。

第五,从以上公式可以看出,职工养老保险制度退休金待遇的计算过程较为复杂。与美国和智利相比较,中国特色的"复合式"养老金待遇结构复杂,在既定缴费水平下,参保者很难对未来的退休金待遇水平做出准确预测。

总之,从退休金待遇设计上看,中国养老保险制度的混合型养老金待遇确定方式存在设计机制不透明、再分配效果弱化、缴费激励性差等问题,经过30多年的改革运行,养老金待遇给付政策正面临进一步改革的压力,调整退休金待遇计发公式、完善相关的配套政策是大势所趋。

(二) 企业职工养老金收入对基尼系数的影响

在此借鉴李实等的研究成果,对企业职工养老金收入对居民家庭基尼系数的影响加以说明。该研究方法通过对比初次分配收入和再分配收入的不平等程度,来衡量社会保障制度的收入再分配效果。初次分配的收入指的是市场收入,包括各生产要素所有者获得的包括工资收入、经营收入、利息收入、实物收入等在内的各项收入的总和。再分配收入是指在初次分配收入中扣除各项税费,再加上养老金收入后的可支配收入。该研究运用家庭收入调查数据(China Household Income Project Survey,以下简称CHIPS)2013年的家庭收入样本数据进行计算,通过比较初次收入和再分配收入二者之间基尼系数的差距,观察养老金制度是否降低了收入分配不平等程度,结果见表4-2。可以看出,现行的养老保险制度对城镇地区收入再分配的调节作用更为明显。在城镇,经过养老保险费和养老金待遇的调节后,居民的收入增长了约20%,反映收入差距的基尼系数下降了23%左右,远高于农村地区。在城镇60岁以上的老年人群体中,养老金占个人可支配收入的比例高达68%,说明养老保险制度对维持老年生活的重要性。

表4-2 养老保险制度对收入水平及差距的影响（2013年）

单位：元；%

	初次分配收入及差距		再分配收入及差距		基尼系数的下降幅度
	均值	基尼系数	均值	基尼系数	
全部样本	23428	0.5563	26480	0.5007	-9.99
农业户口	12743	0.5283	13048	0.5172	-2.10
城镇户口	31266	0.5229	37539	0.4054	-22.47
农民工	33811	0.4167	33604	0.4080	-2.09

资料来源：李实、朱梦冰《中国社会养老保险制度的收入再分配效应》，《中欧社会保障项目研究报告》，2017年。

第二节 浙江企业职工养老保险发展现状及面临的挑战

本部分回顾浙江省企业职工基本养老保险发展的历史，对养老保险制度政策变化、覆盖面结构和基金收支等情况进行考察，在此基础上，分析实现共同富裕发展目标面临的挑战。

一 企业职工养老保险制度的历史发展

在计划经济体制下，中国实行全民所有制下由单位承担养老费用的离退休制度。改革开放以后，为适应经济体制改革的要求，从1983年开始浙江就率先推行职工退休费用的社会统筹机制，探索建立独立于企业之外的社会养老保险制度。党的十二届三中全会提出"加快劳动制度的改革"，随后合同制工人的人数迅速增加。为保障合同制职工的合法权益，国务院于1986年颁布《国营企业实行劳动合同制暂行规定》，其中对劳动合同制工人的养老保险制度进行规范，开始进行由企业和劳动合同制工人双方缴纳的养老保险试点，为90年代养老保险制度的建立奠定了基础。1993年，党的第十四届三中全会通过了《中共中央关于建立社会主义市场经济体制若干问题的决定》，关于社会保障制度的发展目标，明确提出了"建立多层次的社会保障体系""城镇职工养老保险和医疗保险金由单位和个人共同负担，实行社会统筹和个人账户相结合"以及"建立统一的社会保障管理机构"等目标。1995年，国务院发布《关于深化企业职工养老保险制度改革的通知》，确定了"社会统筹与个人账户相结合"的实施方案。1997年，国务院颁布《关于建立统一的企业职工基本养老保险制度的决定》（以下简称《决定》），对养老保险制度进行了统一。《决定》明确了如下基本问题：统一规定个人账户的规模和资金来源；统一规定企业缴费的比例；统一规定养老金计发办法；扩大了城镇职工基本养老保险制度覆盖的范围；规定了基本养老保险基金的财政管理办法。《决定》的颁布施行，标志着中国统账结合的企业职工基本养老保险制度得到正式确立。1997年，浙江省出台《关于建立统一的企业职工养老保险制度的通知》（浙政〔1997〕15号），对建立本省的养老保险制度做出规定，其基本内容与国家1997年文件要求基本一致。但在缴费率政策上，该文件规定：企业按照全部职工缴费工资基数之和的一定比例缴纳基本养老保险费，缴费比例一般不得超过20%。缴费比例超过20%以上的，要通过3年左右的时间逐步降下来。① 20世纪90年代末，在经济体制转型影响下，浙江省部分国有企业经历了关、停、并、转等多项改革，部分企业因经营困难，基本养老保险欠费问题突出。同时，退休金制度并轨后，原来企业负担的退休金开始由社会保险统筹支付，支出规模上升，导致养老保险出现收支压力加大。从1997年到2000年期间，养老保险基金的支付能力从10.7个月下降到7.7个月。②

---

① 《关于建立统一的企业职工养老保险制度的通知》，浙江政务服务网（https://www.zj.gov.cn/zjservice/item/detail/lawtext.do? outLawId=c0ebd128-e5d3-4102-9fd0-07f9f73d034e&impleType=14），最后访问日期：2023年3月29日。
② 《浙江省养老保险制度改革研究报告》，《探索与创新——浙江省劳动保障理论研究论文选集（第四辑）》，2005年，第8—24页。

立足民营经济较为发达的省情，2001年浙江出台《职工基本养老保险低门槛准入低标准享受实施办法》，2002年浙江进一步出台《职工基本养老保险条例（2002年修正）》，制定了"低门槛准入、低标准享受"（以下简称"双低"）的养老保险政策，非国有和城镇集体企业按照"双低"办法参加职工基本养老保险。这一政策的出台对于有效吸引广大非公企业主动参保、扩大制度覆盖面起到了积极作用。[1] 2011年，为解决养老保障领域历史遗留问题，浙江出台了《关于解决未参保集体企业退休人员及其他相关人员基本养老保障等遗留问题的实施意见》，允许部分特殊群体通过一次性补缴基本养老保险费的方式成为职工基本养老人员。该文件实施后，全省一次性补缴基本养老保险费收入达到355亿元。同年，浙江又进一步打破户籍藩篱，允许本省劳动年龄段内的农村户籍灵活就业人员，参照城镇个体劳动者的办法参加企业职工基本养老保险。[2] 2014年，浙江率先在全国开展全民参保登记计划试点，通过对全省4900多万户籍人口的社保参保情况登记调查和动态管理，及时掌握适龄人口的参保动态，为实施养老保险精准扩面提供政策依据。[3] 在基金征缴方面，2005年浙江出台《浙江省社会保险费征缴办法》，明确基本养老保险费由地税部门实行属地化征收，是全国较早实行税务征收的省份之一。2006年，浙江省政府下发《关于推进社会保险费五费合征工作的意见》，明确实行社会保险"五费合征"体制。在经办管理方面，浙江实施"互联网+人社"计划，积极推进经办业务协同和信息共享，全面提升养老保险公共服务水平。2016年以来，启动了"最多跑一次"经办重审改革，推动养老保险业务网上办、掌上办和就

---

[1] 孙胜梅：《浙江企业职工养老保险的发展成就与理论逻辑》，《统计科学与实践》2020年第11期。
[2] 孙胜梅：《浙江企业职工基本养老保险：运行现状与完善对策》，《浙江经济》2016年第6期。
[3] 孙胜梅：《浙江企业职工养老保险的发展成就与理论逻辑》，《统计科学与实践》2020年第11期。

近办，方便参保企业和参保群众。① 在养老金待遇调整方面，与全国政策基本一致。2005 年以来，浙江对企业退休人员的养老金待遇进行了"18 连调"，2005—2015 年年均待遇增长幅度达到 10%；2015 年以来，待遇调整幅度有所下降，从 10% 逐步下降至 4%。在社保降费方面，2008 年国际金融危机期间，浙江将养老保险缴费费率从 12%—20% 下调至 12%—16%；2009 年，将以个体身份参保者的缴费费率从 20% 下调至 18%；2012 年，全省企业职工养老保险单位费率又统一调至 14%；② 2020 年以来，面对新冠疫情冲击和国际经济环境的恶化，浙江根据国务院统一部署，制定出台了一系列养老保险费的阶段性减免政策，减半征收大型企业疫情期间的单位养老保险费用，全额免征中小微企业疫情期间的单位养老保险费用，为保住市场主体、稳定就业形势、率先实现经济反弹发挥了重要作用。

二　养老保险体系的发展成就和面临挑战

（一）制度覆盖面不断扩展，仍存覆盖缺口

图 4-1 说明了自 2001 年以来浙江城镇职工养老保险覆盖面的变化情况。2001—2021 年，在职参保人数由 2001 年的 338 万人，增加到 2021 年的 2298 万人，年均增速达到 10.6%；离退休人员由 2001 年的 125 万人增加到 2021 年的 842 万人，年均增速达到 10.5%。在制度赡养率上，由 2001 年的 37% 上升到 2019 年的 39%，期间经历了先降后升的过程。其中的主要原因在于：2002 年前后浙江实行"双低"政策后，大批中小企业和失地农民进入养老保险制度，造成抚养比在随后几年内负担下降，但到 2011 年之后，离退休人数开始显著增加，造成赡养率持续上升。

---

① 孙胜梅：《浙江企业职工养老保险的发展成就与理论逻辑》，《统计科学与实践》2020 年第 11 期。
② 孙胜梅：《浙江企业职工养老保险的发展成就与理论逻辑》，《统计科学与实践》2020 年第 11 期。

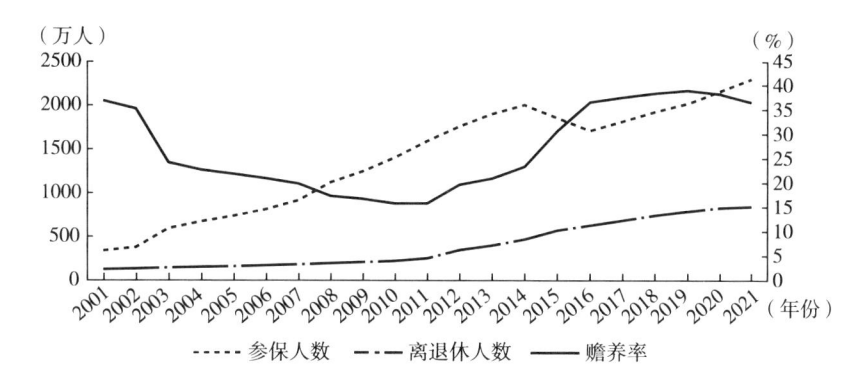

图 4-1 浙江企业职工养老保险制度历年参保覆盖面

资料来源：作者根据历年《浙江统计年鉴》和《浙江人力资源和社会保障统计公报》等资料绘制。

衡量一个地区养老保险覆盖率的重要指标是参保率，即在职职工参保人数/城镇就业人数。表4-3比较了全国31个省份2021年城镇职工养老保险（包括机关事业单位和企业）的覆盖面情况。浙江为87.57%，处于全国中上游，但相对于城镇就业总人口，养老保险仍有一定覆盖缺口。影响地方参保率的一个重要因素是外来流动人口，一般来说，外来流动人口比重较高的地区，参保率也会相对较高，浙江为41.44%，这是造就参保率较高的一个重要原因。

表 4-3　2021年全国各省份企业职工养老保险参保覆盖率

单位：万人；%

地区	城镇就业人数（万人）	在职参保人数（万人）	参保率（%）	流动人口占比（%）
北京	1013	1507.7	148.84	55.63
天津	534	527.2	98.73	38.33
河北	2133	1313.8	61.59	20.96
山西	1014	710.5	70.07	29.02
内蒙古	790	503.1	63.68	40.53
辽宁	1483	1227.6	82.78	31.16
吉林	718	526.6	73.34	37.69

续表

地区	城镇就业人数（万人）	在职参保人数（万人）	参保率（%）	流动人口占比（%）
黑龙江	892	811.8	91.01	28.28
上海	1195	1126.0	94.23	56.77
江苏	3515	2607.5	74.18	32.47
浙江	2804	2455.6	87.57	41.44
安徽	1816	1003.2	55.24	28.86
福建	1503	1110.3	73.87	35.79
江西	1317	875.5	66.48	23.61
山东	3386	2437.7	71.99	23.58
河南	2627	1841.2	70.09	17.69
湖北	1919	1217.5	63.44	30.40
湖南	1897	1327.7	69.99	23.89
广东	5473	4327.1	79.06	40.99
广西	1359	704.2	51.82	21.65
海南	324	252.9	78.06	26.83
重庆	1108	911.5	82.27	37.01
四川	2522	2201.5	87.29	28.97
贵州	995	591.0	59.40	24.28
云南	1309	550.5	42.06	22.76
西藏	76	48.6	63.95	18.36
陕西	1253	946.8	75.56	26.03
甘肃	626	334.0	53.35	21.69
青海	173	119.0	68.79	28.14
宁夏	225	181.7	80.76	38.69
新疆	774	561.6	72.56	26.46

资料来源：作者根据历年《中国统计年鉴》和《全国人力资源和社会保障统计公报》等资料整理。

（二）基金收支规模不断扩大，财务压力显现

图 4-2 说明了自 2001 年以来浙江省城镇职工养老保险基金收支

情况的变化。在过去 20 多年间，基金收支规模不断扩大，基金年均收支增速分别达到了 18% 和 20%，2019 年之前基金可支付月数（累计结余/当年支出×12）保持在 10 个月以上。但是在 2011 年制度赡养率上升之后，基金支出速度明显高于基金收入，到 2017 年之后基金支出已高于当年征缴收入，出现当期缺口；2019 年之后基金支出又高于全部基金收入（包含财政补助之后的基金收入额）。特别是在 2020 年新冠疫情期间，基金收入大幅下滑；到 2021 年，当年基金收支缺口为 416 亿元，累计结余为 1908 亿元，可支付月数下降至 7.3 个月。近年来基金备付能力呈明显加速下滑趋势，对养老保险财务可持续带来挑战。

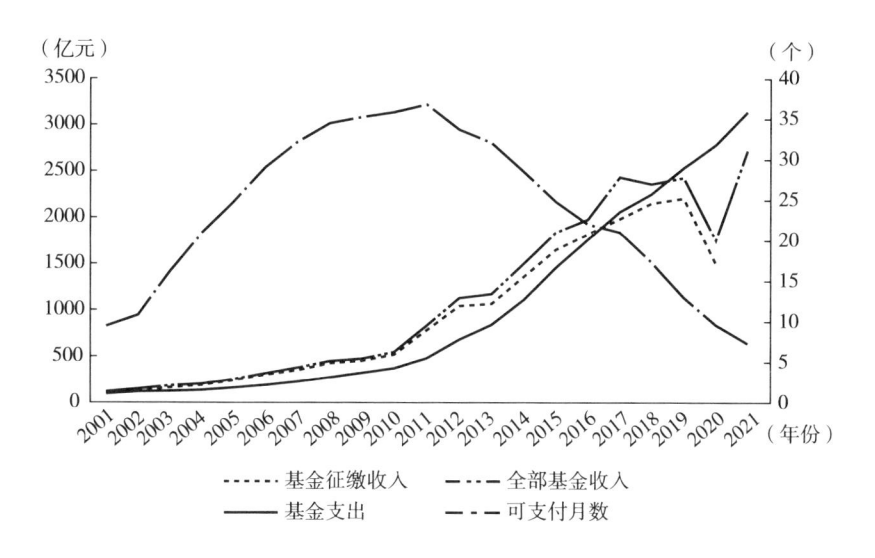

图 4-2 浙江省城镇职工养老保险制度历年基金收支情况

资料来源：作者根据历年《中国统计年鉴》和《全国人力资源和社会保障统计公报》等资料整理。

分析起来，造成浙江养老保险制度支付压力的原因有以下几个方面：一是历史上浙江曾实行"双低"政策和一次性补缴政策，大量失地农民和灵活就业群体（包括农村户籍人口）进入养老保险制度。虽然这种做法在制度初期能够带来一定的人口扩面"红利"，但从长期看并不利于财务可持续性。由于这部分人群缴费水平较低、缴费时限短,所以带来较大的支付负债,随着近年来这部分人群逐渐进入退休期,基金支付规模开始增大。以 2021 年为例,在 842 万企业养老保险离退休职工中,以个体身份参保的退休职工为 475 万人,占到 56.4%,远高于全国其他地区。① 21 世纪初大量"双低"参保人群的加入,在近几年已进入退休期,造成制度赡养负担上升。二是在民营经济和中小企业较为发达的情况下,历史上浙江实行较低的名义社保费率,同时实际征收水平也不高。图 4-3 计算出了 2019 年全国 31 个省份企业职工养老保险费的实际征收率情况。在此,将养老保险费征收率(Y)定义为实际征收额相对于应收额的比重。$Y=$(企业职工基本养老保险实际征缴收入/养老保险应征收入)×100%;其中,企业职工基本养老保险应征收入 = 城镇在岗职工社会平均工资水平×企业职工基本养老保险在职参保人数×缴费率。② 从分布情况看,各省在养老保险征收率上的差距是非常大的,最低的福建仅为 38.7%,最高的西藏达到了 82.6%。浙江的实际征收率水平仅为 50.1%。

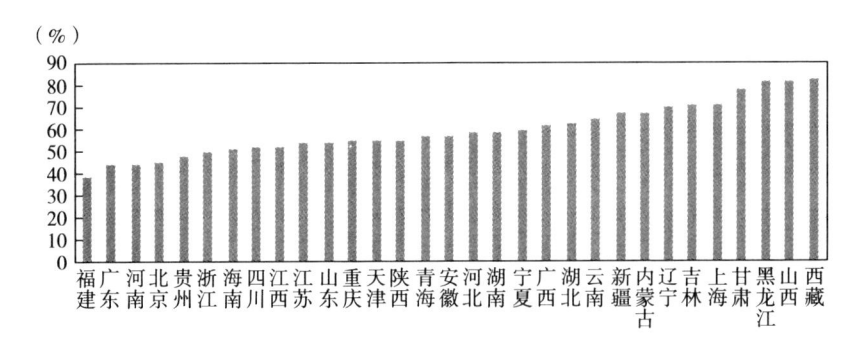

图 4-3 2019 年各省份企业职工养老保险实际征收率

注:实际征缴率(%)= 实际征收收入/相对于全额征收。

资料来源:郑秉文《中国养老金精算报告 2019—2050》,中国劳动社会保障出版社 2019 年版。

---

① 作者根据统计浙江省人力资源和社会保障统计资料计算。
② 以个体身份参保者的费率为 20%,而这部分群体约占参保人员的 1/4,因此经加权处理后的政策费率约为 28%×0.75+20%×0.25 = 26%。

（三）养老金待遇水平不断提高，但替代率水平呈下降趋势

2001—2021年，浙江省企业职工养老保险待遇水平不断提升，特别是自2005年以来已经历了"18连调"。在相对水平上，以当年度城镇非私营单位工资平均水平进行比较，养老金替代率水平呈不断下降趋势，由2005年的38%下降至2021的30%左右。

分析起来，这与浙江养老保险制度的参保结构有较大关系。一是民营企业占比较高，退休者缴费水平相对较低；二是以个体身份退休的人员占比较高，由于这部分人员缴费周期较短，养老金待遇水平相对较低。

（四）参保结构有待优化，群体间保障水平有一定差距

从制度覆盖上看，浙江已基本实现法定人员的"应保尽保"，但在社会保障网密实度提升方面还有较大空间。一是私企参保率不足。浙江民营经济发达，中小企业就业规模大。以2019年为例，中小企业和个体就业人员占到就业总量的74%。[1] 相应地，在参保结构上，民企参保占比也较高，2021年在企业职工养老保险的全部在职参保人群中，除国有、集体和外资以外的其他各类企业参保占比为67.4%，高于全国平均水平；以个体身份参保者占比为26.6%，与全国平均水平接近。[2] 但是，就参保覆盖率而言，私营企业参保率统计并不高。二是参加社会保险还有漏出现象，存在重复参保、断保和断缴等现象。中小微企业用工人员、农业转移人口等群体参保率均远低于城镇居民参保水平。三是浙江互联网产业发达，但平台经济下的新业态就业人员参保水平较低，社保权益保护意识较薄弱。

浙江是全国城乡区域发展和收入差距较小的省份，但在社会保障领域，城乡间、区域间、群体间还存在一定差距。一是在城乡差距方面，养老金绝对额差距有扩大趋势。二是在区域差距方面，浙江

---

[1] 《2020年浙江省统计年鉴》，浙江省统计局官网（http://tjj.zj.gov.cn/col/col1525563/index.html），最后访问日期：2023年3月29日。

[2] 资料来源：2022年8月调研资料。

属于区域内发展差距较小的省份,但山区26县、海岛等地区社会保障发展还存在一定的短板。尤其是财政相对困难的市、县,受劳动力外流等因素影响,社会保险缴费人数下降,社会保险基金运行压力增大。三是在群体间差距方面,企业与机关事业单位、民营企业与国有企业、正规部门与非正规部门之间,在覆盖面和待遇保障水平上仍存有一定的差距。四是在多层次养老保障方面,浙江省第二支柱年金和第三支柱个人养老保险发展不足,与浙江省的经济发展状况不相匹配,难以满足人民群众多元化的风险保障需求。从表4-4中可看出,浙江与东部四个其他发达省份相比,在企业年金参保人数和资产积累规模方面都有差距,这与该地区民营经济企业年金制度参与率较低的原因联系在一起。

表4-4 东部四省份企业年金发展规模比较(2021年)

	全国	浙江	山东	江苏	广东
参保企业户数(个)	117529	4507	3614	4694	5116
参保人数(万人)	2875.2	57.7	94	69.3	85.9
基金资产规模(亿元)	26406.4	546.2	621.2	698.7	685.8

资料来源:《全国企业年金基金业务数据摘要2021年度》,http://www.mohrss.gov.cn/shbxjjjds/SHBXJDSzhengcewenjian/202203/t20220311_437974.html,最后访问日期:2023年3月29日。

第三节 未来10年浙江企业职工养老保险运行精算分析

本部分基于中国社会科学院世界社保研究中心的养老金精算数据库,对2024—2033年浙江企业职工养老保险的基金收支和待遇情况进行精算分析。

一 参保结构预测

图 4-4 说明了未来 10 年浙江企业职工养老保险的赡养率（退休人口/参保缴费人口）变化情况。在预测期间，赡养负担将有大幅提升，由 2024 年的 42% 上升到 2033 年的 62%，届时将出现 1.5 个缴费者抚养 1 个退休者的情况。上述情况说明按照目前发展趋势，制度内人口结构不容乐观。

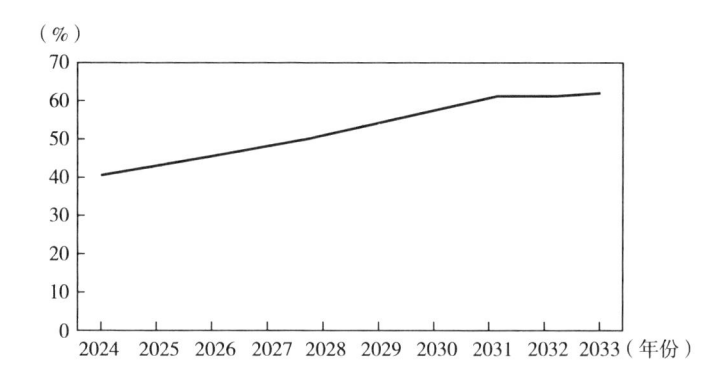

图 4-4 2024—2033 年养老保险赡养率预测（退休人口/参保缴费人口）

资料来源：作者绘制。

二 基金收支形势预测

图 4-5 说明了未来 10 年浙江企业职工养老保险的基金收支和当期结余的变化情况。在预测期间，养老保险基金收入和支出都保持稳步增长。其中，基金收入增速由预测期初的 9.9% 下降至预测期末的 6.6% 左右；而基金支出增速一直大体保持在 8% 左右。因此，基金当期结余亏损将逐步加大，赤字将由 2024 年的 280 亿元增加到 2033 年的 560 亿元。上述情况说明，按照目前趋势，浙江养老保险在未来将持续呈现当期"收不抵支"，并呈轻微加重趋势。

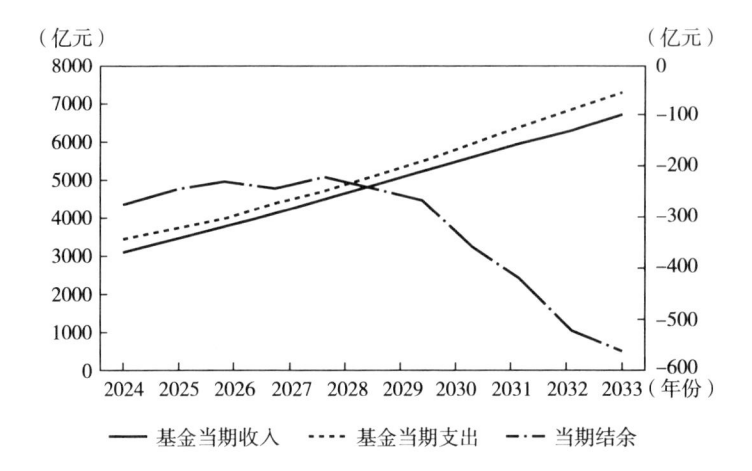

图 4-5 2024—2033 年养老保险基金收支预测

资料来源：作者绘制。

三 养老金待遇水平预测

图 4-6 说明了未来 10 年浙江企业职工养老保险待遇水平的变化情况。在预测期间，养老保险待遇平均增速为 3.37% 左右，养老金

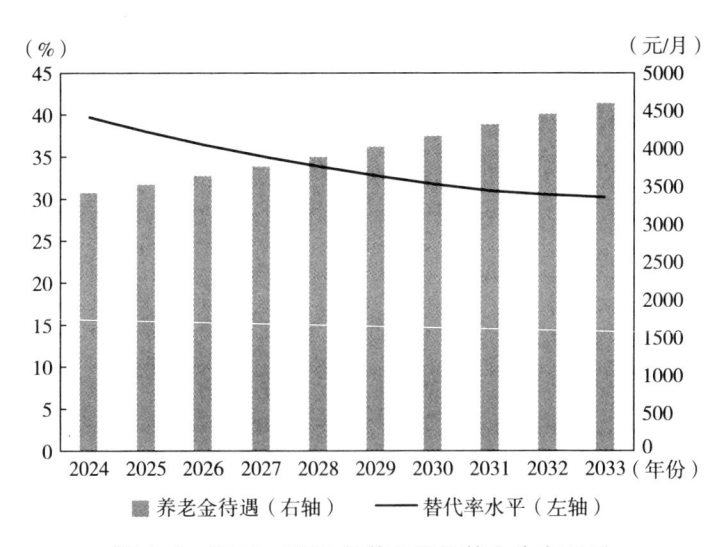

图 4-6 2024—2033 年养老保险基金收支预测

资料来源：作者绘制。

总体替代率水平（相对于城镇单位在岗职工平均工资）将呈下降趋势，[①] 由 2024 年的 39.7%下降到 2033 年的 30.2%，下降 9.5 个百分点。上述情况说明，如果按照目前发展态势，浙江养老保险待遇在未来 10 年内增速明显低于社会平均工资，老年人收入相对年轻人收入水平相对下降。

第四节 完善浙江企业职工养老保险体系的战略措施

进入新时代，以习近平同志为核心的党中央根据形势发展变化，对现代化建设提出两阶段目标。第一个阶段，在 2020 年全面建成小康社会的基础上，再奋斗 15 年到 2035 年，基本实现社会主义现代化，人民生活更为宽裕，中等收入群体比例明显提高，城乡区域发展差距和居民生活水平差距显著缩小，基本公共服务均等化基本实现，全体人民共同富裕迈出坚实步伐；第二个阶段，在基本实现现代化的基础上，再奋斗 15 年到 2050 年，建成富强民主文明和谐美丽的社会主义现代化强国，全体人民共同富裕基本实现，我国人民将享有更加幸福安康的生活。党的二十大报告进一步明确了中国式现代化发展道路，指出中国式现代化是全体人民共同富裕的现代化，并对健全社会保障体系提出更高要求。2021 年 6 月，《中共中央 国务院关于支持浙江高质量发展建设共同富裕示范区的意见》印发，指出随着我国开启全面建设社会主义现代化国家新征程，必须把促进全体人民共同富裕摆在更加重要的位置，向着这个目标更加积极有为地进行努力，让人民群众真真切切感受到共同富裕看得见、摸得着、真实可感。该意见对浙江省建设共同富裕示范区设定了两个

---

① 自 2019 年开始，职工养老保险缴费基数开始实行全口径工资政策，即城镇非私营单位和私营单位的加权平均工资，而在此之前缴费基数制定的依据为城镇单位在岗职工平均工资。在养老金计发方面，全国各地新退休人员的养老金待遇计发基数也陆续开始采用全口径工资基数。因此，2019 年后计算养老金替代率时，采用全口径工资指标。

阶段的发展目标：一是 2025 年推动高质量发展建设共同富裕示范区取得明显实质性进展；二是到 2035 年高质量发展取得更大成就，基本实现共同富裕。2021 年 7 月，浙江省发布《高质量发展建设共同富裕示范区实施方案（2021—2025 年）》。以下就新形势下浙江省实现共同富裕目标，职工养老保险体系的发展目标定位和应采取的改革措施进行分析。

一 实现共同富裕养老保险体系的建设目标

社会保障制度是现代化目标的应有之义，是现代化社会治理体系的重要组成部分，也是防范养老风险、保障老年人群共同富裕的基本制度安排。展望中长期，在浙江现代化建设中养老保险体系建设应实现以下发展目标。

（一）全体覆盖，保障老年基本生活水平

经过几十年的发展，浙江养老保障制度框架已经基本健全，建立了包括基本社会养老保险、企业年金和个人养老保险三个层次的保障体系，各类社会群体都已纳入覆盖，接近实现制度全覆盖的目标。"十四五"乃至中长期，养老保险制度将向全民覆盖的目标迈进，继续实施全民参保计划，建立人人享有、覆盖全生命周期的保障体系。国际经验表明，社会福利水平是一个国家经济实力和文明进步的重要体现。随着经济持续发展，浙江将在全国率先迈入高收入发展阶段，人民群众对高质量和全覆盖社保体系的需求越来越强烈。与民营经济发达的状况相适应，下一步浙江省职工养老保险体系扩大覆盖面的重点在于扩大民营企业和灵活就业群体。从更长远目标看，到 2035 年浙江将在全国率先实现现代化发展目标，届时养老保险应实现人群全覆盖、高质量覆盖。从图 4-4 的分析中可以看出，当期浙江职工养老保险替代率水平并不高，并呈下降趋势。从国际上看，基本养老保险待遇一般保持在 40% 以上的替代率水平，中国城镇职工养老保险制度的初设目标为 58% 左右。这就要求在下一步的改革

中，浙江养老保险体系应重点突出待遇水平的保障目标，通过提高覆盖质量，实现多缴多得、长缴多得，促进待遇水平提高。如上所述，针对浙江省企业职工养老保险的参保结构特点，尤其应提高中小企业就业者、农民工、外来流动人口以及新业态下灵活就业人员等群体的覆盖面和缴费水平，提升其养老金待遇水平，并保障制度财务的可持续发展。

（二）建设共富型大社保体系，发挥再分配调节作用

社会保障制度作为二次分配工具，在保障底线公平和调节收入分配方面起着不可替代的作用。党的十八大以来，社会保障制度按照兜底线、织密网、建机制的基本要求，在全面打赢脱贫攻坚战方面发挥了重要作用。随着全面建成小康社会目标的实现，促进全体人民共同富裕成为新发展阶段的基本任务。为此，浙江率先提出了建设"共富型大社保体系"的目标，社保制度将在促进人的全面发展、强化互助共济和缩小三大差距（城乡、区域、收入差距）方面发挥调节功能。城镇职工养老保险为收入关联型保障制度，受收入水平、就业状况和缴费历史等因素的影响，不同个体待遇水平存有差距。在未来发展中，首先应大力实施就业优先战略，保障高质量就业，提高职工收入水平，并缩小初次分配收入差距，为提升养老保险待遇水平的均衡性提供条件。另外，应通过对低收入群体的缴费补贴等措施，进一步加强养老保险体系的再分配功能。针对城乡、地区之间的差距问题，一是应尽快补齐农村地区社会保障项目缺失、水平不高的短板，大幅提高城乡居民养老保障待遇水平；二是提升社会保险统筹层次，制定科学合理的财政转移支付机制，均衡区域间社保费负和养老金保障水平。

（三）实现养老保障与经济社会各个系统的协同发展、良性互动

习近平总书记指出："我国社会保障制度改革已进入系统集成、协同高效的阶段。要准确把握社会保障各个方面之间、社会保障领域和其他相关领域之间改革的联系，提高统筹谋划和协调推进能力，

确保各项改革形成整体合力。"① 进入新时代，中国经济社会发展面临的国际、国内环境发生了重大变化。经济结构转型、人口老龄化加快、新型城镇化推进等基本形势的变化，相应地对养老保障制度的改革提出新的要求。"十三五"以来，在供给侧改革大背景下，浙江适时推出减税降费政策和扶助措施，发挥社保制度在降低企业负担、促就业等方面的调节作用，社保改革与宏观调控政策密切联动。同时，为应对出生率下降、人口老龄化和新就业形态的出现等方面的挑战，养老保险政策也在诸多方面做出了改革。从长期看，养老保险制度的可持续发展与经济增长、生育和就业等政策等因素密切联系在一起，只有实现高质量的经济增长、人口结构优化和高质量就业，才能促进养老保险制度的可持续发展。展望未来，养老保障制度将在增进公平性、适应流动性和运行规范性等方面，不断做出动态调整，实现与经济社会各项改革的良性互动发展。

（四）适应社会结构变化，提升养老保险体系发展质量

随着经济发展和生活水平的提高，社会阶层结构不断变化，中产阶层群体规模不断扩大。"十四五"时期，社会发展将进入后小康社会阶段，消费结构将进一步优化升级，社会保障尤其是养老保险在人民生活中的地位日益提高，成为国家治理体系的重要组成部分。根据《中共中央　国务院关于支持浙江高质量发展建设共同富裕示范区的意见》要求，到2025年，浙江城乡区域发展差距、城乡居民收入和生活水平差距持续缩小，低收入群体增收能力和社会福利水平明显提升，以中等收入群体为主体的橄榄型社会结构基本形成。面对社会结构的转型，养老保险体系建设需要做出适应性调整：一是建立稳健的运行机制和财务保障机制，为经济社会发展构建安全网。二是社保体系需要适应统筹城乡、就业一体化和人口流动等方面的要求，在保障公平性和增强流动性方面做出调整，加强不同层

---

① 习近平：《促进我国社会保障事业高质量发展、可持续发展》，《求是》2022年第8期。

次社保制度之间的衔接,在区域间的转移接续方面实现更加方便快捷。三是加强统一经办服务体系的建设,以实现全国统筹和制度统一为前提,以信息化网络平台建设为抓手,建设全国统一的经办服务体系,满足参保人多样化、个性化和及时化的社保服务需求。

二 主要改革举措

从目前到 2035 年,浙江完善养老保险体系可分为两个阶段。关于"十四五"时期的目标,《浙江高质量发展建设共同富裕示范区实施方案(2021—2025 年)》提出:"推进社保制度精准化结构性改革。制定完善适应新型就业形态的参保缴费政策,促进灵活就业人员、新业态从业人员参加社会保险。健全多层次、多支柱、可持续的养老保险体系,开展专属商业养老保险试点,促进养老保险基金长期平衡。规范执行全国统一的社保费率标准。"① 关于 2035 年发展目标,《中共中央 国务院关于支持浙江高质量发展建设共同富裕示范区的意见》提出:"织密扎牢社会保障网。完善社会保障制度,加快实现法定人员全覆盖,建立统一的社保公共服务平台,实现社保事项便捷'一网通办'。健全多层次、多支柱养老保险体系,大力发展企业年金、职业年金、个人储蓄型养老保险和商业养老保险。"② 这两个阶段承上启下,前后衔接,需要做出合理的设计规划,制定切实可行的改革保障措施。

(一)以私营部门和灵活就业群体为扩面重点,实现法定人员全覆盖

2021 年浙江养老保险制度已覆盖至城镇就业人口的 84%,走在全国前列。"十四五"时期应以推进"全民参保计划"为抓手,重点

---

① 《浙江高质量发展建设共同富裕示范区实施方案(2021—2025 年)》,浙江省人民政府官网(https://www.zj.gov.cn/art/2021/7/19/art_1552628_59122844.html),最后访问日期:2023 年 3 月 29 日。
② 《中共中央 国务院关于支持浙江高质量发展建设共同富裕示范区的意见》,中华人民共和国中央人民政府官网(http://www.gov.cn/zhengce/2021-06/10/content_5616833.htm),最后访问日期:2023 年 3 月 29 日。

瞄准私营单位和灵活就业者，推进社保覆盖面扩展。一方面应从社保制度改革着手，降低缴费负担和参保门槛，放开参保户籍限制，为中小微企业和个体经营者参保创造便利条件；另一方面，也要加强社保参保的法制化建设，规范企业参保缴费行为，做到"应保尽保"。为此，在建立适应中小企业和灵活就业群体的参保计划方面，浙江可以先行先试。例如，随着城市化率的提高，浙江可探索建立全省一体化的职工养老保险体系。

（二）提高参保群体的缴费水平，促进高质量覆盖

虽然目前浙江养老保险制度已实现广覆盖目标，但仍存在着参保质量不高的突出问题，主要表现在参保年限短、缴费中断、缴费水平不足以及费基不实等方面。尤其是对于大规模的私营就业部门和个体就业人员来讲，社保覆盖率和缴费水平较国有、集体单位明显要低一些，其中有相当一部分群体缴费水平仅处于社保最低门槛的位置。社保缴费水平低，一方面给社保基金的可持续性带来影响，另一方面长期下去势必会影响到老年退休者的养老金待遇水平。因此，下一步浙江养老保险制度改革的一个重要方向是，在实现人群全覆盖的目标基础上，提高覆盖质量。在这方面主要的建议有：一是强化就业优先政策，坚持经济发展就业导向，扩大就业容量，提升就业质量，促进充分就业。通过实施充分就业战略，保障社保参与率。二是实施全民收入倍增计划，提高城乡居民收入水平，提升缴费能力。三是深入推进社保征收体制改革，促进征缴法治化，实现应收尽收。四是加大政策宣传和社会引导，弘扬"长缴多得、多缴多得"的储蓄文化，强化劳动者参保和养老规划意识，提高全社会养老财富储备水平。

（三）深化体制机制改革，优化养老保险制度结构

中国养老保险制度已基本定型，但在制度运行参数和管理体制等方面还有诸多需完善的地方，浙江可以在建立多层次、可持续养老保障体系上先行先试，在全国做出表率。为此，需要大力发展企业

年金、职业年金、个人储蓄型养老保险和商业养老保险，弥补第二、第三支柱的短板。在此方面，浙江既有优势，也有劣势，应扬长避短，在鼓励发展第二、第三支柱养老金制度上有所创新。例如，为提升第二支柱企业年金的参与率，除了加大税收优惠外，还要在引入自动加入机制、实行个人投资权、放开机构准入和投资渠道等方面给予民营企业大力支持；针对第三支柱税优型个人养老金制度，需要大幅提高税优比例和试点范围，简化管理流程，利用互联金融科技，使之走向大众普惠。

（四）提高社会保障统筹层次，建立一体化的社保体系

实现养老保险全国统筹，是均衡社保费负、促进地区均衡发展的重要手段。目前，养老保险全国统筹制度已正式实施，未来将进一步走向全国统收统支制度。在此过程中，浙江省需在统一养老保险政策执行、基金收支管理、基金预算管理、责任分担机制、信息系统、经办管理服务和激励约束机制等方面进一步完善相关政策，尽快与全国并轨。一是在央地社保事权划分框架下，合理确定地方社保责任，建立地方财政的投入长效机制。二是加强社保信息平台建设，做到数据集中化管理，建立全国互联互通的社保信息数据库。三是在基金收支管理方面，建立绩效考核体系，引入奖惩办法，加强地区层面的约束管理。

（五）深化财务机制改革，促进可持续发展

如上所述，由于种种历史原因，浙江养老保险体系面临财务可持续性挑战。养老保险制度的长期收支平衡取决于养老金参数的合理设计。一是在收入端，在扩大覆盖面的同时，进一步做实缴费基数，适当延长缴费年限，提升制度收入能力。二是在支出端，尽快推出延迟退休政策，建立养老金待遇指数化调整机制。三是在基金运营方面，应加大委托投资运营力度，建立企业职工基本养老保险基金委托投资运营常态化机制，并加快划转国资充实社保基金等途径，提高基金盈利水平。四是建立健全养老保险精算和预算管理制度。

党的十八届三中全会首次提出养老保险"坚持精算平衡原则";2020年国务院出台的《关于新时代加快完善社会主义市场经济体制的意见》,进一步强调"促进基本养老保险基金长期平衡"。目前,浙江已建立相应的养老金精算制度,并出台了相应的社保基金预算办法。在向全国统筹转型的过程中,有必要加强精算报告制度建设,在全面掌握地方客观数据(包括人口、就业、工资等指标)的基础上,科学制定每年的基金收支计划。在此基础上,加强数据标准化和精算能力建设,通过基金预算体系,强化社保收支硬约束。

(六) 强化经办服务能力建设,建设统一社保公共服务平台

社保经办和管理服务体系是民生保障中的重要社会基础设施,全国统管、信息互联、方便快捷、全民共享是未来的发展方向。一是应树立"全国一盘棋"的思想,将各层次养老保障制度纳入统一的治理框架。在基本养老保险制度上,应加快向统筹机制靠拢,实现省内、省外便利化的转移接续。二是在第二、第三支柱计划的管理上,应实现整合监管,消除部门和行业之间的分隔,建立全国统一的投资运营管理平台,为企业和参保者个人提供一站式的社保金融服务。三是建设统一的社保公共服务平台,实现社保事项便捷"一网通办"。浙江IT产业发达,应率先建立社保公共服务平台和实现"一网通办"。四是实现基层公共服务平台的网格化管理。应充分发挥政府、社会各方力量,整合和利用基层服务组织和社会服务机构的网络和服务资源,在全国所有街道、乡镇建立劳动就业和社会保障服务平台,争取在所有社区、行政村设立劳动就业和社会保障服务站;在行政村普遍实行社会保障协管员制度。完善以城市(含县、区)为核心,以街道(乡镇)、社区(行政村)等基层服务网点为基础的经办管理服务网络。五是优化经办模式和服务手段,提升信息化建设和应用水平。大力推行"网上社保"业务经办,拓展公共服务渠道,探索开展外包服务。以标准统一、流程规范为保障,实现社会保障"一卡通"。以数据集中和有效应用为核心,促进数据共享

与业务协同，实施精确管理，建设统一的社会保险信息系统，加快推进社会保险数据省级集中管理。六是在社会保险领域全面应用大数据、云计算等新技术，强化经办管理现代化。探索开展基于大数据的业务监督、信息分析及决策支持应用。健全业务监管模式，完善基金监督系统，探索建立信息化业务监管模式，逐步扩大业务应用范围，提升决策支持能力。

第五章　浙江城乡居民养老保险与共同富裕

习近平总书记在党的二十大报告中深刻阐述了中国式现代化的五个方面的特色,第一个方面就是"人口规模巨大的现代化"。习近平总书记指出:"我国现代化是人口规模巨大的现代化。我国十四亿人口要整体迈入现代化社会,其规模超过现有发达国家的总和,将彻底改写现代化的世界版图,在人类历史上是一件有深远影响的大事。"[1]

人口规模巨大是中国的基本国情。2023年全国"两会"上发布的政府工作报告指出,过去五年基本养老保险参保人数增加了1.4亿人、覆盖10.5亿人,其中城乡居民基本养老保险参保人数高达5.5亿人。[2] 为实现共同富裕的奋斗目标,要充分发挥城乡居民基本养老保险在国民收入再分配方面的重要作用,全面深化社会保障制度改革,不断健全和完善城乡居民基本养老保险制度。

2022年11月,人社部召开全国城乡居民养老保险工作推进会,会议认为,党的十八大以来,各地坚决贯彻落实党中央、国务院关于城乡居民养老保险工作决策部署,实现制度从无到有,推进从有到好,为推动城乡基本公共服务均等化和实现共同富裕创造了有利条件。会议强调,要全面准确把握党的二十大确定的新时代社会保

---

[1] 《人口规模巨大的现代化》,中华人民共和国国务院新闻办公室官网(http://www.scio.gov.cn/m/37259/Document/1733710/1733710.htm),最后访问日期:2023年3月29日。
[2] 《政府工作报告》,中华人民共和国中央人民政府官网(http://www.gov.cn/premier/202303/14/content_5746704.htm),最后访问日期:2023年3月29日。

障工作新任务新要求，找准城乡居民养老保险制度发展的历史方位，以扎实推动共同富裕为基本导向，准确把握系统集成、协同高效新阶段新特点，持续扩大参保覆盖范围，提高筹资和保障水平，巩固拓展社保扶贫成果，强化基金安全管理，提升经办管理服务能力。

各地城乡居民的基础养老金和总体养老金水平的提升，对于改善城乡居民生活水平、缩小社会收入差距具有十分重要的现实意义。不过，我们仍需重视城乡居民养老保险体系发展的短板与障碍问题，这不仅关系到每位城乡居民的切身利益，也将在一定程度上影响实现共同富裕的总体进程。实现共同富裕是新时代的重大主题，对城乡居民养老保险改革发展提出了新要求。城乡居民养老保险作为促进经济社会发展，实现广大人民群众共享改革发展成果的重要制度安排，是推进共同富裕目标的重要抓手之一。因此，要立足社会主要矛盾变化，实现城乡居民养老保险与共同富裕同向同行。

第一节 共同富裕与城乡居民养老保险发展的理论分析

一 共同富裕对养老保障体系建设的新要求

作为促进经济社会发展的重要制度安排，社会保障制度能够通过消除社会风险、提供社会福利，增加教育、培训、保健等人力资本积累，把"蛋糕"做大做好。[1] 同时，作为实现广大人民共享改革发展成果的重要制度安排，社会保障通过强化互助共济功能，加大再分配力度，不断推动幼有所育、学有所教、劳有所得、病有所医、老有所养、住有所居、弱有所扶取得新进展，把"蛋糕"切好分好。[2] 在扎实推动共同富裕的历史阶段，要高度重视社会保障对促进

---

[1] 焦长权、董磊明：《迈向共同富裕之路：社会建设与民生支出的崛起》，《中国社会科学》2022 年第 6 期。

[2] 何文炯：《建设适应共同富裕的社会保障制度》，《社会保障评论》2022 年第 1 期。

共同富裕的重要作用，完善覆盖全民、统筹城乡、公平统一、可持续的多层次社会保障体系，进一步织密社会保障安全网，促进中国社会保障事业高质量发展、可持续发展。

养老保障制度作为保障和改善民生、维护社会公平、增进人民福祉、保障社会成员社会保障权益的基本制度，是促进经济社会发展、实现广大人民群众共享改革发展成果的重要制度安排，是推进全体人民共同富裕的重要力量。基于共同富裕的本质要求与养老保障制度的基本功能，养老保障可以通过普惠性的社会政策，增加全体社会成员的基本收入；通过财政转移支付、慈善事业，合理调节不同人群的财政性转移收入、社会性转移收入和代际性转移收入；[1] 通过社会风险化解机制、社会保障制度的系统社会支持和科技支持下的社会保障管理效能提升，赋能全体社会成员，不断提高劳动者的致富能力，实现养老保障促进共同富裕的基本功能。

首先，共同富裕对养老保险体系高质量发展提出了新要求，即建设包容性的社会保障制度，为全体社会成员公平享有社会保障和收入增加创设制度条件。建设包容性的社会保障制度，一是通过建立全国统一的社会保障政策体系和全国统一的社会保障信息服务平台，实现对全体人民参与社会保障制度、享受社会保障待遇、维护社会保障权益的国民待遇包容和基本权益包容。[2] 二是通过社会保障项目的针对性设计，准确瞄准社会保障的目标人群和目标风险，实现对全体人民参与社会保障制度、享受社会保障待遇、维护社会保障权益的目标人群包容和目标风险包容。三是通过统一、规范和标准化的社会保障管理体系和系统集成、协同高效的社会保障管理机制，实现对全体人民参与社会保障制度、享受社会保障待遇、维护社会

---

[1] 赵子乐、黄少安：《二元社会养老保障体系下的转移支付》，《金融研究》2013年第2期。

[2] 房连泉：《国际社保公共服务平台的发展经验及启示》，《中国社会保障》2022年第7期。

保障权益的服务方式包容和管理效能包容。①

其次,为推动实现全体人民的共同富裕,中国养老保障制度还需要不断创新发展,推动中国式福利国家的建设。经过40多年的发展,中国养老保障制度建设取得了辉煌的成就,保障项目不断丰富、体系不断完善,建立了世界上最大的社会保障体系,在养老保障的制度理念和制度运行方面创造了鲜明的中国特色。② 面对全体人民共同富裕的需要,我们的养老保障体系还存在着一些明显的不足,如城乡统筹不够深化,制度的公平性和统一性不足,保障还不是很可靠很充分,安全网还不厚实,再分配力度还不够大,互助共济功能还不够强,等等。③ 从养老保障与共同富裕之间的关系来看,与共同富裕密切相关的养老保障体系建设主要目标包括以下几个方面:一是健全和完善养老保障制度体系;二是促进养老保障制度全覆盖;三是促进养老保障制度的统一;四是提高养老保险基金统筹层次;五是构建多层次养老保障体系;六是增强养老保障制度的公平性;七是逐步提高养老保障水平。

最后,养老保障高质量发展,必然要求建设共享性的养老保障制度,为全体社会成员收入分配的合理调节创设制度环境。通过社会保障政策和社会保障服务、项目和基金共享,最终实现养老保障权益共享,满足全体国民的多层次养老保障需求,为全体社会成员充分享有养老保障和低收入群体收入显著增加创设制度条件。建设共享性的养老保障制度,一方面,应通过公共服务均等化,为全体社会成员共享社会保障服务创造社会条件;另一方面,应完善面向全体人群的普惠性福利政策和面向特殊人群、重点人群的专项福利政

---

① 郑秉文:《"国家社会保险公共服务平台"上线运行:从哪里来,到哪里去——兼论来自英国的启示》,《全球化》2019年第10期。
② 郑秉文:《中国社会保障40年:经验总结与改革取向》,《中国人口科学》2018年第4期。
③ 郑功成:《共同富裕与社会保障的逻辑关系及福利中国建设实践》,《社会保障评论》2022年第1期。

策，使全体社会成员共享发展成果，不断促进共同富裕。通过科学、合理、精准的社会保障项目，瞄准社会保障的目标群体，为全体社会成员共享养老保障事业创造物质基础。对于低收入群体，通过主动发现机制、收入动态监测机制和精准识别机制，寻求低收入群体收入提高的空间与路径，进一步增强社会救济政策的针对性、精准度，提升养老保障制度的共享水平。对于在职劳动者，通过社会保险空间与时间上的再分配机制，平衡代与代之间、区域之间、职业人群之间、个人生命周期的不同阶段之间的责任与权益，实现养老保险权益的共享和分享。

二 城乡居民养老保险对实现共同富裕的贡献

城乡居民养老保险制度以国家财政补贴为特色，以提高城乡居民收入、保障城乡居民生活、增进老年群体社会福祉为目标，具有典型的收入再分配功能。同时，考虑到地区之间的筹资能力差距，城乡居民养老保险制度通过明确中央和地方财政补贴额度，对低收入参保人群采取减免保费的办法，发挥财政补贴转移支付与基金互济的功能，有利于调整和改进初次收入分配的不足，缩小城乡之间的福利"剪刀差"和城乡二元经济结构矛盾。[①]

尽管目前对城乡居民养老保险在实现共同富裕过程中的贡献的研究并不多见，但国内外学者对养老保险的收入再分配效应进行了十分充分的研究，这些研究亦可扩展到城乡居民养老保险领域。根据研究范式和研究方法，既有研究大致可分为三类：第一类主要遵从新古典学派的研究范式，以"效率"为导向，以代际帕累托最优为目标，从纵向宏观视角采用代际交叠模型探讨养老金的代际收入再

---

① 文敏、李磊、李连友、刘中海：《农村居民养老保险财政补贴与收入再分配效应测算》，《统计与决策》2019年第8期。

分配问题。① 第二类主要遵从政治经济学派的研究范式,以"平等"为导向,以代内公平为目标,从横向宏观视角运用各种测量系数模型,重点探讨养老金的代内收入再分配问题。② 第三类则主要遵从效率和平等两种价值取向,以精算模型为基础,从微观视角比较测算个体缴费和收益的精算现值,对养老金的代内与代际再分配问题进行研究。③ 不同的研究视角与方法也造成了中国养老保险制度收入再分配效应研究结论的巨大分歧。部分学者认为,21 世纪以来中国社会保障制度的再分配效应不断增强,但对城镇居民要明显大于对农村居民收入再分配的调节作用;④ 也有学者认为,中国社会养老保险制度缓解了收入差距持续扩大的趋势。⑤

三 共同富裕背景下城乡居民养老保险的建设要点

实现共同富裕的战略目标对完善城乡居民养老保险制度提出了新要求。党的二十大报告明确提出,要完善基本养老保险全国统筹制度,发展多层次、多支柱养老保险体系,扩大社会保险覆盖面,健全基本养老、基本医疗保险筹资和待遇调整机制,加快完善全国统

---

① 封进:《公平与效率的交替和协调——中国养老保险制度的再分配效应》,《世界经济文汇》2004 年第 1 期;何立新:《中国城镇养老保险制度改革的收入分配效应》,《经济研究》2007 年第 3 期。
② 黄万丁、王雯:《基本养老保险省级统筹的收入再分配效应研究——以陕西省为例》,《社会保障研究》2015 年第 5 期;张翔、宋寒冰、吴博文:《收入、预期寿命和社会养老保险收入再分配效应》,《统计研究》2019 年第 3 期。
③ Nelissen, J., "The Re-distributive Impact of the General Old Age Pension Act on Lifetime Income in Netherlands", European Economic Review, Vol. 31, No. 7, 1987, pp. 1419-1441; Borelia, M., "The Distributional Impact of Pension System Reforms: An Application to the Italian Case", Fiscal Studies, Vol. 25, No. 4, 2004, pp. 415-437.
④ 李实、朱梦冰:《中国社会保障制度的收入再分配效应:一些新发现》,《社会保障评论》2023 年第 1 期。
⑤ 王晓军、康博威:《我国社会养老保险制度的收入再分配效应分析》,《统计研究》2009 年第 11 期;穆怀中、闫琳琳、张文晓:《养老保险统筹层次收入再分配系数及全国统筹类型研究》,《数量经济技术经济研究》2014 年第 4 期。

一的社会保险公共服务平台,健全社保基金保值增值和安全监管体系。① 这为完善城乡居民养老保险制度指明了基本方向。为更好发挥城乡居民养老保险制度的收入再分配功能,必须兼顾公平与效率的价值理念,平衡筹资缴费与待遇给付的关系,通过制度整合、参数改革及权责均衡等举措,促进制度高质量发展,助力实现共同富裕。

一是全面实施全民参保计划。建立鼓励缴费激励机制,增加个人账户积累,提高困难人员参保的政府代缴标准。巩固拓展脱贫攻坚成果,继续帮扶符合条件的困难群体,为其代缴部分或全部最低缴费档次养老保险费。通过加大政策宣传力度、做好参保服务工作等方式,积极组织引导符合条件的人员参保,努力做到基本养老保险应保尽保。

二是持续推动城乡居民基本养老保险待遇水平随经济发展逐步提高。适时适度提高基础养老金水平,多措并举推动待遇水平稳步提高。合理衔接城乡居民医疗保险、企业职工基本养老保险和城乡最低生活保障待遇。在推动各级政府尽力而为、量力而行提高城乡居民基础养老金的同时,探索集体经济支持城乡居民养老保险事业发展的实现途径,通过提高个人缴费最低档次标准并调整缴费补贴等方式,积极引导有条件的参保人长缴多缴,推动各地提高城乡居民基本养老保险基金投资运营效益,增强个人账户养老金支付能力。

三是切实提高城乡居民基本养老保险安全规范管理服务水平。针对城乡居民基本养老保险点多、面广、服务对象众多、主要管理服务在基层等特点,在推进完善从中央到地方五级社会保障管理体系和服务网络的同时,充分利用全国统一的社会保险公共服务平台和互联网、大数据、云计算等信息技术创新服务模式,坚持传统服务方式和智能化服务创新并行,针对老年人、残疾人等群体的特点,

---

① 习近平:《高举中国特色社会主义伟大旗帜 为全面建设社会主义现代化国家而团结奋斗——在中国共产党第二十次全国代表大会上的报告》,人民出版社2022年版,第48页。

提供更加贴心暖心的服务。特别要认真做好城乡居民基本养老保险基金管理问题专项整治和管理提升工作，加强制防、人防、技防、群防，坚决守住数亿参保人的养老钱。

第二节　浙江城乡居民养老保险的发展现状

一　政策法规和立法体系建设

2009年9月，国务院决定在全国10%的县（市、区）开展新型农村社会养老保险试点。浙江省委、省政府高度重视，迅速贯彻落实，在国家试点政策框架和前期充分调查研究的基础上，结合浙江实际，率先将新型农村社会养老保险、城镇居民社会养老保险整合为城乡居保，实现了社会养老保险的城乡统筹和制度全覆盖。具体体现在两个方面：一是制度参保范围全覆盖。参保对象除农村居民外，还包括城镇居民，也就是把非国家机关、事业单位、社会团体工作人员，未参加职工基本养老保险的本省城乡居民全部纳入制度覆盖范围。把城镇和农村无养老保障的居民同步纳入制度覆盖范围，充分体现了统筹发展城乡养老保障体系、促进城乡一体化的政策取向。二是制度实施区域全覆盖。全省所有的市、县（市、区）同步开展，截至2010年1月，全省所有的市、县都建立了城乡居保制度，并全面组织实施，当月全省557万名符合条件的城乡老年居民按时足额领取了基础养老金。①

2014年初，国务院颁布了《关于建立统一的城乡居民基本养老保险制度的意见》，将新农保和城居保合并实施，在全国范围内建立统一的城乡居民基本养老保险制度，实现了制度名称、政策标准、管理服务和信息系统的统一。随后，浙江省人民政府印发了《关于

---

① 《浙江省统筹城乡注重激励抓好衔接推动城乡居民基本养老保险制度健康发展》，中华人民共和国人力资源和社会保障部官网（http://www.mohrss.gov.cn/ncshbxs/NCSHBXSgongzuodongtai/201506/t20150630_213102.html），最后访问日期：2023年3月29日。

进一步完善城乡居民基本养老保险制度的意见》（浙政发〔2014〕28号），根据《关于建立统一的城乡居民基本养老保险制度的意见》（国发〔2014〕8号）精神，正式将浙江省"城乡居民社会养老保险"更名为"城乡居民基本养老保险"，要求坚持覆盖城乡、惠及全民，实现人人享有基本养老保障；坚持政府主导和城乡居民个人参保相结合、社会统筹与个人账户相结合，引导城乡居民积极参保；坚持积极稳妥推进，筹资标准和待遇标准与经济社会发展水平及各方面承受能力相适应，健全基础养老金正常调整机制；坚持权利与义务相对应，个人（家庭）、集体、政府合理分担责任，完善长缴多得、多缴多得的激励机制。

2019年，经省委、省政府同意，浙江省印发《关于建立城乡居民基本养老保险待遇确定和基础养老金正常调整机制的实施意见》（浙人社发〔2019〕57号），对完善待遇确定机制、建立基础养老金正常调整机制、调整个人缴费档次等事项进行了明确。要求建立激励约束有效、筹资权责清晰、保障水平适度的城乡居民基本养老保险待遇确定和基础养老金正常调整机制，推动城乡居民基本养老保险待遇水平随经济发展而逐步提高。

除此之外，浙江还发布了若干城乡居民养老保险基础养老金待遇调整的政策文件，如《浙江省人力资源和社会保障厅浙江省财政厅关于2021年提高城乡居民基本养老保险基础养老金最低标准的通知》。该文件提出，经省政府同意，自2021年8月1日起，全省城乡居民基本养老保险基础养老金最低标准提高至每人每月180元，即在原每人每月165元的基础上增加15元。提高基础养老金最低标准，不仅是落实基础养老金正常调整机制的具体举措，也有利于增强广大城乡居民在高质量发展建设共同富裕示范区中的获得感。

二 缴费与待遇发放标准

（一）参保范围和缴费构成

根据浙江省人民政府印发的《关于进一步完善城乡居民基本养

老保险制度的意见》（浙政发〔2014〕28号，以下简称《意见》）中的规定，具有本省户籍，年满16周岁（不含在校学生），非国家机关、事业单位、社会团体工作人员及不属于职工基本养老保险制度覆盖范围的城乡居民，可以在户籍地参加城乡居民基本养老保险。2017—2021年末，浙江全省参加城乡居民基本养老保险人数分别为1200.7万人、1197.84万人、1199.43万人、1143.94万人、1055.49万人。①

城乡居民基本养老保险基金由个人缴费、集体补助和政府补贴构成。

1. 个人缴费

参加城乡居民基本养老保险的人员应按规定缴纳养老保险费。缴费标准目前设定为每年100元、200元、300元、400元、500元、600元、700元、800元、900元、1000元、1500元、2000元12个档次，各地可根据当地实际适当调整缴费档次，最高缴费档次标准原则上不超过当地个体劳动者参加职工基本养老保险的年缴费额。②省政府依据城乡居民收入增长等情况适时调整缴费档次。参保人自主选择档次缴费，多缴多得。

2. 集体补助

有条件的村集体经济组织应当对参保人缴费给予补助，补助标准由村民委员会召开村民会议民主确定，鼓励有条件的社区将集体补助纳入社区公益事业资金筹集范围。鼓励其他社会经济组织、公益慈善组织、个人为参保人缴费提供资助。补助、资助金额不超过当

---

① 资料来源：《2017—2021年度浙江省人力资源和社会保障事业发展统计公报》，浙江省人力资源和社会保障厅官网（http://rlsbt.zj.gov.cn/col/col12292498 28/index.html），最后访问日期：2023年3月29日。

② 此后根据城乡居民收入增长情况，确定和调整缴费档次。目前执行的标准是：从2020年1月1日起，城乡居民基本养老保险个人缴费档次调整为9档，分别为：每年100元、300元、500元、800元、1000元、1500元、2000元、3000元、5000元，其中100元档次限低保对象、特困人员、残疾人、低保边缘户等困难群体参保，由市、县财政全额或部分代缴。各地可根据实际情况调整若干档次，最高缴费档次原则上不超过当地灵活就业人员参加职工基本养老保险的最低年缴费额。

地设定的最高缴费档次标准。

3. 政府补贴

社会统筹基金由财政提供，主要用于支付基础养老金、参保人个人缴费补贴、缴费年限养老金和丧葬补助费等。省财政按照省定基础养老金标准，对两类一档至六档地区分别给予100%、90%、80%、60%、40%、20%的补助。① 国家补助标准超过省财政补助标准的地区，省财政按国家补助标准给予补助。

参保人所在市、县（市、区）财政对参保人缴费给予补贴，补贴标准不低于每人每年30元，对选择较高档次标准缴费的，适当增加补贴金额，其中，对选择500元以上档次标准缴费的，补贴标准不低于每人每年80元。对重度残疾人、低保对象等困难群体缴费，按当地最低档次缴费标准给予部分或全部补贴。缴费补贴的具体办法及标准由市、县（市、区）政府确定。

国家为每个城乡居民基本养老保险参保人建立终身记录的养老保险个人账户。个人缴费，集体补助及其他社会经济组织、公益慈善组织、个人对参保人的缴费资助，市、县（市、区）政府对参保人的缴费补贴，全部记入个人账户。个人账户储存额按国家和省有关规定计息。参保人死亡，个人账户中个人缴费、集体补助和实际缴费年限财政缴费补贴资金余额及其利息可依法继承。

（二）待遇标准和领取条件

1. 待遇标准

城乡居民基本养老保险待遇由基础养老金、个人账户养老金和缴费年限养老金三部分组成，支付终身。个人账户养老金月计发标准为个人账户全部储存额除以139（与现行企业职工基本养老保险个人

---

① 根据2020年开始实施的《关于建立城乡居民基本养老保险待遇确定和基础养老金正常调整机制的实施意见》文件要求，各地要建立缴费补贴动态调整机制，根据经济发展、个人缴费标准提高和财力状况，合理调整缴费补贴水平，对选择较高档次缴费的人员可适当增加缴费补贴，引导城乡居民选择高档次标准缴费。鼓励集体经济组织提高缴费补助，鼓励其他社会组织、公益慈善组织、个人为参保人缴费加大资助。

账户养老金计发系数相同）。缴费年限养老金月计发标准根据长缴多得的原则，按缴费年限分段累加计发：缴费年限为15年的，其月缴费年限养老金为30元；缴费年限为16年以上的，其月缴费年限养老金在30元的基础之上，从第16年起，缴费年限每增加1年，增发5元。城乡居民基本养老保险参保人员，死亡时可享受一次性丧葬补助费。一次性丧葬补助费标准为参保人死亡当月当地基础养老金标准的20个月金额。参加城乡居民基本养老保险的复员退伍军人，养老金计发办法和高龄老人补贴等按原规定执行。

2. 领取条件

具有本省户籍，年满60周岁，累计缴费满15年，未享受国家机关、事业单位、社会团体离休、退休、退职待遇和职工基本养老保险待遇的城乡居民基本养老保险参保人员，可以按月领取养老待遇。城乡居民社会养老保险制度实施时，已年满60周岁，未享受国家机关、事业单位、社会团体离休、退休、退职待遇和职工基本养老保险待遇的本省户籍城乡居民，不用缴费，可以继续按月领取城乡居民基本养老保险基础养老金；距领取年龄不足15年的，应逐年缴费，也允许补缴，累计缴费年限不超过15年；距领取年龄15年以上的，应按年缴费，累计缴费不少于15年。补缴部分政府不给予缴费补贴。该《意见》下发前，已参加城乡居民社会养老保险的人员，其待遇领取可按原规定执行。城乡居民基本养老保险待遇领取人员死亡，从次月起停止支付其养老金。

3. 转移接续

城乡居民基本养老保险的参保人，在参保缴费期间因户籍迁移需要跨统筹地区转移养老保险关系的，可在迁入地申请转移养老保险关系，一次性转移个人账户全部储存额，并按迁入地规定继续参保缴费，缴费年限累计计算；已按规定领取养老待遇的，无论户籍是否迁移，其养老保险关系不转移。城乡居民基本养老保险与职工基本养老保险的衔接，按国家和省相关规定执行。

与原农村社会养老保险制度的衔接办法为：城乡居民社会养老保险制度实施时，凡已参加了原农村社会养老保险（以下简称"老农保"）、年满60周岁且已领取"老农保"养老金的城乡居民基本养老保险参保人，其"老农保"养老金和城乡居民基本养老保险基础养老金合并享受，"老农保"个人账户余额并入城乡居民基本养老保险个人账户，待遇不再重新计算；对已参加"老农保"、未满60周岁且未领取养老金的城乡居民基本养老保险参保人，应将"老农保"个人账户储存额按省城乡居民社会养老保险制度实施当年当地的平均缴费额折算缴费年限（折算的最长缴费年限不超过15年）并继续参保缴费，其"老农保"个人账户全部储存额并入城乡居民基本养老保险个人账户，并按城乡居民基本养老保险规定计发待遇。未参加城乡居民基本养老保险和职工基本养老保险的"老农保"参保人，其"老农保"个人账户储存额退还给本人，并终止"老农保"参保关系。已参加职工基本养老保险的"老农保"参保人可按职工基本养老保险的相关规定将"老农保"参保关系转入职工基本养老保险。

符合享受城乡居民基本养老保险待遇条件的人员，如符合被征地农民基本生活保障、水库移民后期扶持政策和精减职工、计划外长期临时工、遗属生活补助等，待遇条件可同时叠加享受；与最低生活保障、计划生育家庭奖励扶助、社会优抚、农村五保和城镇"三无"人员供养的待遇衔接，按相关规定执行。城乡居民基本养老保险参保人员如同时符合享受其他丧葬待遇条件的，其丧葬待遇按就高不就低的原则确定，不重复享受，且《意见》要求有条件的地方要积极探索城乡居民基本养老保险与被征地农民基本生活保障的衔接并轨办法。

三 基金收支和运营情况

为规范城乡居民社会养老保险基金财务管理，维护参保人合法权益，2011 年 12 月，《浙江省城乡居民社会养老保险基金财务管理暂行办法》（浙财社〔2011〕357 号）对城乡居民养老保险基金的基金预算、基金筹集、基金支付、基金结余、财政专户、资产与负债、基金决算、监督与检查等进行了明确规定。2014 年，浙江省人民政府印发的《关于进一步完善城乡居民基本养老保险制度的意见》（浙政发〔2014〕28 号）再次明确要求，城乡居民基本养老保险待遇发放，由当地社会保险经办机构负责。进一步完善城乡居民基本养老保险基金财务会计制度，城乡居民基本养老保险基金以市、县（市、区）为单位，纳入同级社会保障基金财政专户，实行收支两条线管理，单独记账、核算，专款专用，任何单位和个人均不得挤占挪用、虚报冒领。加强城乡居民基本养老保险基金保值增值工作，优化银行存款结构，提高基金收益水平。

2017—2021 年，城乡居民基本养老保险基金全年总收入分别为 158.52 亿元、176.59 亿元、176.40 亿元、300.64 亿元、342.60 亿元，基金总支出分别为 157.43 亿元、171.53 亿元、178.87 亿元、200.62 亿元、242.66 亿元，年末城乡居民基本养老保险基金累计结余分别为 151.89 亿元、156.95 亿元、154.47 亿元、254.50 亿元、354.44 亿元。[①] 如图 5-1 所示，城乡居民基本养老保险基金总收入的年均增长率为 21.3%，从 2020 年开始出现了大幅增长。基金总支出的年均增长率为 11.4%，增长较为稳定，相应的年末城乡居民基本养老保险基金累计结余也从 2020 年开始出现了大幅增长。

四 财政补贴情况

根据《意见》规定，城乡居民基本养老保险基金由个人缴费、集体补助和政府补贴构成。社会统筹基金由财政提供，主要用于支

---

① 资料来源：《2017—2021 年度浙江省人力资源和社会保障事业发展统计公报》，浙江省人力资源和社会保障厅官网（http：//rlsbt.zj.gov.cn/col/col1229249828/index.html），最后访问日期：2023 年 3 月 29 日。

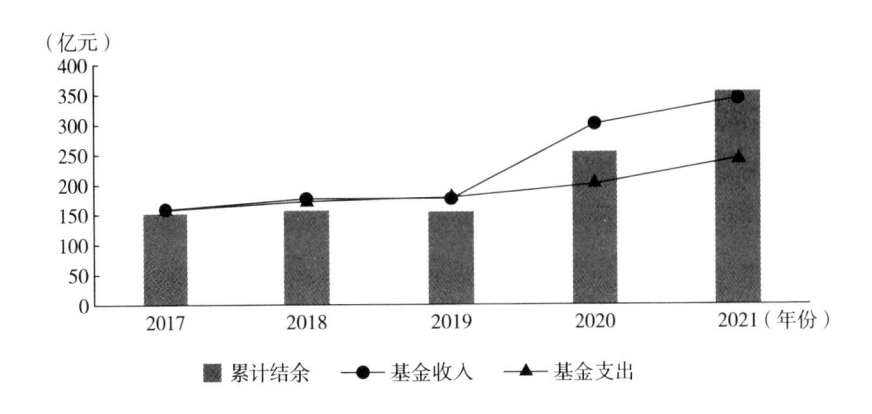

图 5-1 2017—2021 年浙江城乡居民养老保险基金收支情况

付基础养老金、参保人个人缴费补贴、缴费年限养老金和丧葬补助费等。省财政按照省定基础养老金标准，对两类一档至六档地区分别给予不同等级的补助。浙江省内各地区的经济发展水平存在一定差距，各地对城乡居民养老保险的财政补贴标准也不同。

一方面，各地所设置的城乡居民基本养老保险缴费标准不同，通常设置 100—5000 元之间的 10 个档次，但湖州市仅设置了 5 个缴费档次。另一方面，即使个人缴费标准固定，各地区针对相同个人缴费的财政补贴金额也不同。例如，个人缴费 100 元的，杭州市和台州市的财政补贴标准为每人每年 50 元，但其他地区为 30 元。另外，绍兴市的越城区、诸暨市、上虞区的计生补贴与城乡居民养老保险挂钩，通常情况下各个档次的财政补贴比绍兴市其他地区高出 60 元。

2017—2021 年，浙江城乡居民养老保险的财政补贴金额分别为 131.11 亿元、151.79 亿元、155.99 亿元、185.94 亿元、210.15 亿元，年均增长率为 12.5%。

表 5-1　　2017—2021 年浙江城乡居民养老保险财政补贴　　单位：亿元

	2017 年	2018 年	2019 年	2020 年	2021 年
浙江省	131.11	151.79	155.99	185.94	210.15

续表

	2017年	2018年	2019年	2020年	2021年
杭州市	15.25	16.57	15.12	19.21	18.93
宁波市	23.98	25.85	26.14	31.17	31.19
温州市	16.74	20.95	24.73	27.97	31.80
嘉兴市	12.86	14.61	15.23	18.41	22.14
湖州市	7.74	9.07	9.16	13.14	15.56
绍兴市	12.96	16.11	13.99	17.79	21.15
金华市	12.36	14.35	15.79	18.52	21.57
衢州市	7.61	8.27	8.29	9.93	12.14
舟山市	1.48	3.01	2.74	2.82	2.97
台州市	13.72	15.74	17.23	18.84	22.86
丽水市	6.42	7.26	7.56	8.16	9.83

资料来源：浙江省人社厅提供。

第三节 浙江城乡居民养老保险基金运行和待遇发放预测

2018年，《关于建立城乡居民基本养老保险待遇确定和基础养老金正常调整机制的指导意见》发布，提出要适时提出基础养老金最低标准的调整方案，其建议的基本原则可归纳为稳定充足性、群体公平性和财政可负担。下文将以城乡居民养老保险的基础养老金为例，说明如何提升城乡居民养老保险待遇，并测算城乡居民养老保险基金中的财政补贴的支出负担。

一 城乡居民养老保险的待遇设计原则

（一）满足城乡居民的生活保障需求

自"新农保"制度建立以来，中国消费物价指数上涨了约25%，城乡居民基础养老金最低标准的提升比例为60%，从这一数字直接对比来看，基础养老金满足老年居民消费需求的能力得到了提升。然而，考虑消费物价指数的变化是连续的，基础养老金最低标准的调整却是离散的这一区别，那么可以说，如果基础养老金最低标准不能随物价上涨而及时调整，其消费保障能力就会被削弱。城乡居民养老保险的基础养老金仅经历两次增长，即2010—2014年、2015—2017年两个时期。基础养老金最低标准调整"停滞"，但消费物价指数每年仍有不同幅度的增长，因而可以判定基础养老金最低标准处于"贬值"状态。从绝对值来看，浙江城乡居民养老金的待遇水平在500元上下的居多，与当前的最低生活标准、基本生活消费支出相比显得尤为不足。再考虑到老年人的疾病和失能风险，仅靠养老金根本无法支付医疗和照护服务费用。因此，未来基础养老金的一个调整目标是，确保养老金（基础养老金+个人账户）能够满足城乡居民的生活保障需求。

（二）缩小不同群体间的养老保险待遇差距

由于缴费水平、计发办法、财政补贴等多方面制度设计的差异，城乡居民和城镇职工养老保险待遇之间存在着较大差距。提升城乡居民养老保险待遇水平的首要办法，是提升基础养老金水平，增加对城乡居民养老保险的财政补贴。

（三）确保财政可负担

城乡居民基础养老金的财政负担主要受三方面因素的影响：一是人口老龄化，老年人越来越多，对基础养老金的需求越来越大，将增加财政支出；二是福利刚性，待遇水平只升不降，也会增加财政支出；三是城镇化和劳动职业化，越来越多的农村劳动力转入城镇生活、加入企业职工基本养老保险，就会减少城乡居民基础养老金的财政支出。尽管基础养老金的标准变化较小，但随着人口老龄化的加速，基础养老金支出的总体规模会不断增长。如果基础养老金标准进一步提升，那么财政补贴支出规模还将快速增长。综合考虑以上因素，未来基础养老金调整的底线是，合理估计中央财政的支出压力，确保中央财政可负担。

二 城乡居民养老保险基础养老金的待遇设计

根据城乡居民养老保险待遇的设计原则，在此将待遇水平与消费物价指数、城镇职工基本养老金水平、农村居民可支配收入挂钩。从保障老年基本生活的目标和中央财政兜底责任的历史经验看，调整机制可跟从"两条线"的变化趋势，形成两个方案：方案一是跟从"国家贫困线"趋势，根据过去的经验，基础养老金最低标准大致相当于国家贫困线的30%。2020年，全面脱贫攻坚任务完成，贫困线已不再适用于当前测算，故以低保标准予以替代。2012—2018年，全国贫困线由219元/月提高到295元/月，贫困线的年增长率在2.2%—13%之间浮动，约为浙江城市低保线的30%，亦即基础养老金最低标准相当于国家城市低保线的9%。根据提升基础养老金待遇的原则，可以将基础养老金待遇设定为城市低保线的20%。方案二是跟从"老年基本消费线"趋势，这条线年增长率高于贫困线，可缩小中央财政对不同老年群体补助的差距。按照国家统计局公布的居民各项消费支出，剔除教育支出、住房支出等项目，保留有统计数据的三项即食品烟酒消费、生活用品及服务消费和医疗保健消费，以三项消费支出的总和作为老年基本消费线。目前，基础养老金水平约为老年基本消费线的25%，因此我们将基础养老金水平设定为老年基本消费线的35%。跟从这"两条线"，就是让基础养老金最低标准的年增长率不低于国家贫困线或老年基本消费的年增长率。[①] 在前两个方案的基础上，为进一步提升城乡居民养老保险整体待遇水平，缩小和城镇职工养老保险待遇之间的差距，我们将方案三设定为，假设城乡居民养老保险整体待遇水平是城镇职工养老保险待遇水平的一定比例，倒推基础养老金的待遇水平。若将此比例提升至1/3，城乡居民养老金约为1000元/月，扣除个人账户部分的待遇

---

① 张盈华、于萌：《城乡居民基础养老金最低标准调整机制与方案——基于充足、公平和可负担的综合分析》，《华中科技大学学报》（社会科学版）2020年第3期。

（约占 2/3），城乡居民养老保险基础养老金待遇水平约占城镇职工养老保险待遇水平的 10.41%（333/3200）。方案一、方案二、方案三分别对应城乡居民养老保险基础养老金待遇的低水平、中水平、高水平。

在本设计中，不考虑城乡居民养老保险基础养老金此前 12 年内调整 3 次的频率，采用未来每年调整一次的动态调整办法，根据前文三个方案的设计方法，得到不同待遇水平下基础养老金的待遇标准。

方案一：浙江城市低保标准在 2017—2021 年分别为 706.2 元/人/月、762.6 元/人/月、811.5 元/人/月、882.3 元/人/月、935.3 元/人/月。[1] 照此增速，可以测算出未来到 2035 年的贫困线水平。根据基础养老金最低标准大致相当于城市低保线 20% 的设定，可计算出方案一的基础养老金水平。如表 5-2 所示。

表 5-2　　　　　方案一的基础养老金水平设定　　　　单位：元/人/月

年份	城市低保标准	基础养老金标准
2017	706.2	141.2
2018	762.6	152.5
2019	811.5	162.3
2020	882.3	176.5
2021	935.3	187.1
2022	1003.4	200.7
2023	1076.4	215.3
2024	1154.7	230.9
2025	1238.7	247.7
2026	1328.8	265.8
2027	1425.5	285.1
2028	1529.3	305.9

---

[1] 资料来源：《统计季报—低保标准》，中华人民共和国民政部官网（https://www.mca.gov.cn/article/sj/tjjb/bzbz/），最后访问日期：2023 年 3 月 29 日。

续表

年份	城市低保标准	基础养老金标准
2029	1640.5	328.1
2030	1759.9	352.0
2031	1888.0	377.6
2032	2025.3	405.1
2033	2172.7	434.5
2034	2330.8	466.2
2035	2500.4	500.1

方案二：老年基本消费线在2017—2021年分别为426.0元/人/月、467.0元/人/月、513.2元/人/月、564.1元/人/月、619.9元/人/月。① 照此增速，可以测算出未来到2035年的老年基本消费线水平。根据基础养老金最低标准大致相当于老年基本消费线35%的设定，可计算出方案二的基础养老金水平。如表5-3所示。

表5-3　　　　方案二的基础养老金水平设定　　　单位：元/人/月

年份	老年基本消费线	基础养老金标准
2017	426.0	149.1
2018	467.0	163.5
2019	513.2	179.6
2020	564.1	197.4
2021	619.9	217.0
2022	681.3	238.5
2023	748.8	262.1
2024	823.0	288.0
2025	904.5	316.6
2026	994.1	347.9

---

① 资料来源：《年度数据》，国家统计局国家数据网（https://data.stats.gov.cn/easyquery.htm?cn=C01），最后访问日期：2023年3月29日。

续表

年份	老年基本消费线	基础养老金标准
2027	1092.5	382.4
2028	1200.7	420.2
2029	1319.6	461.9
2030	1450.3	507.6
2031	1593.9	557.9
2032	1751.8	613.1
2033	1925.3	673.8
2034	2116.0	740.6
2035	2325.5	813.9

方案三：根据前文的预测，2022—2031年，浙江城镇职工养老保险待遇水平平均增速为3.37%，由2022年的3202.0元/人/月增加到2031年的4314.9元/人/月。再按照城乡居民养老保险基础养老金待遇水平约占城镇职工养老保险待遇水平10.41%的设定，可计算出方案三的基础养老金水平。如表5-4所示。

表5-4　　　　　　方案三的基础养老金水平设定　　　　单位：元/人/月

年份	职工养老金	居民基础养老金标准
2022	3202.0	333.3
2023	3309.9	344.6
2024	3421.5	356.2
2025	3536.8	368.2
2026	3655.9	380.6
2027	3779.1	393.4
2028	3906.5	406.7
2029	4038.2	420.4
2030	4174.2	434.5
2031	4314.9	449.2
2032	4460.3	464.3

续表

年份	职工养老金	居民基础养老金标准
2033	4610.6	480.0
2034	4766.0	496.1
2035	4926.6	512.9

三 到 2035 年的城镇居民养老保险的财政补贴测算

2017—2022 年，城镇居民养老保险待遇发放人数占 60 岁以上户籍老年人口规模的比例平均为 46.5%，照此比例，可根据前文中所测算的到 2035 年浙江 60 岁以上户籍老年人口规模，测算出到 2035 年城乡居民养老保险的待遇领取人数。如表 5-5 所示。

表 5-5　到 2035 年城乡居民养老保险的待遇领取人数　　单位：万人

年份	60 岁以上户籍人口数	待遇领取人数
2017	1083.1	537.9
2018	1122.9	538.8
2019	1152.6	537.0
2020	1187.5	534.5
2021	1205.7	536.0
2022	1271.5	548.3
2023	1332.5	619.6
2024	1449.0	673.8
2025	1460.4	679.1
2026	1587.3	738.1
2027	1660.6	772.2
2028	1736.6	807.5
2029	1810.6	841.9
2030	1882.8	875.5
2031	1952.2	907.8
2032	2019.8	939.2
2033	2085.8	969.9

续表

年份	60岁以上户籍人口数	待遇领取人数
2034	2147.5	998.6
2035	2205.1	1025.3

根据方案一、方案二、方案三中的基础养老金待遇标准和到2035年的城乡居民养老保险的待遇领取人数，可计算得出到2035年的城乡居民养老保险的财政补助总额。如表5-6所示。方案一、方案二、方案三在2022年的财政支出规模分别为118653.8万元、141001.2万元、197047.0万元，在2035年的财政支出规模分别为512752.5万元、834491.7万元、525876.4万元，年增速分别为11.9%、14.7%、0.8%。

表5-6　　到2035年城乡居民养老保险的财政支出测算

年份	待遇领取人数（万人）	基础养老金标准（元/人/月）			财政支出规模（万元）		
		方案一	方案二	方案三	方案一	方案二	方案三
2022	591.2	200.7	238.5	333.3	118653.8	141001.2	197047.0
2023	619.6	215.3	262.1	344.6	133399.9	162397.2	213514.2
2024	673.8	230.9	288.0	356.2	155580.4	194054.4	240007.6
2025	679.1	247.7	316.6	368.2	168213.1	215003.1	250044.6
2026	738.1	265.8	347.9	380.6	196187.0	256785.0	280920.9
2027	772.2	285.1	382.4	393.4	220154.2	295289.3	303783.5
2028	807.5	305.9	420.2	406.7	247014.3	339311.5	328410.3
2029	841.9	328.1	461.9	420.4	276227.4	388873.6	353934.8
2030	875.5	352.0	507.6	434.5	308176.0	444403.8	380404.8
2031	907.8	377.6	557.9	449.2	342785.3	506461.6	407783.6
2032	939.2	405.1	613.1	464.3	380469.9	575823.5	436070.6
2033	969.9	434.5	673.8	480.0	421421.6	653518.6	465552.0
2034	998.6	466.2	740.6	496.1	465547.3	739563.2	495405.5
2035	1025.3	500.1	813.9	512.9	512752.5	834491.7	525876.4

第四节 共同富裕背景下城乡居民养老保险的问题分析

在社会保障领域,促进共同富裕最关键的问题是如何增强公平性。第一是机会公平,即依法享有社会保障的基本权益问题;第二是规则公平,即不同群体社会保障之间的制度公平问题;第三是待遇公平,即各项社会保障待遇的结果公平问题;第四是地区公平,即不同地区社会保障之间的不平衡问题。

一 机会公平:基于职工和居民的对比

社会保障作为再分配项目,以互惠互助为基石,承担着"救贫"和"防贫"的责任,但城乡居民养老保险的设计,将缴费贡献与待遇挂钩,强调"多缴多得"。因而,受教育程度、就业层次等限制,普遍处于中低收入水平的农民和残疾人等群体实际享有居民保险保障待遇的水平也较低,这影响了社会保障制度再分配功能的发挥,不利于困难和弱势群体分享经济社会发展成果。

在养老保险制度中,不同群体对社会保障权益享有的机会差异体现在财政补贴的公平性上。职工养老保险中政府承担兜底责任,属于补缺性质的补贴;居民养老保险中政府在缴费环节和待遇支付上给予补贴,属于福利性质的补贴。两种养老保险的"过程不公平"的原因在于不同筹资模式下政府财政责任的差异。相比之下,居民养老保险制度中政府的补贴责任相对弱化,中央政府更多地是充当政策组织者的角色,各地方政府由于经济水平和财政实力的差异,补贴水平参差不齐。

二 规则公平:基于职工和居民的比较

目前城镇职工养老保险实行社会统筹与个人账户相结合的部分积

累制，筹资责任由企业和职工共同承担；城乡居民养老保险实行基础养老金与个人账户相结合的制度模式，形成个人缴费、政府补贴和集体补助相结合的三方筹资机制。城乡居民可自愿参加居民养老保险，在 100—5000 元约 10 个不等的年缴费档次中选择，政府根据不同缴费档次对参保人缴费给予不低于每人每年 30 元或 60 元的补贴。城镇职工养老保险和城乡居民养老保险的缴费办法差异体现出了明显的规则不公平特征。

相较城镇职工养老保险制度而言，城乡居民养老保险的基础养老金的待遇较低。且由于缺乏政策调整机制，每年的增幅十分有限，在 2009—2018 年的近 10 年间，城乡居民养老保险制度基础养老金仅仅提高了 33 元，每年平均增长 3.3 元。2009 年"新农保"实施之初，农村社会养老保险的基础养老金为每人每月 55 元；2014 年，城乡居民养老保险实施时，将基础养老金提升至每人每月 70 元，低于农村居民人均食品支出；2018 年，基础养老金上升至每人每月 88 元，甚至低于"低保"标准。2013—2019 年，城乡居民养老保险基础养老金与农村居民人均食品支出差额越来越大，从 1894.4 元增加至 2942.2 元，[①] 这与城乡居民养老保险"保基本"的政策目标相背离。当前，中国大部分农村居民仍然主要靠子女赡养和土地养老，来自城乡居民养老保险的养老金保障十分有限。基础养老金水平低，极易造成农村地区的老年贫困问题。

此外，城乡居民养老保险的个人账户缴费没有采取类似城镇职工基本养老保险比例缴费制度，城乡居民的实际缴费不会随农村居民人均可支配收入的上涨而增加。这种定额缴费方式在很大程度上弱化了城乡居民养老的个人责任，容易让城乡居民产生有了个人账户缴费就能够领取基础养老金的认知，只按照最低档次缴费以最低成本获得基础养老金，并未"多缴多得"。近些年来，中国城乡居民养老保险的个人账户缴费制度没有进行过结构性调整，只是调整了缴

---

① 资料来源：作者根据 2014—2020 年《中国统计年鉴》中的数据计算而得。

费档次。城镇居民养老保险和农村"新农保"合并后，仍保留了100元和200元的最低缴费档次。然而，随着城乡居民人均可支配收入水平的不断提高，缴费档次却未根据城乡居民人均可支配收入进行调整，实际上降低了城乡居民的实际缴费率。以农村地区为例，2019年中国农村居民人均可支配收入已经超过16000元，若每位农村居民按照100元的最低档次缴费，则社会养老保险缴费支出仅占农村居民人均可支配收入的0.63%，相比于城镇职工基本养老保险8%的个人缴费比例，显得贡献不足。

最后，从城乡居民养老保险缴费的构成来看，尽管中国城乡居民基本养老保险制度自建立之初就明确了政府、集体和个人三方筹资机制，其中，集体的筹资机制是指有条件的村集体经济组织应当对参保人缴费给予补助，但制度运行多年以来，仍主要依赖于政府和个人，部分地区的集体补助仍处于"空白"状态。这直接导致城乡居民养老保险的缴费水平和待遇水平偏低。

三 待遇公平：基于职工和居民的比较

由于养老金计发办法和调整机制的不同，城乡居民和城镇职工的养老金待遇存在较大差别。城镇职工基础养老金月标准以退休时当地上年度在岗职工月平均工资和本人指数化月平均缴费工资的平均值为基数，缴费每满1年发给1%；个人账户养老金月标准为参保职工个人账户储存额除以计发月数。城乡居民养老保险基础养老金采用定额给付方式，最低标准由中央财政根据经济发展情况和物价水平等确定，地方可在中央基础养老金的基础上适当增加，提高和加发的基础养老金完全由地方财政承担；个人账户养老金月标准为参保居民个人账户储存额除以计发月数。由此可见，二者的基础养老金计发机制完全不同，职工养老保险与社会平均工资挂钩，受社会经济发展水平的影响较为明显；而居民养老保险与财政经济实力和政策挂钩，政策性较为明显。

在养老金待遇调整上，职工和居民养老金调整机制亦有所不同。居民养老保险只调整基础养老金，个人账户养老金不参与调整；职工养老保险则调整基本养老金，基础养老金和个人账户养老金均参与调整。从2005年开始，国家根据实际定比调整职工基本养老金，2005—2015年分别以上年度的月人均养老金的10%进行上调，2016—2019年则分别根据上年度月人均养老金标准的6.5%、6.5%、5%、5%进行上调。但城乡居民养老保险在2009—2019年间仅调整过两次：2014年基础养老金最低标准由55元上调为每人每月70元，2018年调整为每人每月88元。由此导致了城乡居民和城镇职工之间的养老金待遇的水平差距：2010—2018年中国城镇职工基本养老保险的人均养老金待遇持续增长，人均养老金绝对额已从2010年的15066元增长至2018年的34057元，绝对额涨幅约为2.5倍，每年人均养老金以10%的比例增长。[①] 若城乡居民每年按最低缴费档次缴费，政府每年补贴30元，个人账户利率忽略不计，缴费年满15年后，个人账户的养老金总额为4950元，到龄领取待遇时，参保人领取到的个人账户金额为每人每月36元，计算公式为4950/139 = 36元，加上118元的基础养老金，参保人每月能够领取到的总金额为154元，仅为城镇职工养老金的5.4%。即使参保人按每年5000元的国家最高档次缴费，每月能够领取的养老金总额也仅为666元，是城镇职工养老金的23.5%。在这种不对称的调整机制作用下，职工和居民的养老金水平差距将会越来越大，养老保险待遇不公平的问题将会愈发突出。

四 地区公平：基于统筹区之间的比较

浙江区域内发展差距较小，但山区26县、海岛等地区社会保障发展还存在一定的短板。尤其是财政相对困难的市、县，对城乡居

---

① 资料来源：作者根据2014—2020年《中国统计年鉴》中的数据计算而得。

民养老保险的投入受到制约。在部分生态功能区，由于开发受到限制，近年来劳动力外流，导致城乡居民养老保险缴费人数下降，保险基金运行压力增大。海岛等地区交通不便，社会经济发展较为落后，政府支持和集体补助水平低，因而城乡居民养老保险发展存在一定障碍。

表5-7列示了2021年浙江城乡居民基本养老保险待遇水平分布情况。目前，浙江省内各地区的城乡居民养老金待遇存在一定差距。杭州、宁波、嘉兴等社会经济发展水平较高的地区，城乡居民养老金每人每月的待遇水平在500—1000元的，占比较高；相应地，每人每月的待遇水平在500元以下的，占比较低。而社会经济发展相对较为落后的衢州、台州、丽水等地，每人每月的待遇水平在500元以下的均占90%以上。

表5-7　2021年浙江城乡居民基本养老保险待遇水平分布　　单位：%

地区	定期（月）待遇区间									
	500元以下	500—1000元	1000—1500元	1500—2000元	2000—2500元	2500—3000元	3000—3500元	3500—4000元	4000—4500元	4500—5000元
杭州市	82.65	12.90	0.12	0.01	3.16	0.72	0.43	0.00	0.00	0.00
宁波市	74.39	24.25	0.57	0.03	0.74	0.02	0.00	0.00	0.00	0.00
温州市	95.77	1.90	0.04	0.00	2.28	0.00	0.00	0.00	0.00	0.00
嘉兴市	36.67	61.18	0.98	0.58	0.34	0.23	0.03	0.00	0.00	0.00
湖州市	95.09	2.37	0.29	0.79	1.46	0.00	0.00	0.00	0.00	0.00
绍兴市	92.21	5.35	0.02	0.01	2.35	0.07	0.00	0.00	0.00	0.00
金华市	96.31	1.35	0.02	0.03	2.29	0.01	0.00	0.00	0.00	0.00
衢州市	97.50	1.07	0.02	0.27	0.93	0.20	0.00	0.00	0.00	0.00
舟山市	94.96	3.72	0.04	0.01	1.27	0.00	0.00	0.00	0.00	0.00
台州市	94.63	1.71	0.04	0.00	3.62	0.00	0.00	0.00	0.00	0.00
丽水市	98.87	0.39	0.01	0.06	0.68	0.00	0.00	0.00	0.00	0.00

第五节　浙江城乡居民养老保险发展的展望与建议

一　城乡居民养老保险发展的任务目标

第一，进一步促进城乡居民养老保险制度全覆盖。从目前参加城乡居民养老保险的实际情况来看，还有几类重点群体需要关注。一是农民工参保问题。目前仍有大量农民工无法依法参加城镇职工社会保险而参加城乡居民养老保险，因此需要做好两项制度的有效衔接。二是被征地农民参加城乡居民养老保险问题。现行《土地管理法》及相关政策对这类群体的征地补偿标准较低，由于其在参加城镇职工基本养老保险等方面还面临着一些困难和限制，因而他们在参加城乡居民养老保险时的合理诉求也应得到重视和妥善解决。三是低收入群体特别是困难群体参加城乡居民养老保险问题。困难群体数量也相当庞大，有关政策要给予救助扶持，未来应制定切实可行的政策措施，进一步扩大困难群体的参保率，发挥好救助和保险的双重制度功效。

第二，促进养老保险制度的统一。一方面，城乡居民基本养老保险与城镇职工基本养老保险制度属于不同类型，导致两者在待遇上有很大差距，引起一些攀比和矛盾。因此，要进一步深化养老保险制度改革，逐步推进各项制度的整合和统一。另一方面，即使在浙江省内，各地区之间的缴费和待遇标准也不尽相同，这不仅不利于各地区居民公平享有养老保险待遇，也无益于实现养老保险的再分配功能。因此，未来应从权利义务相统一的视角，进一步缩小各地区的养老保险缴费和待遇差距。

第三，推动构建多层次养老保障体系。一是多层次养老保障体系建设问题较为突出，作为第一支柱的由政府主办的基本养老保险发展水平较高；而作为第二支柱的企业年金，城乡居民无参保权利；作为第三支柱的个人养老金制度建设严重滞后，发展也非常缓慢，目前尚处于起步阶段。因此，要高度重视和推动多层次养老保障体系建设，特别是要合理界定各项制度在多层次养老保障体系中的地位和功能，进一步改进和完善相关制度建设及政策体系，促进多层次养老保障体系协调发展。

二　城乡居民养老保险发展的具体路径

第一，对城乡居民养老保险的缴费档次和缴费水平进行动态调整。养老保险待遇不公平很大部分归因于缴费机制不同。企业职工养老保险偏向保险性质，缴费以职工个人工资为费基进行缴费，雇主承担绝大部分的缴费义务，高投入高产出；城乡居民养老保险偏向福利性质，缴费标准共有十几个档次，由政府进行适当补贴，基础养老金的待遇发放仅依赖各级财政，城乡居民通常选择较低档次进行缴费，地方财政的缴费激励效果不显著，应该根据城乡居民人均可支配收入的增长率，适时提高城乡居民养老保险的缴费档次，尤其要适时提高最低缴费档次，有效提高参保缴费水平。

第二，依据居民养老保险缴费档次设计缴费补贴率层次。目前职工养老保险待遇水平既能对参保者退休前的平均工资进行一定替代，也能够对职工退休后的消费水平进行完全保障，原因在于职工参保缴费水平高。居民养老保险缴费档次固定，缴费水平与职工养老保险差距较大，虽然财政对多缴的居民加发缴费补贴，但缴费补贴率与缴费档次整体呈负相关，导致实际的缴费回报比不高，且与缴费档次呈负相关关系，影响了居民选择较高缴费档次的积极性。为此，政府应从养老保险的缴费标准设计入手，发挥缴费补贴的正向激励作用，保证缴费补贴率和缴费档次成正相关的关系，形成多缴多得的正向激励效应。

第三，向城乡居民养老保险倾斜财政补贴等资源。无论是财政补贴总额还是人均财政补贴数额，职工养老保险均高于同期的居民养老保险，在养老保险待遇已有巨大差距的基础上，政府财政补贴资源的逆向分配加剧了二者之间的不公平。目前政府对居民养老保险的补贴主要体现在缴费补贴、基础养老金待遇发放和未预期到的个人账户待遇支付三个方面,应该将缴费补贴的责任更加明确化,由地方政府承担相关责任。此外,城乡居民养老保险也应对标企业职工养老保险,形成连续性、动态性的待遇调整机制。中央财政应该为地方财政做好表率作用,促进养老资源的正向匹配与流动,提高财政补贴的利用效率。另外,除财政资源以外,还应落实来自集体补助的筹资,有条件的村集体经济组织应当对参保人缴费给予补助,补助标准由村民委员会召开村民会议民主确定,鼓励有条件的社区将集体补助纳入社区公益事业资金筹集范围。

第四,推进城乡统一的养老保险制度体系建设。国家 2014 年印发的《城乡养老保险制度衔接暂行办法》,出台了职工与居民养老保险的具体衔接办法,为养老保险关系的转移接续提供了政策依据。为实现养老保险在不同群体之间的实质公平,努力推进基本养老保险制度的城乡统一是根本途径。

第六章　浙江养老服务与共同富裕

党的二十大报告提出，要实施积极应对人口老龄化国家战略，发展养老事业和养老产业，优化孤寡老人服务，推动实现全体老年人享有基本养老服务。发展养老服务是实现共同富裕的重要路径与内在要求，浙江作为全国共同富裕示范区，在建设高质量的养老服务体系方面积累了丰富经验。下文将从养老服务的责任主体、覆盖对象、服务形式与内容、效果评估等方面，对浙江养老服务的发展现状、建设经验和不足进行分析，并提出养老服务未来发展的对策建议。

第一节　养老服务促进共同富裕的功能定位

高质量的养老服务是实现共同富裕的内在要求。养老服务在促进共同富裕中的作用，一方面体现为通过救助供养等兜底性制度安排，满足孤寡老人等特殊群体的服务需求；另一方面是在优化基本制度安排的基础上，通过不断健全养老服务体系，为全体老年人提供更高质量的养老服务。

一　通过救助供养等兜底性制度安排促进共同富裕

从政府责任看，养老服务首先要保障和满足困难群体及贫困家庭老年人的养老需求。从调节收入分配的角度来说，中国将农村"五保"供养制度与城镇"三无"对象救助制度整合成特困人员供养制度，与其他社会救助一道形成了新型的社会救助体系，为困难群体构筑了兜底网，发挥了收入再分配功能，促进了共同富裕的实现。①

从制度建设的角度来看，中国建立了居家、社区和机构养老三位一体的社会养老服务体系，近年来大力发展养老服务机构，满足日益增长的养老服务需求，养老服务质量稳步提高。② 中国还出台政策促进医疗卫生与养老服务相结合，优化养老服务体系布局，突出家庭和社区在养老服务中的作用，不断推动养老服务发展，尽量满足多元化的养老服务需求。③ 居家护理补贴、机构护理补贴、失能或高龄补贴等的发放能够帮助老年人维系基本生活开支，也为老年人获得养老服务提供了经济支持，是保障老年人基本生活的重要举措。④

二 通过健全养老服务体系全面提升老年人生活品质

养老服务的各项制度安排在满足老年人需求、提高老年人生活质量、促进社会公平等方面发挥着重要作用，是实现共同富裕的重要基础。共同富裕强调在较为发达的经济基础之上，实现人民的"美好生活"与较高水准的"生活品质"。⑤ 养老服务正是提升老年群体生活质量和生命质量的重要制度安排，养老机构等提供的基础养老服务支撑以及家庭、社会等提供的补充性服务支撑与其他社会保障制度体系的项目形成合力，推动共同富裕的实现。⑥

---

① 何文炯、潘旭华：《基于共同富裕的社会保障制度深化改革》，《江淮论坛》2021年第3期。
② 黄燕芬、张志开、杨宜勇：《新中国70年的民生发展研究》，《中国人口科学》2019年第6期。
③ 张旭、乔涵：《中国共产党人共同富裕思想发展的历程与实践》，《山东社会科学》2022年第4期。
④ 白维军、宁学斯：《从经济救助型到照料服务型：我国养老保障政策的目标转向》，《内蒙古社会科学》2022年第2期。
⑤ 吴忠民：《论"共同富裕社会"的主要依据及内涵》，《马克思主义研究》2021年第6期。
⑥ 刘欢、向运华：《基于共同富裕的社会保障体系改革：内在机理、存在问题及实践路径》，《社会保障研究》2022年第4期。

从现有研究成果来看，有学者主张从养老服务体系的角度理解养老服务，亦有学者建议将养老机构运营补贴、养老服务补贴、长期护理保险等纳入养老服务领域。在讨论养老服务促进共同富裕的功能作用、存在问题或改进策略时，需要对养老服务的责任主体、覆盖对象、内容和形式以及效果进行准确研判，并据此提出养老服务促进共同富裕的理论进路和政策建议。

第二节 浙江养老服务的发展现状

浙江作为共同富裕示范区，在健全养老服务体系、推动养老服务协调发展方面做出了有益探索。浙江在全国首次明确了康养概念，[①] 并推动康养体系建设，培育多层次康养联合体，促进养老服务发展。同时，浙江的养老服务供给向海岛、山区等地区倾斜，加强对农村留守老年人的关爱服务，一定程度上缓解了地区间、城乡间养老资源配置不均衡的问题。[②] 为提高居家养老的安全性与便利性，浙江开展了家庭适老化改造项目，提升了居家老年人的生活质量，促进了养老产业发展；浙江还构建了"浙里养"智慧养老服务平台，提高了养老服务的精准性、便利性与效率。[③] 此外，浙江逐步完善了养老服务补贴制度，规定低收入家庭的失能、失智老人以及生活能够自理的高龄老人可享受养老服务补贴，[④] 拓展了补贴对象。在政策实践

[①]《中共浙江省委办公厅 浙江省人民政府办公厅印发〈关于加快康养体系建设推进养老服务发展的意见〉的通知》，浙江省人民政府官网（http://www.zj.gov.cn/jcms_files/jcms1/web3586/site/attach/0/435f26cb7e334d379e2d115edacea6cf.pdf），最后访问日期：2022年9月10日。

[②]《浙江省养老服务发展"十四五"规划》，浙江省民政厅官网（http://mzt.zj.gov.cn/art/2021/4/28/art_1229460745_4856156.html），最后访问日期：2022年9月10日。

[③]《浙江省养老服务发展"十四五"规划》，浙江省民政厅官网（http://mzt.zj.gov.cn/art/2021/4/28/art_1229460745_4856156.html），最后访问日期：2022年9月10日。

[④]《浙江省民政厅 浙江省财政厅关于印发浙江省养老服务补贴制度实施办法的通知》，浙江省民政厅官网（http://mzt.zj.gov.cn/art/2021/9/18/art_1229266175_2360840.html），最后访问日期：2022年8月23日。

中，浙江逐渐形成了富有特色的养老服务体系，为中国健全养老服务体系、推动共同富裕提供了重要的经验借鉴。

一 养老服务的责任主体

家庭自古以来便有对老年人进行经济供养、生活照料和精神慰藉的赡养义务。现代化进程中家庭结构小型化和核心化的趋势，使政府组织兴办养老服务、补充家庭的养老功能尤为重要，市场、社会组织等私人部门服务供给者的出现，则极大改善了政府独自提供养老服务中资源配置效率低等问题。

当前，无论是从全国层面还是浙江层面，政府始终是养老服务的首要责任主体，具体表现为政府主导养老服务的制度设计与政策制定，负责养老服务的标准制定与统筹监管，兴办养老机构，通过财政投入为养老服务提供稳定的经费保障。[1] 其中，在兴办养老机构方面，国家通过直接建设养老服务机构和设施等方式，承担为基本养老服务进行服务供给的责任。对非基本养老服务，主要采取委托经营、政府购买服务、补助贴息等模式，引导市场和社会组织参与服务供给。[2] 目前，部分市场主体也经由政府购买服务，为经济困难的失能老年人提供基本照料服务。

就政府的财政支出责任而言，一方面，政府通过建设补贴、运营补贴等方式提升养老服务供方能力。[3] 以浙江省嘉善县为例，政府为异地新建、原址改建、扩建的镇（街道）的公办养老机构给予不同的建设补贴，对公建民营的养老机构给予一次性投资补助，对民办

---

[1] 《中华人民共和国老年人权益保障法》，中华人民共和国中央人民政府官网（http://www.gov.cn/guoqing/2021-10/29/content_5647622.htm），最后访问日期：2022年8月22日。
[2] 《中共中央 国务院 关于加强新时代老龄工作的意见》，中华人民共和国中央人民政府官网（http://www.gov.cn/gongbao/content/2021/content_5659511.htm），最后访问日期：2022年9月6日。
[3] 《关于进一步扩大养老服务供给 促进养老服务消费的实施意见》，中华人民共和国中央人民政府官网（http://www.gov.cn/xinwen/2019-09/23/content_5432462.htm），最后访问日期：2022年9月12日。

非营利性养老机构,则给予按床位数核定的运营补助和按户籍老年人入住数量核定的运营补助,并对不同星级的养老服务机构给予年度财政奖励。

表6-1显示,2020年中国政府向养老服务机构共补贴97.28亿元,相比2019年增长了53.6%,其中建设补贴60.39亿元,运营补贴36.89亿元。浙江在养老服务机构补贴上共投入11.27亿元,相比2019年也有明显增长,其中包括建设补贴6.39亿元,运营补贴4.88亿元。[①] 另外,政府通过福利补贴和特困人员供养,提升老年人的养老服务可负担能力。2020年中国高龄津贴、养老服务补贴和老年人护理补贴的财政投入资金分别为242.01亿元、32.08亿元、18.10亿元,其中高龄津贴和老年人护理补贴投入均呈现增长趋势,而养老服务补贴的投入资金逐年下降。浙江的各项老年人福利补贴也有相似的变化趋势,浙江为老年人提供的高龄津贴从2017年的3.13亿元增长至2020年的4.44亿元,养老服务补贴则从2017年的4.38亿元降至2020年的3.87亿元。据测算,政府对特困老年人的救助供养资金投入也呈现上升趋势,2017—2020年,中国特困老年人救助供养的财政支出增长了36.15%,浙江的增长率则达到了45.17%。

表6-1　　　　　　　养老服务的财政支出　　　　　　　单位:亿元

年份	特困人员供养		养老服务补贴		老年人护理补贴		高龄津贴		建设补贴		运营补贴	
	全国	浙江	全国	浙江	全国	浙江	全国	浙江	全国	浙江	全国	浙江
2017	241.37	2.84	61.02	4.38	6.92	0.09	172.27	3.13	—	—	—	—
2018	277.61	3.17	43.98	4.59	6.92	0.18	201.19	3.75	—	—	—	—
2019	313.99	3.94	33.68	3.77	8.26	0.22	229.67	4.41	47.28	4.02	32.98	5.27
2020	378.01	5.18	32.08	3.87	18.10	0.12	242.01	4.44	60.39	6.39	36.89	4.88

资料来源:作者根据历年《中国民政统计年鉴》整理。

---

① 《中国民政统计年鉴2021》,中国社会出版社2021年版,第197页。

二 养老服务的覆盖对象

养老服务为不同收入水平、家庭状况、健康水平的老年人提供了分类保障。首先，针对经济困难的老年人，一方面通过特困人员救助供养制度为无劳动能力、无生活来源、无法定赡养扶养义务人，或者其法定义务人无履行义务能力的老年人提供兜底性的养老服务；① 另一方面通过养老服务补贴制度提升经济困难的高龄、失能老年人的养老服务支付能力。② 收入低于当地低保标准，通常是特困人员救助供养制度和养老服务补贴制度的基本准入要求。浙江在对特困人员救助供养制度的规定中，增加了对70周岁以上、本人收入低于上年度人均可支配收入，且财产符合当地最低生活保障边缘家庭财产状况的老年人的保障；③ 在对养老服务补贴制度的规定中，浙江将补贴对象延伸至低收入家庭老年人和当地平均可支配收入以下家庭老年人。④

其次，养老服务针对失能失智、独居、高龄等特殊困难的老年群体建立了健康支撑体系和关爱服务体系。⑤ 对于失能失智的老年人，以老年人能力评估结果为准入条件和分类依据，政府依托社区、机构提供家庭病床、上门巡诊等居家医疗服务，建设专门的护理院或

---

① 《关于进一步健全特困人员救助供养制度的意见》，中华人民共和国中央人民政府官网（http://www.gov.cn/zhengce/content/2016-02/17/content_5042525.htm），最后访问日期：2022年9月12日。
② 《关于建立健全经济困难的高龄 失能等老年人补贴制度的通知》，中华人民共和国财政部官网（http://www.mof.gov.cn/gkml/caizhengwengao/wg2014/wg2014010/201504/t20150401_1211568.htm），最后访问日期：2022年8月22日。
③ 《关于健全完善特困人员救助供养制度的意见》，浙江省人民政府官网（https://www.zj.gov.cn/art/2021/11/2/art_1229017139_2371733.html），最后访问日期：2022年9月12日。
④ 《浙江省民政厅 浙江省财政厅关于印发浙江省养老服务补贴制度实施办法的通知》，浙江省民政厅官网（http://mzt.zj.gov.cn/art/2021/9/18/art_1229459665_2360841.html），最后访问日期：2022年9月12日。
⑤ 《国务院关于印发"十四五"国家老龄事业发展和养老服务体系规划的通知》，中华人民共和国中央人民政府官网（http://www.gov.cn/zhengce/content/2022-02/21/content_5674844.htm），最后访问日期：2022年8月15日。

养老机构内的护理型床位,并由财政为老年人提供护理补贴和养老服务补贴。浙江在2020年共有79家专门的护理院,提供有11714张护理床位。浙江省嘉善县则在全县10家养老机构中设置有1705张护理型床位,为失能失智老年人享受专业化的护理服务提供保障。① 对于独居、空巢、留守、计划生育特殊家庭老年人,实行居家养老巡访关爱服务制度,由民政专员、专业社会工作者等,通过电话问话、上门访问等形式定期巡访,提升了老年人对紧急救援、精神关怀的服务可及性。对于高龄老年人,中国已全面覆盖对80岁及以上低收入老年人的高龄补贴,甚至在以浙江为例的部分省份,高龄津贴的准入条件从本地户籍的低收入高龄老人,扩大到领取城乡居民养老保险的全体高龄老人。此外,上述特殊困难老年人以及为国家和社会做出突出贡献的老年人,是公办养老机构的重点服务对象,一些公建民营、民办公助的养老机构,也在政府引导下为这些老年人优先提供无偿或低偿的托养服务。

最后,养老服务亦包含面向所有老年人的普惠性养老服务。普惠性养老服务是政府通过给予服务供给者在土地、财税、人才、融资等方面的支持政策,为全体公民提供的方便可及、价格可负担、质量有保障的养老服务。② 社区养老服务机构、专业化的民办养老机构、公办养老机构等共同组成了普惠性养老服务网络。其中,公办养老机构逐渐从仅面向特殊困难的老年人转变至向全社会老年人开放,具有公益属性。③ 浙江对公办养老机构的建设成本标准指导和收费价格指导,使公办养老机构更具普惠性。④

---

① 资料来源:作者调研所得资料。
② 《国务院关于印发"十四五"国家老龄事业发展和养老服务体系规划的通知》,中华人民共和国中央人民政府官网(http://www.gov.cn/zhengce/content/2022-02/21/content_5674844.htm),最后访问日期:2022年8月15日。
③ 《国务院办公厅关于推进养老服务发展的意见》,中华人民共和国中央人民政府官网(http://www.gov.cn/zhengce/content/2019-04/16/content_5383270.htm),最后访问日期:2022年9月6日。
④ 《浙江省养老服务发展"十四五"规划》,浙江省民政厅官网(http://mzt.zj.gov.cn/art/2021/4/28/art_1229460745_4856156.html),最后访问日期:2022年9月10日。

从统计数据看，2020年中国救助供养特困老年人约387.07万人，覆盖率自2017年的1.70%降至2020年的1.47%。其中，浙江救助供养的特困老年人人数2020年约为3.29万人，覆盖率约为0.27%。总体来看，由于经济发展水平相对较高等原因，浙江特困人员救助供养的覆盖范围小于全国水平（见表6-2）。

表6-2　　　　特困人员救助供养制度的老年人覆盖情况　　单位：万人；%

年份	60岁及以上老年人口数		特困人员救助供养			
			供养老年人数		覆盖率	
	全国	浙江	全国	浙江	全国	浙江
2017	24090.00	1069.20	410.19	2.95	1.70	0.28
2018	24949.00	1124.40	400.00	2.76	1.60	0.25
2019	25388.00	1205.10	386.15	2.70	1.52	0.22
2020	26402.00	1207.27	387.07	3.29	1.47	0.27

说明：全国和浙江的老年人口数量，采用国家统计局官网和浙江省统计局官网公布的历年统计公报中的数据。

资料来源：作者根据历年《中国民政统计年鉴》整理。

对于高龄、失能的特殊困难群体，各项老年人福利补贴的保障人数均呈上升趋势，特别是高龄津贴的覆盖范围相对较广。表6-3数据显示，2020年中国有3104.45万老年人享受到了高龄津贴，535.01万老年人享受到了养老服务补贴，老年人护理补贴人数为81.34万人，各项福利补贴在老年人口中的覆盖率分别达到11.76%、2.03%和0.31%。浙江的养老服务补贴人数也有明显增长，覆盖率自2017年的1.84%增长至2020年的2.68%，高龄津贴的补贴人数则略呈下降趋势，覆盖率自2017年的9.34%降至2020年的7.68%。

表 6-3　　　　　老年人福利补贴的覆盖情况　　　　单位：万人；%

年份	养老服务补贴				老年人护理补贴				高龄津贴			
	补贴人数		覆盖率		补贴人数		覆盖率		补贴人数		覆盖率	
	全国	浙江	全国	浙江	全国	浙江	全国	浙江	全国	浙江	全国	浙江
2017	354.43	19.65	1.47	1.84	61.35	2.54	0.25	0.24	2682.24	99.88	11.13	9.34
2018	521.72	28.41	2.09	2.53	74.85	2.80	0.30	0.25	2972.27	101.16	11.91	9.00
2019	516.33	29.96	2.03	2.49	66.30	2.22	0.26	0.18	2963.00	95.87	11.67	7.96
2020	535.01	32.34	2.03	2.68	81.34	2.85	0.31	0.24	3104.45	92.69	11.76	7.68

说明：各项福利补贴的覆盖率均为补贴人数与60岁及以上老年人口数量的比值。

资料来源：作者根据历年《中国民政统计年鉴》整理。

就社区养老服务而言，如表6-4所示，中国社区养老服务机构和设施数量从2017年的125860个增长至2020年的291279个，社区全托和日间照料床位数则自2017年的338.50万张减少至2020年的332.75万张。浙江在2020年有社区养老服务机构和设施共15796个，社区全托和日间照料床位数则在2020年下降至30.63万张。从覆盖人数来看，全国社区养老服务机构提供的全托或日间照料服务人数及其占老年人口的比重于2019年大幅增长，其中，2019年浙江社区养老服务机构服务人数为11.57万人，占老年人口比重达0.96%。

表 6-4　　　　　　　社区养老服务的覆盖范围

年份	社区养老服务机构和设施数（个）		社区全托和日间照料床位数（万张）		社区养老服务机构全托和日间照料服务人数（万人）		社区养老服务人数占老年人口比重（%）	
	全国	浙江	全国	浙江	全国	浙江	全国	浙江
2017	125860	8146	338.50	32.32	105.94	5.81	0.44	0.54
2018	131197	8518	347.77	32.03	105.37	5.47	0.42	0.49
2019	169206	9719	336.20	33.60	156.24	11.57	0.62	0.96
2020	291279	15796	332.75	30.63	—	—	—	—

资料来源：作者根据历年《中国民政统计年鉴》整理。

在机构养老服务方面,全国及浙江的养老服务机构和设施数量均呈现增长趋势。如表6-5所示,2017—2020年,中国养老机构总量呈增长趋势。截至2020年底,全国共有养老服务机构38158个,养老机构床位数488.24万张。其中,同时具备医疗卫生资质和养老服务资质的养老机构共有5857个,相比于2017年增长了59.4%。[①]浙江的养老机构数量也自2017年的1416个增长至2020年的1752个;养老机构床位数自2017年的27.13万张,增长至2020年的33.57万张。其中,兼备医疗卫生资质和养老服务资质的养老机构自2017年的202个增长至2020年的357个,床位数也在2020年达到10.04万张,相比于2017年增长了77.91%。[②] 在机构和设施建设支持的基础上,2020年,中国共有222.36万老年人接受了机构内的养老服务,占全国老年人总量的0.84%。浙江在2020年有12.50万老年人入住养老机构,在浙江老年人口中占比约为1.04%。

表6-5　　　　　　　　　机构养老服务的覆盖范围

年份	养老机构数（个）		养老机构床位数（万张）		养老机构年末收养老年人数（万人）		养老机构收养人数占老年人口比重（%）	
	全国	浙江	全国	浙江	全国	浙江	全国	浙江
2017	28770	1416	383.45	27.13	211.13	11.75	0.88	1.10
2018	28671	1464	379.37	28.88	197.57	12.44	0.79	1.11
2019	34369	1675	438.79	31.17	217.53	12.80	0.86	1.06
2020	38158	1752	488.24	33.57	222.36	12.50	0.84	1.04

资料来源:作者根据历年《中国民政统计年鉴》整理。

三　养老服务的形式与内容

养老服务体系主要包含居家养老、社区养老和机构养老三种服务

---

① 资料来源:《国家卫生健康委员会2021年4月8日例行新闻发布会文字实录》,国家卫生健康委员会官网（http://www.nhc.gov.cn/guihuaxxs/s10743/202107/af8a9c98453c4d9593e07895ae0493c8.shtml）,最后访问日期:2022年9月13日。

② 资料来源:作者调研所得资料。

形式。① 由于老年人更倾向于原居安养，浙江曾提出让96%的老年人居家接受服务，4%的老年人在养老机构接受服务的养老服务目标格局。②

其中，居家养老服务包括居家养老巡访关爱服务，为特殊困难老人提供家庭病床、上门巡诊等居家医疗服务，以及助餐、助浴、家政助洁等服务，③ 服务内容涵盖生活照料、家政服务、康复护理、医疗保健和精神慰藉多个方面。以浙江省嘉善县为例，在居家养老服务设施建设上，该县已建成镇（街道）居家养老服务中心11家，覆盖率达到100%。④ 在服务内容上，嘉善县既通过发挥养老机构的辐射效应，引导养老护理员上门提供医疗护理服务，又充分利用社区卫生服务中心的资源，以家庭医生签约的形式，建立流动服务车，为居家老年人提供健康管理和诊疗服务。

在社区养老方面，通过建立社区服务中心、社区日间照料中心、社区长者食堂（助餐服务点）、社区助浴点、流动助浴车、社区护理站等服务设施，为老年人提供全托、半托、日托等形式的生活照料、助餐、助浴、医疗护理服务，以及文化娱乐、心理咨询、法律援助等服务。⑤ 浙江目前已经实现乡镇、街道综合养老服务中心全覆盖，包含社区长者食堂、日间照料中心等场所，委托第三方专业机构运营，满足老年人日常餐饮、社会活动、术后康复护理、短期托养、

---

① 《国务院办公厅关于印发社会养老服务体系建设规划（2011—2015年）的通知》，中华人民共和国中央人民政府官网（http://www.gov.cn/zhengce/content/2011-12/27/content_6550.htm），最后访问日期：2022年9月6日。
② 《浙江省人民政府关于加快发展养老服务业的实施意见》，浙江省政策文件库官网（https://zhengce.zj.gov.cn/policyweb/httpservice/showinfo.do?infoid=b2df66ffe61e48e8933047a3fc6be491），最后访问日期：2022年9月10日。
③ 《国务院关于印发"十四五"国家老龄事业发展和养老服务体系规划的通知》，中华人民共和国中央人民政府官网（http://www.gov.cn/zhengce/content/2022-02/21/content_5674844.htm），最后访问日期：2022年9月6日。
④ 资料来源：作者调研所得资料。
⑤ 《国务院关于印发"十四五"国家老龄事业发展和养老服务体系规划的通知》，中华人民共和国中央人民政府官网（http://www.gov.cn/zhengce/content/2022-02/21/content_5674844.htm），最后访问日期：2022年9月6日。

辅具租赁等多方面需求。不仅如此，浙江乡镇、街道综合养老服务中心还实现了无感服务智能设备的全面覆盖，包括智能就餐设备、健康检测仪、血压计、远程问诊视频通信终端等，为老年人提供智慧堂食、智慧送餐、健康情况监测和远程问诊等服务，从智慧化的角度提升社区养老服务质量。

机构养老则是依托于专门的养老服务机构为老年人提供专业化的养老服务。从机构类型来看，养老服务机构包含不以营利为目的、为城市中无亲属子女赡养、无生活来源、无劳动能力的孤寡老人提供食宿的社会福利院，为农村特困老年人提供集中居住场所和收养照料服务的特困人员救助供养机构，以及其他为老年人提供24小时集中居住和照料服务的养老中心、养老公寓、颐养院等。从服务内容上看，机构内的养老服务包含生活照料、康复护理、紧急救援等，同时部分机构通过与医疗机构间设置绿色通道，为老年人紧急就诊等提供便利，部分养老机构还提供有安宁疗护服务。[1]浙江依托养老机构、康复机构等构建多层次的康养联合体，使更多医疗康复资源进入养老服务领域，为老年人提供个性化、专业化的康复护理服务。[2]

四　养老服务的效果评估

养老服务标准与规范是养老服务效果评估的基础，可为政府规范养老服务供给提供依据，也可为老年人享受高质量的养老服务提供保障。2014年，民政部在《关于加强养老服务标准化工作的指导意

---

[1]《国务院关于印发"十四五"国家老龄事业发展和养老服务体系规划的通知》，中华人民共和国中央人民政府官网（http://www.gov.cn/zhengce/content/2022-02/21/content_5674844.htm），最后访问日期：2022年9月6日。

[2]《浙江省养老服务发展"十四五"规划》，浙江省民政厅官网（http://mzt.zj.gov.cn/art/2021/4/28/art_1229460745_4856156.html），最后访问日期：2022年9月10日。

见》中强调，要健全养老服务业标准。① 2017 年，又出台了《养老服务标准体系建设指南》，进一步强调要构建科学合理的养老服务标准体系。② 需要说明的是，中国养老服务标准体系主要围绕老年人自理能力、养老服务形式、服务、管理四个维度构建，包含通用基础标准、服务提供标准、支撑保障标准三个子体系。③ 具体而言，通用基础标准是指在养老服务范围内普遍使用、具有广泛指导意义的标准，如《养老机构服务质量基本规范》；服务提供标准是针对养老服务具体内容的标准，如《养老机构生活照料服务规范》；支撑保障标准是养老服务业组织为支撑养老服务有效提供而制定的相关标准，如《社区老年人日间照料中心服务基本要求》。④ 在养老服务评估标准的制定方面，浙江也进行了一些创新，如出台了全国首个省级《养老机构护理分级与服务规范》，以统一养老机构的照护服务标准，推动养老机构的规范化发展。

依据已出台的政策标准，政府、机构自身和行业组织等社会力量，可以对养老服务进行评估。浙江的养老服务效果评估也强调社会力量的参与，《浙江省社会养老服务促进条例》就明确规定，民政部门定期组织有关专家或委托第三方专业机构对养老机构进行综合评估。⑤ 在养老服务的评估流程方面，《浙江省养老机构等级评定管

---

① 《民政部 国家标准委 商务部 质检总局 全国老龄办关于加强养老服务标准化工作的指导意见》，中华人民共和国中央人民政府官网（http://www.gov.cn/gongbao/content/2014/content_2684514.htm），最后访问日期：2022 年 9 月 6 日。
② 《民政部 国家标准委关于印发〈养老服务标准体系建设指南〉的通知》，中华人民共和国民政部政府信息公开网（https://xxgk.mca.gov.cn:8445/gdnps/pc/content.jsp?id=14123&mtype=），最后访问日期：2022 年 9 月 10 日。
③ 《民政部 国家标准委关于印发〈养老服务标准体系建设指南〉的通知》，中华人民共和国民政部政府信息公开网（https://xxgk.mca.gov.cn:8445/gdnps/pc/content.jsp?id=14123&mtype=），最后访问日期：2022 年 9 月 10 日。
④ 《民政部 国家标准委关于印发〈养老服务标准体系建设指南〉的通知》，中华人民共和国民政部政府信息公开网（https://xxgk.mca.gov.cn:8445/gdnps/pc/content.jsp?id=14123&mtype=），最后访问日期：2022 年 9 月 10 日。
⑤ 《浙江省社会养老服务促进条例（修正文本）》，浙江省人民政府官网（https://www.zj.gov.cn/art/2021/10/11/art_1229005922_2368086.html），最后访问日期：2022 年 9 月 10 日。

理办法》中也详细规定了养老机构等级评定的程序，包括养老机构网上自评申报；县、区、市的评定委员会对养老机构进行初评，初评不合格的，终止评定程序；评定专家组进行线上线下复核，提出意见；评定委员会召开审定会议，进行无记名投票表决；民政部门公示评定结果，公示期为5日；公示无异议的，民政部门发布通报，颁发等级证书和牌匾。① 在技术手段上，浙江开发了"浙里养"平台，用于通知养老机构评定结果，便利评估流程。

养老服务的评估结果是养老服务监管的重要依据，养老服务评估结果直接与政府购买服务、发放建设运营补贴等挂钩。② 浙江规定，民政部门根据评估结果对养老机构实施分类管理，并将评估结果记入民政部门建立的养老机构诚信档案，接受查询，同时作为监督检查、整改指导的依据。③ 除此之外，要想确保养老服务的标准和规范顺利实施，提高养老服务质量，还需要加强对养老服务各个环节的监管，中国规定的养老服务监管重点，包括对养老机构、居家养老服务机构和社区养老服务机构的质量安全，如建筑、消防、食品、医疗卫生安全等的监管，有关部门监督不合格的养老服务机构及时进行整改；对养老服务机构的法定代表人、主要负责人、管理人员和养老护理员等从业人员的监管，养老服务机构负责制定员工守则、开展岗位培训等，政府负责对培训评价组织和职业技能等级证书等进行监管，从严惩处养老服务机构侵害老年人权益的行为；对养老服务机构筹集和使用建设运营补贴、养老机构医保基金等资金的使用进行监管；对养老服务机构的运营秩序进行监管，如内部管理、

---

① 《浙江省养老机构等级评定管理办法》，浙江省民政厅官网（http://mzt.zj.gov.cn/art/2021/1/14/art_1229266175_2226347.html），最后访问日期：2022年9月10日。
② 《国务院办公厅关于全面放开养老服务市场提升养老服务质量的若干意见》，中华人民共和国中央人民政府官网（http://www.gov.cn/zhengce/content/2016-12/23/content_5151747.htm），最后访问日期：2022年9月6日。
③ 《浙江省社会养老服务促进条例（修正文本）》，浙江省人民政府官网（https://www.zj.gov.cn/art/2021/10/11/art_1229005922_2368086.html），最后访问日期：2022年9月10日。

规范服务、规避风险、处置纠纷等方面；对养老服务机构应对突发事件的能力进行监管。①

第三节 浙江养老服务的经验与不足

综合来看，浙江养老服务的发展已经取得一定成效，在政府主导下，通过数字化技术监测，为不同健康水平、收入水平和家庭状况的老年人提供精准保障，为其提供社区长者食堂、家政助洁、安宁疗护等养老服务内容。但在主体责任划分、普惠性养老服务发展、养老服务布局、养老服务标准落实、数字技术应用等方面，仍存在一些不足之处，需要加以改善。

一 主要经验做法

（一）精准识别养老服务需求

精准识别养老服务需求，是明确政府保障对象、提升养老服务供给效率的重要依据。浙江依据老年人的健康状况、收入水平与家庭情况，对老年人精准画像，为明确政府养老保障责任、实施特困老年人供养和养老服务补贴制度提供了有力支撑。浙江特困人员救助供养制度规定，以年龄和家庭经济状况（低保、低边家庭）为评估标准，为老年人提供自主选择集中供养或居家分散供养的权利。在养老服务补贴的具体执行方面，浙江依据老年人的家庭经济状况（低保、低边家庭）、身体健康状况（失能、失智）和年龄划分补贴标准，明确相应的政府保障责任，将老年人分为"基本保障对象""适当补助对象"和"其他补贴对象"。在划分政策覆盖对象的同时，浙江省嘉善县将养老机构划分为"兜底型""普惠型"和"特需型"

---

① 《国务院办公厅关于建立健全养老服务综合监管制度促进养老服务高质量发展的意见》，中华人民共和国中央人民政府官网（http://www.gov.cn/zhengce/content/2020-12/21/content_5571902.htm），最后访问日期：2022年9月10日。

三种类型,分别对应特困人员、工薪阶层和高收入群体,[①] 以便更好地响应市场需求。精准识别老年群体的差异化需求,不仅能在资源有限的情况下将养老服务向最需要的老年人倾斜,让所有老年人能够公平地享受到养老服务,还能够明确养老服务供给过程中政府、市场和家庭的责任边界,更好地响应老年人需求,为养老服务收入再分配功能的发挥打下基础。

(二)财政资金分配精准聚焦

确保养老服务财政资金分配的公平性,是发挥养老服务促进共同富裕功能的重要基础。为提升基本公共服务转移支付分配的合理性和精准度,浙江省财政厅颁布《"钱随人走"制度改革总体方案》,完善以人为核心的转移支付制度,该方案也在养老服务领域有所体现。在促进养老服务产业发展的财政支出之中,养老服务建设运营补贴、特殊床位建设补贴等政策性财政投入,由于仅考虑到机构建设情况,未能充分考虑到床位的实际利用情况,可能造成服务资源的浪费。针对此现象,浙江省安吉县通过记录床位使用人信息的方式,按"一床一码一人"核定床位扫码入住,按日计算,按月补贴,[②] 将"补砖头"的政策转变为"补人头"的政策,通过数字化技术加强机构管辖和养老服务质量监管,引导养老机构良性发展,为提升护理型床位建设补贴的财政支出效率做出了良好示范。

针对老年人群体的财政支出,也存在财政支出结构不够合理的问题。以老年人福利补贴为例,兼具普惠和救助色彩的高龄津贴财政投入较高,占比超过80%,而针对经济困难老年人的养老服务补贴与失能护理补贴占比不足20%。[③] 对于高龄津贴的投入高,不仅加大了财政压力,还挤出了针对低收入、失能失智等困难老年人群体的

---

① 资料来源:作者调研所得资料。
② 《关于调整养老机构运营补贴的通知》,安吉县人民政府官网(http://www.anji.gov.cn/art/2020/12/9/art_1229518652_3754529.html),最后访问日期:2022年9月13日。
③ 资料来源:《中国民政统计年鉴2021》,中国社会出版社2021年版,第198页。

投入，不利于充分发挥养老服务的收入再分配功能。为解决这一困境，浙江努力实现财政资金精准聚焦，重点对城乡低保家庭中的失能、失智等生活不能自理的老年人给予养老服务补贴，并逐渐将经济困难的高龄老人与失能老人纳入补贴范围，在长护险未能全面覆盖的情况下，探索通过加大对失能、失智老年人的政策支持，减轻中低收入家庭的养老负担。

（三）居家养老服务基本全覆盖

在家庭结构小型化、乡村"空心化"的背景下，如何满足老年人居家养老的愿望、减轻家庭养老负担，已经成为共同富裕背景下亟待解决的问题。相关资料显示，当前浙江省98%以上的老年人仍选择居家养老，遵循着"出外一里，不如家里"的生活习惯。[①] 为满足老年人生活照料、助餐、助洁、文娱活动等多方面的居家养老服务需求，浙江建立了市（县）养老服务指导中心、乡镇（街道）养老服务中心、城乡社区居家养老服务照料中心三级管理服务网络，充分利用社区已有资源，发挥社区基层和服务机构在居家养老中的积极作用，基本实现居家老年人养老服务全覆盖，形成20分钟居家养老服务圈，通过数字化指挥中心和机制体制改革，打破养老机构的围墙，将机构资源下沉至社区和家庭，以便居家老年人享受到更为专业的养老服务。与此同时，浙江正在探索通过城乡统筹和农村社区治理，让农村老年人享受到和城市基本接近的养老服务。可以看到，通过强化社区治理和机构养老服务进入社区和家庭，浙江在为居家老年人提供保障和减轻家庭照料负担方面，做出了良好的探索。

值得一提的是，在养老服务向社区和家庭资源下沉的过程中，浙江通过建设社区长者食堂这一居家养老服务圈的重要载体，在解决老年人用餐困难、老年人信息收集和建档立卡、整合社区资源等方面做出了示范。综合浙江各地区的实践经验，社区长者食堂主要为

---

① 资料来源：作者调研所得资料。

老年人提供免费、低费的堂食和送餐服务。以舟山市为例，社区长者食堂实行"政府补一点、食堂贴一点、老人自己付一点"的优惠就餐政策，惠及社区老年人。① 优惠的就餐政策为社区长者食堂吸引了大量老年人线上下单或线下堂食，在为老年人提供助餐服务的同时，还为老年人提供了社会交往的场所。此外，通过数字化技术的应用，部分地区借此机会完善老年人信息档案，方便社区工作人员或志愿者动态监测老年人情况，更好地整合社区资源，满足辖区餐饮企业扩充客源、待业居民再就业等需求。

（四）搭建养老服务共体平台

在养老服务发展不均衡的背景下，浙江通过搭建养老服务共体平台，努力实现养老服务基础设施共享、人员共享、技术共享，进一步提升基本养老服务均等化水平。在基础设施方面，以嘉善县为例，该县搭建了县域养老服务共体平台，将养老服务资源划分为18个连锁片区，通过发挥龙头养老机构的带头作用，统筹乡镇养老服务资源。在人员方面，通过将城区的专业人员选派到乡镇，努力实现城乡养老服务统筹发展。在技术方面，嘉善县在全县范围内进行统一的老年人能力评估，并对区域内相关专业人员进行技术教育，努力实现区域养老服务能力均衡提升。在医康养资源的整合方面，浙江在医康养联合体的建设上进行了有益探索，通过推动养老机构与卫生院签订协议，设立巡回医疗点，利用医护人员上门巡诊、康复等方式，推动医康养服务直达乡镇和村，进一步整合医康养资源，破解医康养资源分离的矛盾，满足老年人生活照料、医疗保健、康复护理等多方面需求。此外，在充分整合医康养资源的基础上，浙江还在探索建立认知障碍照护体系，逐步形成机构—社区—家庭三位一体的照顾模式，为减轻认知症老年人家庭照顾负担提供服务支持。

---

① 《舟山市普陀区打造"长者食堂"让老年人"吃"出幸福感》，舟山市普陀区民政局官网（https：//mzt.zj.gov.cn/art/2022/7/6/art_1632804_58930024.html），最后访问日期：2023年4月18日。

（五）制定养老服务标准化政策

当前，国家层面已经出台了通用基础标准、服务提供标准、支持保障标准等相关的养老服务标准。然而，《养老服务标准体系建设指南》显示，现阶段中国仍存在大量待制定和制定中的养老服务标准。① 现有标准主要为针对管理和技术的标准，关于养老服务项目特别是护理服务的标准较少。2020年，浙江出台了全国首个《养老机构护理分级与服务规范》，明确了护理分级、护理规范等内容，为全国各地制定养老机构护理服务标准提供了有益参考。除此标准外，浙江目前已经出台了一系列养老服务标准化政策，具体包括《浙江省养老机构服务与管理规范》《老年活动中心管理与服务规范》《居家养老服务与管理规范》《浙江省农村社区居家养老服务照料中心规范化建设指导意见》《城镇居家养老服务设施规划配建标准》《养老服务机构康复辅具配置基本要求》《养老机构护理分级与服务规范》《浙江省养老机构等级评定管理办法》《浙江省养老机构消防安全标准化管理规定（试行）》等，为实现养老服务标准化、完善养老服务评估流程提供了政策依据。在养老服务标准的落实上，浙江也在尝试通过机制改革破除从业人员数量与专业能力不足等阻碍因素。以嘉善县为例，该县将全县经营性养老服务机构纳入体制机制改革范畴，通过强化养老机构管辖、统一管理养老服务从业人员，从评估收费、薪酬体系设计和用人机制等方面入手，解决养老服务从业人员薪酬待遇偏低的问题，提升护理员队伍专业化水平，为提升养老服务标准化程度提供了支撑。

（六）推动数字化技术应用

随着互联网技术的不断发展，数字化技术在养老服务之中的应用日益丰富。浙江通过搭建多部门联动的养老服务信息管理平台，逐

---

① 《民政部 国家标准委关于印发〈养老服务标准体系建设指南〉的通知》，中华人民共和国民政部政府信息公开网（https://xxgk.mca.gov.cn:8445/gdnps/pc/content.jsp?id=14123&mtype=），最后访问日期：2022年9月10日。

步实现对老年人的动态管理。首先，借助数字化手段，通过信息收集和动态摸底，在人员有限的情况下，充分掌握老年人的基本信息和个性化服务需求，对老年人进行精准画像。其次，依托公安、卫健委、医保等多部门社会公共服务信息平台，建设居家养老服务信息系统，为高龄老人、低收入失能老人配置"一键通"等电子呼叫设备，对接老年人和服务供给主体，为老年人提供紧急呼叫、健康咨询、服务缴费等服务项目。最后，将数字化手段应用到养老机构评估与监管当中，推动养老机构数字化建设，从而有效整合养老服务资源，降低养老服务成本，提升监管效能。

二 目前存在的不足

（一）主体责任边界有待厘清

在人口老龄化、家庭责任弱化、政府服务供给能力不足等现实条件下，多元主体参与已经成为加快养老服务体系建设、提升养老服务体系抗风险能力的必然要求。尽管现阶段有关文件对于政府的角色以及家庭赡养义务各责任主体都有原则性的描述，但在具体实践中，政府、家庭、市场等各主体的实际责任边界并不清晰。各责任主体之间是何关系、如何协同配合等问题仍未得到系统性的回答，在政策层面也缺乏更为明确的规定，这就导致了相关政策执行过程中责任主体的缺位、越位、错位等问题。

以政府和家庭的关系为例。政府提供的基本养老服务，应当以维护家庭养老功能、为家庭养老功能缺失的老年人提供替代性的服务为目标，而非直接取代家庭发挥的作用。《老年人权益保障法》规定，家庭成员对老年人有赡养义务，应当为其提供经济供养、生活照料和精神慰藉，让老年人得到及时的治疗或护理。[①] 但由于政府与

---

① 《中华人民共和国老年人权益保障法》，中华人民共和国中央人民政府官网（http://www.gov.cn/guoqing/2021-10/29/content_5647622.htm），最后访问日期：2022年8月22日。

家庭的责任边界并不明晰，当前政策执行中同时存在着家庭支持政策缺位和家庭逃避赡养责任的现象。低保、养老服务补贴等制度设计导致了家庭责任承担的负向激励，部分地区甚至出现了家庭成员逃避赡养责任的现象。

(二) 普惠养老服务供给不足

现阶段我国养老服务的重点覆盖群体，仍为经济困难或失能失智的特殊老年人群体，除了政府承担兜底责任的保障对象之外，社会层面的一般老人仍面临着机构入住困难、养老费用高昂等切实困难，国家由此也出台了相应政策，提出要大力发展普惠养老，解决所有老年人群体的后顾之忧。然而，当前"普惠养老服务"的概念尚未厘清，何为"普惠养老服务"、"普惠性价格"如何制定等问题仍存在争议，普惠养老服务的发展也由此受到限制。在普惠养老服务的发展过程中，暴露出了一系列问题，如"普惠性价格"难以衡量、公办民营模式难以成型、私营养老服务机构运营困难等，最终导致政府财政投入巨大，但普惠性难以体现。

(三) 养老服务内容有待拓展

在全面建设社会主义现代化国家的新发展阶段，为老年人提供满足其全方位、多样化需求的养老服务尤为重要。依据养老服务提供标准，养老服务的主要内容包括生活照料、精神慰藉、健康管理、医疗护理、安宁服务、社会工作、休闲娱乐、文化教育、权益保障等。[1]但从实际情况来看，养老服务内容较为单一，以日常生活照料、医疗保健、精神慰藉和法律援助服务为主，重点是为经济困难、失能、失智的老年人提供经济补偿和日常照料，而心理疏导、文体娱乐、老年大学等满足老年人精神需求和社会需求的服务建设仍有不足。从个人生命周期的角度来看，现阶段中国仍未建立起全生命

---

[1] 《民政部 国家标准委关于印发〈养老服务标准体系建设指南〉的通知》，中华人民共和国民政部政府信息公开网（https://xxgk.mca.gov.cn:8445/gdnps/pc/content.jsp?id=14123&mtype=），最后访问日期：2022年9月10日。

周期的养老服务体系,临终关怀、安宁护理、殡葬服务等仍有待进一步发展和规范。

就老年人最为迫切的健康需求满足而言,以医疗保健、康复护理为主的养老服务仍然存在供给不充分、不平衡的问题,医疗资源与养老资源整合不足的情况普遍存在,慢性病管理、上门诊疗等服务推广难,未能对老年人的健康需求形成全面保障。相关机构不仅未能向家庭延伸,而且由于缺乏相关的法律保障和制度支撑,相关服务标准和费用报销机制也未能明确。医养结合机构在发展过程中,也面临着医护人员养老机构就职意愿不高、养老机构难以吸引并留住专业的医护人才,以及医疗机构开展养老服务投入成本高、效益低等问题。同时,医疗机构不仅日常诊疗工作负担较重,且老年人压床的现象还加剧了医疗资源紧张的问题,导致基层医养结合机构长期护理与安宁疗护服务开展困难。

从不同养老服务形式下的服务内容供给来看,尽管中国高度重视居家养老的基础性地位,但地方基本养老服务建设的重心仍旧在机构服务建设,对于居家的失能与半失能老年人关怀较为有限,社区养老服务供给的全面性和专业性仍有不足。以杭州为例,安宁疗护服务主要在机构开展,而非在老年人普遍倾向的家庭环境中开展。家庭养老照护床位的建设和推广,面临着服务专业性不足、服务成本较高等问题,中、重度失能老年人家庭照护床位服务和机构养老床位服务之间的有序互转机制仍有待建立,① 这也导致了家庭养老照护床位政策在未能厘清发展路径的情况下,难以在全省范围内推广。

(四)养老服务布局不够均衡

共同富裕意味着要让不同地区、城乡之间的老年人公平享有基本养老服务,逐步缩小经济发达与欠发达地区、城市与农村之间的基

---

① 《杭州市民政局 杭州市财政局关于印发〈杭州市家庭养老照护床位试点工作方案〉的通知》,浙江政务服务网(http://www.hangzhou.gov.cn/art/2021/4/7/art_1228974528_59032467.html),最后访问日期:2022年9月12日。

本养老服务供给差距。然而,现阶段中国养老服务供给水平仍存在较大的区域与城乡差距,这种服务资源配置失衡不仅体现在全国层面,在浙江也比较明显。如表6-6所示。

表6-6　　浙江省各市老龄化程度及养老服务机构与床位数

地区	60岁及以上老年人口数(人)	60岁及以上老年人口比重(%)	养老服务机构数(个)	每千老年人养老服务机构数(个)	养老服务机构床位数(张)	每千老年人养老服务机构床位数(张)
杭州市	1882618	23.13	299	0.16	50773	26.97
宁波市	1608822	26.22	277	0.17	67334	41.85
温州市	1601559	19.21	272	0.17	23418	14.62
嘉兴市	990341	26.96	87	0.09	30767	31.07
湖州市	711343	26.54	180	0.25	30358	42.68
绍兴市	1206081	26.94	107	0.09	31658	26.25
金华市	1104866	22.37	138	0.12	44143	39.95
衢州市	603142	23.48	149	0.25	24241	40.19
舟山市	291113	30.26	88	0.30	10289	35.34
台州市	1324314	21.82	304	0.23	47672	36.00
丽水市	551037	20.35	125	0.23	20446	37.10

资料来源:根据浙江和全国统计年鉴数据整理。

在城市与农村之间,也存在着养老服务供给数量和质量差距较大的问题。党的十九大以来,尽管中国城乡社区养老服务机构数量不断提升,但城市与农村地区社区养老服务机构拥有量的差距并未缩小。虽然浙江社区养老服务机构在数量上高于全国水平,但山区、海岛等偏远地区养老服务资源不足的现象非常明显。而农村地区养老服务发展的滞后,和城镇化过程中乡村"空心化"的趋势密切相关。在农村养老服务需求不断增加的同时,养老服务供给人员数量逐渐减少,农村地区存在资金、人员等方面供给能力的不足。与此同时,农村老年人数量也随着老年人去世、老年人流动至城市而有所下降,农村预期常住人口数量减少,降低了农村养老服务资源利用率，增加了农村地区养老服务建设成本，甚至造成农村地区资源浪费的情况，最终形成城市聚居区缺少养老机构、一床难求，部分郊区与农村养老服务空置的现象。

（五）养老服务标准难以落实

现阶段养老服务标准参差不齐，尽管国家出台了部分养老服务标准，各地市也根据国家政策制定了地方标准，但全国乃至不同地区内部养老服务标准难以达成统一。在服务标准的落实上，由于现行标准不符合实际财力、人力配备情况，养老服务标准化程度难以得到提升。① 例如，《养老机构岗位设置及人员配备规范》规定，养老机构应按照实际入住老年人数量配备专职养老护理员，对于能自理的老年人，配备比例不低于1∶15至1∶20；对于能部分自理的老年人，配备比例不低于1∶8至1∶12；对于完全不能自理的老年人，配备比例不低于1∶3至1∶5。② 然而，现阶段中国养老护理员数量不足问题十分突出，目前全国养老机构和设施的床位有800多万张，但护理员还不足100万人，数量缺口较大。这一问题同样存在于浙江省，《护理院基本标准（2011版）》规定，护理院应配备至少1名具有副主任医师以上专业技术职务的医师，3名具有5年以上工作经验的医师，每床至少有0.8名护理人员，注册护士与护理员之比应为1∶2至1∶2.5，每10张床或每病区至少有1名具有主管护师以上专业技术职务任职资格的护士。③

（六）线上线下服务对接不畅

尽管浙江已经开始建设数字化养老服务平台建设，但受限于技术水平和推行成本，当前浙江仍存在数字化养老服务平台应用场景有

---

① 唐钧：《养老机构服务质量：标准、管理和评估》，《行政论坛》2018年第1期。
② 《养老机构岗位设置及人员配备规范》，中华人民共和国民政部政府信息公开网（https：//xxgk.mca.gov.cn：844 5/gdnps/n164/n230/n240/c15228/attr/106997.pdf），最后访问日期：2022年9月14日。
③ 《卫生部关于印发〈护理院基本标准（2011版）〉的通知》，中华人民共和国国家卫生健康委员会官网（http：//www.nhc.gov.cn/cms-search/xxgk/getManuscriptXxgk.htm?id=03c2323efa014baba0badf001b86e0e5），最后访问日期：2022年9月14日。

限、信息平台建设不够系统集成等问题，造成线上与线下养老服务对接困难。以"互联网+监管"在养老服务领域的技术应用来看，尽管政策规定要建立养老服务主体登记和行政监管基本数据集，实现跨地区互通互认、信息一站式查询和综合监管的"一张网"，①但在实际执行中，由于各地区所采用的信息系统存在差异，在信息收集、数据共享等方面，仍面临着技术与设施建设上的困难，从而导致养老服务之类的信息难以上传等问题。

第四节　浙江养老服务的发展对策

基于对浙江养老服务发展经验和不足之处的分析，未来应当从厘清服务主体责任边界、优化财政支出结构、加强普惠养老服务建设、促进养老服务均衡发展、推进养老服务标准化建设、完善数字化养老服务平台六个方面入手，进一步推进浙江养老服务的发展，更好地促进共同富裕示范区建设。

一　厘清服务主体的责任边界

着眼于实现共同富裕的养老服务体系建设，需要政府、家庭、市场与社会的共同参与。在人口老龄化、家庭小型化、经济下行压力增大的背景下，浙江养老服务发展的重点应为进一步明确政府的权责边界、厘清不同主体之间的关系。养老服务责任边界的划分，应当充分考虑到养老服务的"准公共物品"属性，明确政府在基本养老服务建设中的主导地位，承担起制定政策、提供兜底性服务、财政投入、监督管理等责任。可以借鉴已有经验，基于老年人能力评估，精准识别养老服务需求，明确政府在不同老年人群体之间应当承担的保障责任，

---

①《国务院办公厅关于建立健全养老服务综合监管制度促进养老服务高质量发展的意见》，中华人民共和国中央人民政府官网（http：//www.gov.cn/zhengce/content/2020-12/21/content_5571902.htm），最后访问日期：2022年9月10日。

在解决经济困难、失能、失智等老年人群体养老问题的同时，适度开展普惠性养老服务，规范地引导家庭、市场和社会组织发挥作用。

政府在兜底性和普惠性养老服务建设的过程中，也不应忽视家庭建设，尤其要重视传统的家庭赡养伦理。政府主导的养老服务应当维护家庭功能，为家庭养老能力不足的老年人群体提供补充性服务，而非简单地替代家庭，避免出现家庭成员推卸赡养责任的"去家庭化"现象。这就要求政府强化家庭中子女赡养的法律责任，构建起保护家庭或者以家庭为单位的养老服务政策，在强化家庭功能与家庭责任的同时，为家庭提供喘息服务、鼓励就近居住等政策支持，平衡好"去家庭化"与"再家庭化"的政策取向，实现政府养老服务供给和家庭赡养责任的融合。①

政府还应对市场和社会组织参与养老服务建设做出明确规定与政策引导。首先，政府应当为市场、社会组织等服务主体参与养老服务供给提供良好的环境和政策支持，并通过政府购买、公建民营等方式，鼓励市场力量和社会力量参与兜底性与普惠性养老服务供给。其次，市场和社会组织应当弥补政府养老服务供给的空白，为老年人提供满足其多样化、高层次需求的养老服务。在此过程中，要加强对满足老年人高端和特殊需求的私人养老服务市场的监管，避免出现"过度市场化"和"过度国家化"的现象，维护养老服务市场良性竞争，充分利用市场效率推动基本养老服务建设，提升行业规范与服务发展质量，形成多元主体共同参与养老服务供给的新格局。

二 优化财政支出结构

共同富裕要求人人公平享有基本养老服务。在现阶段老年人口数量不断增加、经济下行压力增大、财政资金投入有限的背景下，想要推动养老服务高质量发展，必须进一步优化财政支出结构，提高

---

① 韩克庆、李方舟：《社会救助对家庭赡养伦理的挑战》，《山西大学学报》（哲学社会科学版）2020年第5期。

财政资金利用效率。考虑到居民收入差距较大、养老服务发展不均衡的实际情况，养老服务领域的财政支出应当精准聚焦，发挥"钱随人走"的转移支付制度优势。

在养老服务需求侧，重点保障困难老年人群体，随后逐步推进普惠性养老服务建设。以老年人福利补贴为例，在长期护理保险未能全面铺开的情况下，应当首先发挥福利补贴对于经济困难老年人的支持作用，随后依据地区经济发展和财政状况，将针对经济困难的失能老年人的护理补贴，逐渐扩大至经济压力较大的失能、失智老年人，减轻中低收入和中等收入家庭的养老压力。

在养老服务供给侧，在政府通过建设补助、贷款贴息、运营补贴、购买服务等方式促进养老服务产业发展的同时，相应的财政支出也应进一步明确投入方式与资金投入标准，避免造成财政资金利用率低下的问题。这就需要政府明确兜底性和普惠性养老服务机构的定位，量化养老机构财政资金投入标准，将养老服务供给侧财政支出和保障对象精准关联，提升居家、社区、机构养老服务的可及性，确保养老服务能够下沉并聚集到老年人及其所在家庭附近。借鉴浙江省安吉县的经验，还可以将机构建设财政支出的导向由"补砖头"转向"补人头"，将床位建设完成即发放补贴的政策修正为依据老年人床位实际使用情况发放补贴的政策，避免床位空置造成服务设施与财政资金的浪费。

三 加强普惠养老服务建设

在全面建成社会主义现代化强国的进程中，人民生活更加幸福美好，基本公共服务实现均等化，养老服务也会逐步从选择性福利向普惠性福利过渡。在共同富裕的理想状态下，养老服务的发展必然要保障全体老年人的生存权与发展权，给予老年人自主选择养老安排的权利，满足老年人在经济、健康、生活、精神、社会等多方面的需求。尊重老年人养老意愿，满足老年人多样化养老服务需求的前提条件，就是为其提供充足且可负担的普惠养老服务。然而，现阶段养老服务的保障对象主要为特殊老年人群体，一般老年人仍面临养老服务选择余地小、买不起、买不到养老服务的难题，普惠养老服务发展水平仍有待提升。要扩大普惠养老服务覆盖面，首先需要明确"普惠养老服务"的内涵和发展要求，探索可持续的普惠性养老服务机构建设模式，规范普惠养老服务内容和服务标准，形成政府主导下多元主体参与的普惠养老服务供给格局。

在普惠养老服务的规划上，应当综合考虑养老服务资源有限、家庭保障功能弱化等实际情况，充分汲取浙江养老服务资源共享和共体建设经验，通过形成全覆盖的居家养老服务圈、搭建区域机构共体，为广大老年人群体提供价格可负担、服务内容丰富、可及性强的高质量养老服务，满足一般老人居家养老的意愿，并为有特殊养老需求的独居老人、失能失智老人提供集中供养的专业化养老服务。在普惠养老服务的供给上，应当通过政策支持与资金支持，鼓励市场主体或公益性社会机构参与普惠养老服务供给，降低普惠养老服务运营成本和服务价格，制定相关服务标准和收费指导标准，提升普惠养老服务的可持续与可及性。在普惠养老服务内容的设计上，应在评估老年人能力的基础上，满足老年人差异化的养老服务需求，重点增加以满足老年人精神需求、文化娱乐需求和社会交往需求为目标的养老服务供给，加强老年人大学、老年人文化娱乐与体育设施建设，通过发展老年人教育、老年人志愿服务和老年人再就业服务，促进老年人社会参与，避免老年人陷入数字隔离。从老年人生命周期的角度来看，要为老年期开始至生命结束提供延续性养老服务供给，完善并规范安宁护理服务与殡葬服务建设，加强衰老和死亡的公众教育，树立积极老龄观与生死观，令老年人安度晚年。

四 促进养老服务均衡发展

基于浙江养老服务布局不够合理的现实情况，应当进一步缩小地区之间养老服务发展差距，优化养老服务资源布局，促进养老服务均衡发展。为此，首先要统筹各地区养老服务享受条件和待遇标准，使不同地区的老年人公平地享有养老服务。针对省区间的养老服务资源失衡的现状，在财政资源配置上应建立以常住人口为基础的资金统筹机制，逐步打破户籍制度藩篱，让老年流动人口能够依据生活情况和养老意愿享受到养老服务，促进各地区之间养老服务的合作与协同发展。例如，"长三角区域养老合作与发展"为养老服务的区域协调发展做出了良好的示范，通过推动养老服务信息互通与信用体系互认，上海、江苏、浙江和安徽的老年人，能够畅通无阻地在四地之间自由选择养老地。①

针对农村养老服务的短板，应当将农村养老服务建设融入乡村振兴战略发展规划，在缩小城乡之间养老服务待遇差距、加强农村养老服务财政投入的同时，综合城镇化水平、人口流动、老年人养老意愿等因素进行长期性制度设计。未来可以借鉴嘉善县县域养老服务共体平台的建设经验，将养老服务体系建设重点放在县（区）之中，并通过县域养老服务共体，实现县（区）、乡镇（街道）、社区（村）不同层级养老服务供给和家庭养老的连接，有效整合农村养老服务资源，避免农村养老服务基础建设脱离实际需求而导致资源浪费和"有供无求"的局面。在养老服务共体平台的建设过程中，还应当注重医康养资源的整合，进一步明确医养机构、康养机构的目标定位和发展路径，加强医疗照护机构和养老机构之间的对接。

五　推进养老服务标准化建设

推进养老服务标准化建设，是确保养老服务高质量发展、提升人民生活品质的重要途径。针对目前养老服务标准缺乏全国性的统一

---

① 《中共中央　国务院印发〈长江三角洲区域一体化发展规划纲要〉》，中华人民共和国中央人民政府官网（http://www.gov.cn/zhengce/2019-12/01/content_5457442.htm），最后访问日期：2022年9月14日。

规划、养老服务标准内容不够详细、部分标准可操作性不强等问题，应当采取如下措施。

首先，应加强养老服务顶层设计，统筹协调国家标准、地方标准、行业标准、团体标准的制定工作，避免不同层次标准之间的冲突与重叠。

其次，尽快制定并发布《养老服务领域已发布、制定中及待制定标准目录》中尚未发布的标准，操作有效的地方标准可成为行业标准或国家标准，对于优质的国外标准，也可以采纳借鉴，为养老服务监管提供依据。同时，要把握标准制定的平衡性，例如应当加快对居家养老和社区养老标准与规范的制定，完善通用基础标准，制定医疗护理服务标准等。在标准的时效性方面，国际标准化组织在2020年对2008年发布的《信息技术 办公设备 老年人和残疾人无障碍指南》进行了更新，[1] 注重老年人在使用办公设备时的无障碍条件，日本也在2013年对2003年制定的《老年人及残疾人指南——消费品上的听力符号——在嘈杂环境下考虑老年人听觉的声压信号》进行了更新。[2] 中国的养老服务标准发布后应根据实际情况实时更新，不断适应社会发展需要。

再次，在政策宣传上，要引导公众将养老服务的各项标准作为选取养老服务的重要依据，提高养老服务标准的认可度。

最后，在养老服务标准的落实方面，应当建立健全养老服务监督管理制度，加强养老服务标准实施监督和信息反馈，重点解决养老服务监管过程中职责缺位、监管职责重叠等问题，发挥政府在行政执法、监督整改等方面的作用，建立养老服务评估奖惩机制，实现

---

[1] ISO, "Information Technology-Office Equipment-Accessibility Guidelines for Older Persons and Persons with Disabilities", https://www.iso.org/standard/77594.html, the last access time, 2022-09-13.

[2] JISC, 高齢者・障害者配慮設計指針-消費生活用製品の報知音-妨害音及び聴覚の加齢変化を考慮した音圧レベル, https://www.jisc.go.jp/app/jis/general/GnrJISSearch.html, the last access time, 2022-09-14.

监督反馈信息、服务质量评估结果、监管处理决定的互联互通,建立健全第三方评估机制,引导社会公众参与监督管理,提升政府监管的科学性和有效性。

六 完善数字化养老服务平台

在人口老龄化和资源有限的背景下,数字技术在养老服务方面的应用,为养老服务建设提供了新思路。浙江已经开始建设智慧化养老服务平台,这将增强养老服务管理的精准性和科学性,其建设经验可以向全国范围推广。在信息收集和需求评估方面,整合多部门的老年人基础数据为老年人建档,动态监测老年人状况、精准化识别养老服务需求。在服务供给和资源整合方面,借助互联网、物联网、大数据等技术手段,将老年人与服务供给方、民政等多部门互联,进一步整合政府、社会和市场资源。在养老服务监管和利用方面,将数字化养老服务平台作为信息公开与反馈渠道,在降低政府监管成本的同时,提升养老服务信息资源的可及性,以便社会公众了解养老服务基础设施建设情况、养老机构入住情况、养老服务收费情况等基本信息。

在发展数字化养老服务的过程中,也应对数字化技术在应用过程之中的不足之处加以改进。针对数字化养老服务平台应用场景有限、养老产品智慧化程度较低等问题,应当充分发挥技术优势,制定数字化养老服务标准,进一步提升养老服务的适老性。针对数字化养老服务信息平台重复建设和碎片化等问题,应当加强顶层设计,统筹地区与部门之间的资源,由政府牵头建设跨地区的数字化养老服务平台,将不同地区的相关机构与部门接入该平台,尽快实现跨地区互通互认和资源整合,最终实现覆盖面广、多主体协同治理、应用场景全面、服务可及性强的数字化养老服务平台,让老年人享受到技术发展所带来的便利。

参考文献

一 中文文献

习近平:《在庆祝中国共产党成立100周年大会上的讲话》,《求是》2021年第14期。

习近平:《扎实推动共同富裕》,《求是》2021年第20期。

习近平:《促进我国社会保障事业高质量发展、可持续发展》,《求是》2022年第8期。

《习近平在看望参加政协会议的经济界委员时强调　坚持用全面辩证长远眼光分析经济形势　努力在危机中育新机于变局中开新局》,《人民日报》2020年5月24日第1版。

《习近平对老龄工作作出重要指示强调　贯彻落实积极应对人口老龄化国家战略　让老年人共享改革发展成果安享幸福晚年——在重阳节来临之际向全国老年人致以节日祝福》,《人民日报》2021年10月14日第1版。

白维军、宁学斯:《从经济救助型到照料服务型:我国养老保障政策的目标转向》,《内蒙古社会科学》2022年第2期。

边恕、孙雅娜、黎蔺娴:《"城乡保"基础养老金普惠型给付的适度性分析》,《辽宁大学学报》(哲学社会科学版)2016年第4期。

边恕、王子龙:《基本养老保险全国统筹:政策内涵、制度衔接与央地关系》,《地方财政研究》2022年第4期。

蔡昉:《共享生产率成果——高质量发展与共同富裕关系解析》,《中共中央党校（国家行政学院）学报》2022年第3期。

成新轩、冯潇：《共同富裕目标下我国多支柱养老保障体系研究》，《理论探讨》2022年第4期。

董克用、王振振、张栋：《中国人口老龄化与养老体系建设》，《经济社会体制比较》2020年第1期。

杜鹏：《中国特色积极应对人口老龄化道路：探索与实践》，《行政管理改革》2022年第3期。

房连泉：《国际社保公共服务平台的发展经验及启示》，《中国社会保障》2022年第7期。

房连泉：《中国、美国和智利三国养老金制度的再分配效果比较》，《黑龙江社会科学》2013年第3期。

封进：《公平与效率的交替和协调——中国养老保险制度的再分配效应》，《世界经济文汇》2004年第1期。

冯明：《促进共同富裕视域下中国人口问题及其治理研究》，《中央社会主义学院学报》2021年第6期。

高培勇：《深刻把握促进共同富裕的基本精神和实践要求》，《理论导报》2022年第8期。

戈艳霞、王添翼：《人口老龄化背景下医保基金可持续发展的风险分析》，《中国医疗保险》2021年第2期。

韩克庆、李方舟：《社会救助对家庭赡养伦理的挑战》，《山西大学学报》（哲学社会科学版）2020年第5期。

何立新：《中国城镇养老保险制度改革的收入分配效应》，《经济研究》2007年第3期。

何立新、佐藤宏：《不同视角下的中国城镇社会保障制度与收入再分配——基于年度收入和终生收入的经验分析》，《世界经济文汇》2008年第5期。

何文炯：《我国现行社会保障收入再分配的机理分析及效应提升》，《社会科学辑刊》2018年第5期。

何文炯：《中国社会保障：从快速扩展到高质量发展》，《中国人口科学》2019年第1期。

何文炯：《建设适应共同富裕的社会保障制度》，《社会保障评论》2022年第1期。

何文炯、潘旭华：《基于共同富裕的社会保障制度深化改革》，《江淮论坛》2021年第3期。

洪大用：《扎实推动新时代共同富裕的新议题》，《社会治理》2021年第2期。

胡秋明：《共同富裕下的多层次养老保障体系突围》，《中国社会保障》2021年第10期。

黄万丁、王雯：《基本养老保险省级统筹的收入再分配效应研究——以陕西省为例》，《社会保障研究》2015年第5期。

黄燕芬、张志开、杨宜勇：《新中国70年的民生发展研究》，《中国人口科学》2019年第6期。

蒋军成、黄子珩：《乡村振兴战略下基本养老保险制度城乡融合路径研究》，《经济体制改革》2021年第6期。

焦长权、董磊明：《迈向共同富裕之路：社会建设与民生支出的崛起》，《中国社会科学》2022年第6期。

李培林：《新冠疫情常态化下的社会治理》，《社会治理》2022年第2期。

李培林：《准确把握共同富裕的是与不是》，《探索与争鸣》2021年第11期。

李实、赵人伟、高霞：《中国离退休人员收入分配中的横向与纵向失衡分析》，《金融研究》2013年第2期。

李实、朱梦冰、詹鹏：《中国社会保障制度的收入再分配效应》，《社会保障评论》2017年第4期。

李实、朱梦冰：《中国社会保障制度的收入再分配效应：一些新发现》，《社会保障评论》2023年第1期。

李友梅：《全体人民共同富裕与人民共同体建设》，《探索与争鸣》2021 年第 11 期。

林宝：《积极应对人口老龄化：内涵、目标和任务》，《中国人口科学》2021 年第 3 期。

刘德浩、崔文婕：《职工养老保险全国统筹的理论逻辑与实现路径》，《北京航空航天大学学报》（社会科学版）2022 年第 2 期。

刘欢、向运华：《基于共同富裕的社会保障体系改革：内在机理、存在问题及实践路径》，《社会保障研究》2022 年第 4 期。

刘培林、钱滔、黄先海、董雪兵：《共同富裕的内涵、实现路径与测度方法》，《管理世界》2021 年第 8 期。

龙玉其：《老年相对贫困与养老保险制度的公平发展——以北京市为例》，《兰州学刊》2018 年第 11 期。

陆杰华、林嘉琪：《共同富裕目标下推动养老服务高质量发展的理论思考》，《江苏行政学院学报》2022 年第 2 期。

陆杰华、刘芹：《中国老龄社会新形态的特征、影响及其应对策略——基于"七普"数据的解读》，《人口与经济》2021 年第 5 期。

陆杰华、韦晓丹：《劳动力老化对经济发展的影响机理及其战略应对》，《中国特色社会主义研究》2022 年第 3 期。

陆杰华、郭芳慈、陈继华、陈迎港：《新时代农村养老制度设计：历史脉络、现实困境与发展路径》，《中国农业大学学报》（社会科学版）2021 年第 4 期。

米红、郑雨馨：《多健康状态老年人长期护理需求分析预测——以浙江省为例》，《中国医疗保险》2020 年第 6 期。

穆怀中、闫琳琳、张文晓：《养老保险统筹层次收入再分配系数及全国统筹类型研究》，《数量经济技术经济研究》2014 年第 4 期。

彭浩然、申曙光：《改革前后我国养老保险制度的收入再分配效应比较研究》，《统计研究》2007 年第 2 期。

乔晓春、胡英：《中国老年人健康寿命及其省际差异》，《人口与发展》2017年第5期。

孙胜梅：《浙江企业职工基本养老保险：运行现状与完善对策》，《浙江经济》2016年第6期。

孙胜梅：《浙江企业职工养老保险的发展成就与理论逻辑》，《统计科学与实践》2020年第11期。

唐钧：《养老机构服务质量：标准、管理和评估》，《行政论坛》2018年第1期。

田毅鹏：《脱贫攻坚与乡村振兴有效衔接的社会基础》，《山东大学学报》（哲学社会科学版）2022年第1期。

王春光：《无条件全民基本收入与共同富裕建设进路探索》，《中共中央党校（国家行政学院）学报》2022年第3期。

王欢、黄健元：《公平视野下农民工养老保险的困境与出路》，《西北人口》2018年第1期。

王珏：《老龄化背景下的代际公平问题——从儒家伦理的视角看》，《现代哲学》2019年第3期。

王树文、刘海英：《社会养老保险收入分配效用分析及改革政策建议》，《学术研究》2016年第5期。

王晓军、康博威：《我国社会养老保险制度的收入再分配效应分析》，《统计研究》2009年第11期。

王小鲁、樊纲：《中国收入差距的走势和影响因素分析》，《经济研究》2005年第10期。

吴忠民：《论"共同富裕社会"的主要依据及内涵》，《马克思主义研究》2021年第6期。

薛惠元、曾飘：《公平性视角下城乡基本养老保险制度比较研究》，《河北大学学报》（哲学社会科学版）2019年第6期。

杨菊华：《人口转变与老年贫困问题的理论思考》，《中国人口科学》2007年第5期。

杨立雄：《概念内涵、路径取向与分配定位：对共同富裕关键理论问题的探讨》，《华中科技大学学报》（社会科学版）2022年第4期。

杨燕绥、于淼：《人口老龄化对医疗保险基金的影响分析》，《中国医疗保险》2014年第10期。

杨宜勇、王明姬：《共同富裕：演进历程、阶段目标与评价体系》，《江海学刊》2021年第5期。

叶敬忠、胡琴：《共同富裕目标下的乡村振兴：主要挑战与重点回应》，《农村经济》2022年第2期。

王思斌：《共同富裕视域下农村困弱群体社会支持体系的建构》，《中华女子学院学报》2022年第1期。

岳希明、范小海：《共同富裕：不同的收入分配目标需要不同施策》，《国际税收》2022年第1期。

翟振武、李龙、陈佳鞠、陈卫：《人口预测在PADIS-INT软件中的应用——MORTPAK、Spectrum和PADIS-INT比较分析》，《人口研究》2017年第6期。

张海东、袁博：《新的社会阶层的职业流动特征与模式——基于十个特大城市的数据分析》，《上海市社会主义学院学报》2022年第3期。

张浩淼：《人口老龄化、老年贫困风险和老年社会救助》，《武汉科技大学学报》（社会科学版）2022年第5期。

张来明、李建伟：《促进共同富裕的内涵、战略目标与政策措施》，《改革》2021年第9期。

张均斌：《"拯救"养老金》，《中国青年报》2022年3月23日第6版。

张翔、宋寒冰、吴博文：《收入、预期寿命和社会养老保险收入再分配效应》，《统计研究》2019年第3期。

张旭、乔涵：《中国共产党人共同富裕思想发展的历程与实践》，《山东社会科学》2022年第4期。

张翼：《"三孩生育"政策与未来生育率变化趋势》，《中国特色社会主义研究》2021年第4期。

张盈华、于萌：《城乡居民基础养老金最低标准调整机制与方案——基于充足、公平和可负担的综合分析》，《华中科技大学学报》（社会科学版）2020年第3期。

张勇：《中国养老保险制度的再分配效应研究》，《财经论丛》2010年第4期。

赵子乐、黄少安：《二元社会养老保障体系下的转移支付》，《金融研究》2013年第2期。

郑秉文：《"国家社会保险公共服务平台"上线运行：从哪里来，到哪里去——兼论来自英国的启示》，《全球化》2019年第10期。

郑秉文：《中国社会保障40年：经验总结与改革取向》，《中国人口科学》2018年第4期。

郑秉文、董克用、赵耀辉、房连泉、朱俊生、张冰子、蒙克、贾坤：《养老金改革的前景、挑战与对策》，《国际经济评论》2021年第4期。

郑功成：《从国家—单位保障制走向国家—社会保障制——30年来中国社会保障改革与制度变迁》，《社会保障研究》2008年第2期。

郑功成：《共同富裕与社会保障的逻辑关系及福利中国建设实践》，《社会保障评论》2022年第1期。

二 外文文献

Borelia, M., "The Distributional Impact of Pension System Reforms: An Application to the Italian Case", *Fiscal Studies*, Vol. 25, No. 4, 2004.

Boskin, M. J., "Too Many Promises: The Uncertain Future of Social Security", *Southern Economic Journal*, Vol. 53, No. 3, 1987.

Brown, R. L. and Prus, S. G., "Social Transfers and Income Inequality in Old Age", *North American Actuarial Journal*, Vol. 8, No. 4, 2004.

Cai, M. and Yue, X., "The Redistributive Role of Government Social Security Transfers on Inequality in China", *China Economic Review*, Vol. 62, 2020.

Dong, Z., C. Tang and Wei, X., "Does Population aging Intensify Income Inequality? Evidence from China", *Journal of the Asia Pacific Economy*, Vol. 23, No. 1, 2018.

Hanewald, K., Jia, R. and Liu, Z., "Why Is Inequality Higher among the Old? Evidence from China", *China Economic Review*, Vol. 66, 2021.

Hungerford, T. L., "The Redistributive Effect of Selected Federal Transfer and Tax Provisions", *Public Finance Review*, Vol. 38, No. 4, 2010.

Nelissen, J., "The Re-distributive Impact of the General Old Age Pension Act on Lifetime Income in Netherlands", *European Economic Review*, Vol. 31, No. 7, 1987.

Omran, Abdel R., "The Epidemiologic Transition Theory Revisited Thirty Years Later", *World Health Statistics Quarterly*, No. 53, 1998.

Quadagno, J., "Social Security and the Myth of the Entitlement 'Crisis'", *The Gerontologist*, Vol. 36, No. 3, 1996.

后　记

　　本书是集体智慧的结晶。全书由我拟定写作框架，并统筹安排课题调研和报告撰写工作。各章具体执笔者如下：第一章，赵晓航；第二章、第五章，康蕊；第三章、第六章，韩克庆、申晨；第四章，房连泉。衷心感谢浙江省委政策研究室和省直有关部门领导、浙江省嘉善县委宣传部和相关部门领导、浙江大学等高校和研究机构的专家学者对课题调研工作的大力支持。

　　本书内容是对浙江养老保障典型经验的初步梳理，希望聚焦浙江省共同富裕建设示范区的做法，为全国养老保障与共同富裕的关系提供理论思考，以期更好地完善养老保障制度建设，更好地推动中国式现代化进程中的共同富裕建设。书中错误和不足之处，敬请读者批评指正。

张　翼

学部委员、中国社会科学院中国式现代化研究院院长

2024 年 10 月